本教材系四川大学研究生高等教育人才培养质量和教学改革项目
"《中国法律史》硕博贯通教材建设"成果

法律史研究
方法与实例

刘昕杰等 / 著

 四川大学出版社

项目策划：王　冰
责任编辑：王　冰
责任校对：高庆梅
封面设计：墨创文化
责任印制：王　炜

图书在版编目（CIP）数据

法律史研究：方法与实例 / 刘昕杰等著． — 成都：四川大学出版社，2020.12
ISBN 978-7-5690-2385-5

Ⅰ．①法… Ⅱ．①刘… Ⅲ．①法制史－研究 Ⅳ．① D909.9

中国版本图书馆 CIP 数据核字（2018）第 213227 号

书　名	法律史研究：方法与实例
著　者	刘昕杰　等
出　版	四川大学出版社
地　址	成都市一环路南一段 24 号（610065）
发　行	四川大学出版社
书　号	ISBN 978-7-5690-2385-5
印前制作	四川胜翔数码印务设计有限公司
印　刷	郫县犀浦印刷厂
成品尺寸	148mm×210mm
印　张	9.25
字　数	301 千字
版　次	2020 年 12 月第 1 版
印　次	2020 年 12 月第 1 次印刷
定　价	38.00 元

扫码加入读者圈

◆ 版权所有 ◆ 侵权必究

◆ 读者邮购本书，请与本社发行科联系。
　电话：(028)85408408/(028)85401670/
　(028)86408023　邮政编码：610065
◆ 本社图书如有印装质量问题，请寄回出版社调换。
◆ 网址：http://press.scu.edu.cn

四川大学出版社
微信公众号

晚清知县对婚姻讼案之审断
　　——晚清四川南部县档案与《樊山政书》的互考
　　·· 赵娓妮（187）
在"伦理法"与"理性法"之间：民国新繁县诉讼档案中
　　的"家族" ··· 王有粮（228）
清代诉讼概念框架中的"民事刑事" ············· 陈长宁（250）
法律近代化对女性的负面影响
　　——以民国荣县继承纠纷中的寡妇权利为例
　　·· 刘楷悦（267）

目 录

上 篇

中国法律史研究中的方法、材料和细节
　　——以清代州县审断问题研究为例 ………… 里　赞（3）
"中国法的历史"还是"西方法在中国的历史"
　　——中国法律史研究的再思考 ……………… 刘昕杰（18）
法律史研究的方向：法学化还是史学化 ………… 胡永恒（33）
"新法律史"如何可能
　　——美国的中国法律史研究新动向及其启示
　　………………………………………………… 尤陈俊（56）
实用型司法：近代中国基层民事审判传统 ……… 刘昕杰（104）
司法档案、史料与中国法律史研究
　　——以傅斯年"史料学"思想为基本视角的略述
　　………………………………………………… 王有粮（122）

下 篇

司法或政务：清代州县诉讼中的审断问题 ……… 里　赞（139）
刑民之分与重情细故：清代法研究中的法及案件分类问题
　　………………………………………………… 里　赞（164）
引"情"入法：清代州县诉讼中习惯如何影响审断
　　………………………………………………… 刘昕杰（174）

上篇

中国法律史研究中的方法、材料和细节

——以清代州县审断问题研究为例

里 赞①

滋贺秀三和黄宗智教授围绕清代州县审断问题所引发的学术讨论②，打破了中国法律史学界的研究格局。这不仅反映在研究方法上，也反映在问题意识上。以前的中国法律史研究侧重通史，现已逐渐开始向"具体问题"转移；在研究材料方面，逐渐从以典章为基础转向以档案材料为基础；在表述层面，以一定的理论基础展开的宏大叙事，逐渐让位于"把事情说清楚"的具体论述。虽然国内的许多法律史学者也参与了滋贺氏与黄宗智的争论，在客观上丰富了我们对此问题的认识，但是就其研究的材料和所得出的结论而言，未见有根本性的突破。对于这场争论所暴露出来的问题，似有进一步探究的必要。

---

① 作者单位：四川大学法学院。本文系作者主持的四川省哲学社会科学规划2007年度课题"民国时期地方社会纠纷及其裁断"（SC07B038）的阶段性成果。

② 关于双方在清代审断问题上的争议，可参见王亚新、梁治平：《明清时期的民事审判与民间契约》，王亚新、范愉、陈少峰译，法律出版社1998年版；黄宗智：《清代的法律、社会与文化：民法表达与实践》，上海书店出版社2007年版；黄宗智：《法典、习俗与司法实践：清代与民国的比较》，上海书店出版社2007年版。一个简单的描述可参见寺田浩明、王亚新：《清代民事审判：性质及意义——日美两国学者之间的争论》，载《北京大学法律评论》1998年第1卷第2辑。

一、中国法律史的研究方法

尽管围绕清代州县审断的讨论所呈现出的观点有诸多不同，但似乎都有陷入以西方或现代语境来解释历史问题的窠臼之疑，存在史学界所谓"倒放电影"的倾向，"后见之明"的成分较重。① 在双方的论争中，少见就具体问题和材料的直接交锋，而多为对对方理论立场的指责。如黄宗智认为滋贺秀三与自己得出不同结论主要是因为滋贺氏的西方化理论背景，即"滋贺他们研究法制的方法，主要是德国传统的法理学，要求抓住一个法律传统的，甚至于是整个社会和文化的核心原理"②。而寺田浩明却认为，黄宗智无意识地把西欧近代的市民法模型作为普遍的发展模式引入清代，以试图解决问题；故"给他的努力贴上一个'近代主义'或'西方中心主义'的标签相当容易"③。

可见，双方均否认这样一种研究方法，即先提出以西方或现代的理论形成的"前见"预设，再组织材料并据以得到所希望的结论。但事实上，双方均未摆脱这样一种理论预设。滋贺秀三以按照中西类型化划分的"父母官诉讼"为其理论前提；黄宗智则更为明显，不仅表现为对材料有目的的排除，而且也带有明显的为批判而批判的痕迹。当然，在社会科学研究中，实现论述中的"价值中立"多是一种自我激励，要完全摆脱理论背景是不可能

---

① 针对历史研究中的"倒放电影"问题，罗志田教授提出，"倒放电影"虽有助于史家认识往昔，但也有副作用，即无意中可能会剪辑掉一些看上去与结局关系不大的枝节，而且还容易导致以今情观测古意，即在有意无意中以后起的观念和价值尺度去评说和判断昔人，结果往往是得出超越了时代的判断和脱离当时当地的结论。参见罗志田：《近代中国史学十论》，复旦大学出版社 2003 年版，第 259 页。
② 黄宗智：《中国法律制度的经济史·社会史·文化史研究》，载《比较法研究》2000 年第 1 期。
③ 寺田浩明、王亚新：《清代民事审判：性质及意义——日美两国学者之间的争论》，载《北京大学法律评论》1998 年第 1 卷第 2 辑。

的。寺田浩明在批评黄宗智后，也承认"要问我们关于上述问题是否已准备好了什么更好的回答，则结论只能是'无'"。他进一步指出，要说在研究过程中容易陷入近代或西洋中心的偏差，意思好像很清楚，然而这种偏差的大部分其实往往在不知不觉之间已融进了我们的认识框架。因为我们接受的是西方社会科学的训练，是通过其概念和方法论才学习到的社会认识。我们很难预先知道什么是西洋中心式的偏见，只有作为研究对象的历史才能以事实来提醒我们。当然，正如众所周知的那样，历史的认识已经是一定理解框架的产物。我们只能始终留意，不要忘记自己只是以一种尺度来衡量另一种尺度。不断地来回调整两个尺度——也许，这就是历史学家所能做的工作。①

以先入为主的理论预设思考历史问题，容易遮蔽历史的真相，影响叙述方式的合理乃至史料运用的准确。当今中国法学，沿袭了清末以来以西方法为模本研究中国传统法的范式，形成了在法律体系和案件分类上的看似规范实则相距实情甚远的理论表述，如中国古代刑法、中国古代民法、中国古代刑事诉讼法、中国古代民事诉讼法等。② 迄今为止，研究中国法律史的作品，大多陷此窠臼。这种在理论思维上的"趋新崇西"和研究方法上的"倒放电影"，忽视了一个基本的也十分重要的事实，即中国古代社会及其法律与西方相比是完全不同的。目前在法史学界对中国传统法律体系以及案件分类问题的讨论，比较有影响的可大致分

---

① 寺田浩明、王亚新：《清代民事审判：性质及意义——日美两国学者之间的争论》，载《北京大学法律评论》1998年第1卷第2辑。
② 此类论著有李志敏：《中国古代民法》，法律出版社1988年版；叶孝信：《中国民法史》，上海人民出版社1993年版；孔庆明、胡留元、孙季平：《中国民法史》，吉林人民出版社1996年版；徐朝阳：《中国古代诉讼法》，商务印书馆1927年版；蒲坚：《中国古代行政立法》，北京大学出版社2007年版；李交发：《中国诉讼法史》，中国检察出版社2002年版；张世明：《中国经济法历史渊源原论》，中国民主法制出版社2002年版等。此类论文更是不计其数，故不赘举。

为"套用派"和"古已有之派"(所谓"西方源出于中国")。

"套用派"通过现代的法律术语和法律体制概括中国传统的法律制度,或以现代的法学原理解释以往的法律现象和问题。如将原本一部内在有机的《唐律》或《大清律例》分割为民法、刑法等现代的部门法,将《唐六典》比附为"行政法",甚至以现代法律体系的理论立场和标准将中国古代成文法的特点评价为"诸法合体"或"诸法并存"等。① 而"古已有之派",则通常在暗自承认西方或现代标准合理的前提下反以文化自信的姿态出世,强调西方或现代的东西在中国古已有之。如认为法律之分民、刑,非西法独有,在中国则古已有之。② 另有相当一些反对"中国古代法重刑轻民"论的学者在申辩中国古代不仅有民法且发达时,所持立场多靠此派。当然,这些研究无论存在何种可以商榷的余地,就其成果而言,在大大丰富了我们对法律史的认识的基础上,对传统法律研究都不失为有意义的探索和开拓。在这个前提下,又当注意的是,按照现有的法律体系对如清代的法律或案件进行六法全书式的划分,也许方便了我们的"知识检索",但这是在根据现在的需要去"使用"历史事实,难免会割裂中国传统法律和文化本应有的整体性,用如民法、刑法来二元归类就会忽略法律中的某些难以用现代标准归类的模糊领域,正如李启成在对《各级审判厅判牍》的分类进行论述时就注意到的,旧律分户婚、田宅、钱债、人命、族制、市厘、盗窃、斗殴、诉讼、

---

① 持此论者如张晋藩(《中国法律的传统与近代转型》,法律出版社 2005 年版)。法律史学界对中国传统法律存在形式的原有概括为"诸法合体,民刑不分",后逐渐修正为"诸法并存,民刑有分",但无论结论如何变化,其所依据的对中国法律史的认识都是建立在以西方概念"套用"中国史实的基础之上的。

② 持此论者参凡第 5 页注释②,徐朝阳书。他论述中国所谓刑事诉讼法的历史时就论道:"诉讼之区别刑事、民事,本各国最早通行之思想,于我国古代盖有微证……因《郑注》有云'讼谓以财货相告','刑谓相告以罪名者',可知民事与刑事诉讼,在古代之司法机关,已有划然之区分。"

赃私、诈伪、奸拐、杂犯、禁烟十四门。若按刑事（确定罪之有无）和民事（确定理之曲直）的分类重新编排，户婚、田宅、钱债、族制诸门大致可归入民事范畴，人命、斗殴、盗窃等或可归入刑事，而诉讼、市厘、杂犯中的案件则很难简单纳入该二元标准下的体系，需要具体问题具体分析。①

上述学者所称民刑之分，其划分依据，实为中国移植西法所承袭的六法体系，即将法律按照若干部门进行划分，由此构成的法律体系。其起源于罗马法，确立于近代的欧洲大陆国家，流行于大陆法系②国家，主要特点是将法律区隔为公法与私法，强调实体法和程序法之分，并按照法律的调整对象（即法律调整的社会关系及其性质）和法律的调整方法来区分刑、民法及其他法律制度。

清代法律则未有现代体系化的部门法划分理论，而是以"重情"与"细故"这两个较为模糊的概念来区分案件种类并设计审级。按照清律规定："州县自行审理一切户婚、田土等项"③，《清史稿·刑法志》也云："户婚、田土及笞杖轻罪由州县官完结，例称自理"④，即州县可自行审理户籍、继承、婚姻、土地、水利、债务案件，以及斗殴、轻伤、偷窃等处刑为"笞杖"的案件。这些自理案件州县即可定谳，因其不涉及命盗重情，称为"细故"。除此之外，处"徒"刑以上的案件，州县则只有初审权而无权做最后决断。由于这部分案件通常涉及人命奸盗等重大情节，称为"重情"。本文无意探讨现代划分民刑和清代划分"细

---

① 参见李启成：《晚清各级审判厅研究》，北京大学出版社2004年版，第160页。
② 大陆法系的六法体系就是以宪法为根本法，民法为支柱，刑法、商法、民事诉讼法和刑事诉讼法为基本法律的成文法体系。
③ 《大清律例》"告状不受理"条。
④ 赵尔巽等：《清史稿》卷一百一十四《刑法志》，中华书局2003年版，第3357页。

故""重情"二者的优劣。事实上,因划分标准不清以及对中间地带的忽视,民刑之分在当代法学既已遭诟病,并有同属西方法律体制的英美法系未有六法之分而依然顺畅运行之例。故倘武断地以民刑划分清代法律及案件,甚至给予价值判断①,并不一定允当。而且"重情"与"细故"之分和民刑之分本身所涵盖的案件范围也不可等同。如前所述,"细故"中有涉伤害和盗窃的案件,就民刑划分而言当属刑事而非民事,故而长期以来法学界盛行的将"细故"等同于民,"重情"等同于刑的说法并不准确。与此类似的还有将清代州县"自理词讼"归入民事诉讼,从而以当下的法学概念和法学标准去解释、衡量甚至评价清代审断现象和制度的做法。又如以法治主义的理论或已经实现法治的国家所建构的体制为背景,分析或解释清代的法律及其社会,将清代州县的纠纷审断比同于现代的所谓"司法"等。

回到历史情境中去,运用档案材料把当时的问题说清楚,而不必受制于所谓的理论框架的束缚,大概是解决滋贺和黄宗智的争议乃至寻求解答清代州县审断问题的必要途径。因而,如果要达到对清代审断"了解的同情",就不应当按照现在流行的所谓州县"司法",包括黄宗智所称的"清代民法"等表述来概括清代州县审断制度和现象。希望我们能做到不以现有概念曲解原有概念(甚至原来并没有的概念),进而尽量避免由此产生的主观臆断。

二、中国法律史的研究材料

如果以是否使用档案为标准,既有的研究可分为有档案材料支撑的研究和没有档案材料支撑的研究。那么显然,前者为少

---

① 法史学界多以六法体系的严格划分作为判断法律文明的标志,由此以民刑不分作为抨击清代法律制度"落后"的论据。

数，后者为多数。严格说来，如果涉及州县审断的具体问题，居于多数的缺乏档案材料支撑的研究所得出的结论是值得怀疑的。相比而言，运用了档案材料的研究则无疑更具有说服力和可信度。

就中国法律史研究而言，将州县档案运用于研究的前提是对相关档案的发现和整理，因此中国法律史研究对档案的使用应当上溯到 20 世纪 50 年代台湾淡新档案的发现。1947 年，台湾大学法律系的戴炎辉教授在台湾中华文化教育基金会的支持下，对原日军侵占时期所留"台湾文书"档案进行了长达五年多的整理，从而形成了法律史学界最早系统使用的清代基层司法档案，并率先运用这一档案来论证晚清台湾的司法问题。[①] 这一材料被美日学者发现后，极大地改变了其对中国法律史研究的视角和方法。美国学者戴维德最先对淡新档案做的许多基本统计成为后来许多学者的参考材料。[②] 之后美国的艾马克（Mark A. Allee）[③]、日本的滋贺秀三[④]等著名学者也都开始采用淡新档案来论证或佐

[①] 戴炎辉利用淡新档案的研究成果包括：《清代台湾之司法制度》，《台湾省通志稿》（卷三政事志司法编第一册第一章清代司法制度），台湾省文献委员会 1955 年版；《清代地方官治组织及其实际运用》，载《宪政时代》1975 年第 2～4 期；《清代台湾的乡治组织及其实际运用》，载《法学丛刊》1976 年总第 80～83 期等。

[②] D. Buxbaum. *Some Aspects of Civil Procedure and Practice at the Trial level in Tanshui and Hsinchu from 1789 to 1895*, The Journal of Asian Studies, 1971, Vol. 30, No. 2.

[③] Mark A. Allee, *Law and Local Society in Late Imperial China Northern Taiwan in the Nineteenth Century*, Stanford, Ca.：Stanford University Press, 1994. 中文版见艾马克：《十九世纪的北部台湾——晚清中国的法律与地方社会》，播种者文化有限公司 2003 年版。

[④] 滋贺秀三：《清代州县衙门诉讼的若干研究心得——以淡新档案为史料》，载刘俊文《日本学者研究中国史论著选译》第 8 卷，中华书局 1992 年版，第 528～544 页。其弟子也有相关论文，参见寺田浩明、李力：《中国清代的民事诉讼与"法之构筑"——以〈淡新档案〉的一个案例为素材》，载易继明：《私法》第 3 辑第 2 卷（总第 6 卷），北京大学出版社 2004 年版，第 304～326 页。

证个人的观点。我国学者所熟知的台湾地区法史学者那思陆、张伟仁在其著作中也对淡新档案有所涉猎。① 但由于淡新档案的大多数案件集中于清同治和光绪年间，且缺乏大陆档案的佐证，该档案的使用虽在中国法律史的研究方法上给出了新的选择，但并未获得中国法律史学界更广泛的响应。② 20 世纪 90 年代之后，美国、日本、中国的法律史学者逐渐转向对大陆所存的州县档案的使用。这一方面是由于大陆各界包括学术界在内的日益开放，另一方面是由于一些原有档案的价值重新受到重视，其中四川巴县档案成为美日学界争相使用的档案材料。四川巴县档案于 1953 年在重庆被发现，四川大学历史系 1955 年开始对其整理使用。较之台湾淡新档案，四川巴县档案涵盖的时间更长，数量更多。但在过去的几十年里，该档案多被史学界使用，法学界重视不够。以黄宗智为代表的美国学者发现后，开始有意识地利用巴县档案进行中国法律史研究。③ 白德瑞（Bradly W. Reed）在其著作中指出，巴县档案的出现，使学者摆脱了因淡新档案过于薄弱而无法进行更彻底研究的困境。④ 由于巴县档案的丰富和完

---

① 参见那思陆：《清代州县衙门审判制度》，文史哲出版社 1982 年版；张伟仁《清代法制研究》，"中央"研究院历史语言研究所 1983 年版。

② 淡新档案对我国台湾地区法律史学界的影响至今仍十分重大，参见王泰升、尧嘉宁、陈韵如：《"淡新档案"在法律史研究上的运用——以台大法律学院师生为例》，《台湾史料研究》2001 年第 22 辑，第 30~71 页。

③ 作为美国利用清代州县档案进行中国法律史研究的中心人物，黄宗智的著作颇丰，其代表作已被翻译为中文，参见黄宗智：《民事审判与民间调解：清代的表达与实践》，中国社会科学出版社 1998 年版；《清代的法律、社会与文化：民法的表达与实践》，上海书店出版社 2007 年版；《法典、习俗与司法实践：清代与民国的比较》，上海书店出版社 2007 年版等。

④ Bradly W. R, *Talons and Teeth: County Clerks and Runners in the Qing Dynasty*, Stanford University Press, 2000, preface, pp. xiv. 他利用巴县档案进行的研究还有 Money and Justice: Clerks and Runners, and the Magistrates's Court in the Late Imperial Sichuan, *Modern China*, Vol. 21, No. 3 (July, 1995), pp. 345-382.

整,美国的中国法律史研究者所使用的地方档案,多以巴县档案为主,兼顾淡新等其他地区的档案材料。① 以寺田浩明为代表的日本学者同样利用巴县档案进行了颇有意义的研究。②

  国内学者在法律史研究中,使用档案材料论证观点方面略显不足,这既与我们以前的研究多集中于制度上的宏大叙事有关,也跟长期以来国内形成的学术氛围和学术传统有关。坦言之,在相当长的一段时间里,中国法律史学界尚未形成凭档案说话的学术传统。近年来虽出现了一些变化,如田涛的学术团队对黄岩档案进行整理研究,部分学者对巴县和南部县档案的法学价值日益重视,出现了邓建鹏、俞江、赵娓妮等人的一些研究成果。③ 这些成果表明中国法律史学界开始注意到研究材料的重要性,对州县审断的研究也开始从单一的制度描述转入利用档案材料进行的对具体问题的深入探讨。但是,由于档案资源有限,加之整理档案和研究均需花费较长的时间和相当的学术积累,档案研究与当下急功近利的学术气候并不相宜。因此,在这方面有所突破甚至取得长足的发展绝非朝夕之间,尚需学界同仁的长期努力。

---

  ① 美国学者运用档案进行清代法律研究,参见 Kathryn Bernhardt, Philip C. C. Huang, ed., *Civil law in Qing and Republican China*, Stanford University press, 1994; Matthew H. Sommer, Sex, law, and Society in Late Imperial China, Stanford University Press, 2000.

  ② 王亚新、梁治平:《明清时期的民事审判与民间契约》,王亚新、范愉、陈少峰译,法律出版社 1998 年版。

  ③ 邓建鹏所依据的是黄岩档案,俞江为宝坻档案,赵娓妮为南部县档案。可参见邓建鹏:《清代州县讼案和基层的司法运作——以黄岩诉讼档案为研究中心》,《法治研究》2007 年 5 期;邓建鹏:《清代州县讼案的裁判方式研究——以"黄岩诉讼档案"为考查对象》,《江苏社会科学》2007 年第 3 期;俞江:《论分家习惯与家的整体性——对滋贺秀三〈中国家族法原理〉的批评》,《政法论坛》2006 年第 1 期;俞江《论清代的继子孙责任——以顺天府宝坻县刑房档为线索》,《现代法学》2007 年第 6 期;俞江:《清代的立继规则与州县审理——以宝坻县刑房档为线索》,《政法论坛》2007 年第 5 期;赵娓妮:《晚清知县对婚姻讼案之审断——晚清四川南部县档案与〈樊山政书〉的互考》,《中国法学》2007 年第 6 期。

运用档案材料并不意味着必然得出可信的结论。换言之，档案材料的分析论证是可信结论的必要条件而非充分条件。从滋贺秀三和黄宗智的研究可以看出，对待包括档案在内的论证材料的态度是他们争论中的一个重要分歧。现有学者使用的关于清代州县所谓的司法问题研究的材料主要有三类，即清代法律文本，如《大清律例》等，以官箴为主（包括各种"笔记"）的文献，上述清代州县档案和与档案有相似价值的文本材料（如各类地契、家谱等）。其中，法律文本材料各家类似，争议不大，而对文献类材料的使用则存在理解或认识上的问题。

　　以官箴为例，几乎所有的研究均大量地将官箴作为基本的材料依据。然而，并非所有的学者都信任官箴类文献的证据力及客观性。事实上，官箴的作者多为"有心之士"，其作官箴多有让自己留名青史之意，故其内容之选择出于"有意"者多。若无相应的印证材料（如档案），则当慎用。如官箴的代表性作者刘衡在其《理讼十条》中谈到理断问题时便相当明确地表示："一状不轻准，准则必审，审则断，不许和息也。"① 有相当一部分学者常以这条材料证明州县理断的态度和具有普遍意义的理断实情。然而，将这段材料与南部县甚至巴县（刘衡本人便做过巴县知县）档案相对照就会发现，情况并非如此简单。实际的情况是，虽然有告则理的制度规范，但由于档案本身仅能记录下"理"的情况，故尚无法对纠纷词讼是否"轻理"做出实证性的绝对判断；就已受理的案件而言，"理"则未必都"断"，因为相当一部分案件材料（或许所存档案不完整）并未包含"批词"或"判词"，即无"批"无"判"；至于"不许和息"则离事实更远（有关此问题的讨论将专文论之，此不详述）。因此，若仅以官箴类材料便证得结论，不免有过于大胆之嫌。

---

　　① 刘衡：《州县须知一卷》（附居官一卷），《理讼十条》宦海指南本。

此外，还需留意的是，现收录于官箴的文献的作者多为科举出身或已入名流的官僚，捐官出身的作者几近于无。尽管州县捐纳者尚属少数，但若将全国的情况尽做统计，其总量亦当可观。进士出身的州县常游离出律审断且为人所称道，捐纳出身的州县与其相比自然有所不同。以此为前提，即便抛开因地域差别导致的州县断案类型的不同，仅从州县出身的角度思考，州县断案的情形也应有相当的不同。从这个意义上讲，由官箴体现出的州县审断情况在多大程度上具有普遍意义，值得斟酌。因此，在既有研究中，凡仅以此类材料为依凭又无更为确凿材料相印证的结论，就可能落下为人质疑的"硬伤"。

至于档案类文献材料，其作为证据虽属"确凿"，但对其使用所需的小心并不弱于其他。仅以州县档案为例，现存晚清州县档案的完整性均有瑕疵，即便是保存相对完整的所谓"全清"档案，也需在使用时做限定性说明。如清代四川巴县档案称得上是比较完整的，但仍缺康、雍两朝的州县档案。又如清代四川南部县档案，虽较巴县档案更为完整，即各朝代齐全，各个朝代档案数量却差别很大：顺治朝仅存一件地契，光绪前历朝的内容远少于光绪和宣统两朝；即便是档案保存数量较多的光绪和宣统时期，其保存质量也参差不齐，残缺仍较多。上述两部档案应当是目前已经发现的清代基层档案中相当少见且十分珍贵的，其情形亦不过如此，其他零星的档案可想而知。

事实上，所有的档案对其时代的记录都是有限的，若想通过档案以窥历史之全貌基本不可能，何况利用的还是有限的且不尽完整的档案。在对四川省南部县和巴县档案的研究中，至少以下几个方面的问题揭示出对档案的使用需谨慎为之。

其一，材料与所论相适应。普遍性的结论很难从一个或几个县的材料得出，因为档案已然表明，不同县之间有很大的差别。即便是同为四川省的巴县和南部县都有差别，更何况全国。故

"了解之同情"研究取向的前提即承认研究者的认识能力及其可据的材料都是有限的。在这样的情形下仍要寻求"真了解"(陈寅恪语),不仅要"论世"以"知人",更要"以意逆志",像前人所说"于空曲交会之际以求其不可知之事"。①

其二,材料的选择对结论的影响。研究同一个问题时,不同的地方的材料、同一个地方的不同时期的材料、同一个地方同一个时期不同的人的材料等因素都会使得出的结论有所不同。现有研究中的诸多争议,焦点不在结论的正确与否,而往往在于材料的选择或使用。关于历史材料的认识或使用,陈寅恪先生有言:"吾人今日可依据之材料,仅为当时所遗存最小之一部,欲借此残余断片以窥测其全部结构,必须备艺术家欣赏古代绘画雕刻之眼光及精神,然后古人立说之用意与对象,始可以真了解。"②为做到不逾越昔人之时代限制,陈先生特别提出:"解释古书,其谨严方法,在不改原有之字,仍用习见之义。故解释之愈简易者,亦愈近真谛。并须旁采史实人情,以为参证。"③

三、中国法律史研究对象的细节

在历史研究中,有些看似细节的部分其实影响着整体的发展和走向,具有关键性的意义。从这个角度言,细节永远是重要的。④ 对州县审断中诸如此类细节问题的厘清,不仅有助于对历史事实的如实反映,也会使我们对州县审断的整体认识有一个较大的改变。

---

① 罗志田:《近代中国史学十论》,复旦大学出版社 2003 年版,第 185 页。
② 参见陈寅恪:《冯友兰〈中国哲学史〉上册审查报告》,载《金明馆丛稿二编》,上海古籍出版社 1980 年版,第 247 页。
③ 陈寅恪:《"蓟丘之植,植于汶湟"之最简易解释》,载《金明馆丛稿二编》,上海古籍出版社 1980 年版,第 262 页。
④ 参见罗志田:《无名之辈改写历史:1932 年清华大学入学考试的作文题争议》,《历史研究》2008 年 4 期。

例如,晚清州县审断中的"理"和"断"的问题。一般而言,州县的审断开始于告诉。对于告诉,清律的原则是"有告必理"。而对于告诉不受理者,《大清律例》设有专条,详尽规定了州县不受理告诉应承担的法律责任。① 作为一般原则,"告则理"是容易理解的。但是,结合档案,对"理"的认识和理解则尚需推敲。因为,对"理"的不同解读将直接影响对档案的判断以及"告则理"这一原则在州县审断实践中的落实情况。

在既有研究中,绝大部分学者将"理"视为现代诉讼立案制度上的"受理"。那么,在这个意义上"理"则意味着州县将对案件展开进一步的审理。学者往往以这种理解为标准对档案中的案件给予统计,据此得出结论。当然,在这样的标准下,档案中所反映出来的知县批词驳回"不准"的案件都将被视为未被受理的而不能计入"理"的范围。由此,研究者的结论必然是"告未必理"。这样一来,研究者所描述的州县的审断实践与清代的一般法律原则必然存在相当的差距。如有学者以现代的"立案"标准所理解的"理"统计了七十八份黄岩诉状,其中有四十份诉状因明确裁定驳回、不予受理而被归入"不理"的范围,占总数的51.3%,由此得出了"告不一定理"② 的结论。这样的结论显然提示我们,在清代"告则理"的原则并未得到真正贯彻。然而,如果将"告则理"中的"理"作另一种理解,可能情况就完全不同。且另一种情况的解读并非空穴来风,而是有所依凭的。至少,在四川省南部县档案中,知县批词可以作为非常有意义的依据。在南部县档案中,知县对告诉的批词里有一个常见而且是有实际意义的概念,即"准"。大量的批词显示,"准"或"不准"

---

① 参见罗志田:《无名之辈改写历史:1932年清华大学入学考试的作文题争议》,《历史研究》2008年4期。

② 邓建鹏:《清代州县讼案的裁判方式研究——以"黄岩诉讼档案"为考查对象》,载《江苏社会科学》2007年第3期。

才是州县对案件是否采取进一步审断行动的判断依据。所以,大部分学者实际上是将"准"或"不准"误以为"理"与"不理"了。而"准"与"不准"和"理"与"不理"或许是应当有所区分的。那么,与"准"相对的"理"应作何种理解呢?

实际上,所谓"理",只是指州县衙门对告诉人词状的接受,即接受状纸的行为。这个意义上的"理"和现代诉讼制度中的"受理"便有很大的区别。"受理"是指案件将进入下一步的审理程序,这在清代州县审断中实际上应是"准",而非"理"的阶段。州县接受词讼即为"理",通过批词决定是否进入下一步审断则为"准"。因此,档案中出现的州县对诉状"不准"的批词应当解释为州县理而未准,而不应当理解为不理。

然而,既有研究对"理"的误解,极大地影响了对州县审断过程的描述和对档案的解读。① 实际上,依据上述对"理"和"准"的解释,有学者统计出黄岩档案中归入"不理"的四十件诉状实际上都是已理的诉状,只是"理"之后州县"不准"而已。

对基本概念的"望文生义"往往会使我们通过统计档案得出的结论与真实情况相距甚远,因此所谓的档案统计中出现"分歧其实没什么好讨论,将来使用档案的人多了,这问题会不了自了"② 的说法并不足取。实际上很多在档案理解方面的分歧往往不是对档案本身的争论,而是对档案中涉及的某些标准或所涉概念的争论。只有厘清了基本概念——类似"理"和"准",我们强调其当时的含义而不是现代的词意,才能够比较准确地描述和

---

① 目前所见,仅梁临霞较为准确地区分了这两个概念,并据此对批词有所论述。参见梁临霞:《论批呈词》,载《法史学刊》第 1 卷,社会科学文献出版社 2007 年版,第 160~177 页。

② 黄宗智:《中国法律制度的经济史·社会史·文化史研究》,载《比较法研究》2000 年第 1 期。

解释清代州县审断的真实情况。因此，结合清律对"理"的规定与档案对"理"的界定，清代州县对当事人的告诉应当是"告则理"的，即是说州县对于当事人的诉讼是都予以接受的。

将"理"和"准"加以严格的区分，并据此得出"告则理"的结论，不仅仅澄清了州县审断中的一个细节，更重要的是，"告则理"这一结论能够揭示清代的州县不仅仅享有全权，更承担着全责，而这种职责意味着作为父母官的州县对于其辖区内百姓的所有诉求都须有一个积极的态度。同时，"告则理"表明州县的审断与现代意义上的"司法"是不同的。如果说在现代社会中，国家权力的分立和职权的明确划分免除了司法的一般社会责任，使得司法的过程仅仅是一个法律的使用过程的话，那么，清代的州县由于并未存在于这样的体制内而不能获得其社会责任的免除，因而，清代的州县官也不像现代的法官，州县衙门也不可能像现代的法院那样严格地按照职能的分工和法律规定的受案范围决定自己的行动。从这个意义上讲，清代州县的审断与现代的司法存在着根本的区别，而这种区别决定了清代州县的"告则理"表面上是父母官意义上的理想主义诉求，实则是清代特定社会制度基础的一个必然表现。

以清代法的具体问题的研究为例检讨中国法律史研究的方法或研究范式，或许难以窥一斑而知全貌，但作为一种有建设性期待的努力应当是有意义的。

"中国法的历史"还是"西方法在中国的历史"
——中国法律史研究的再思考

刘昕杰

（一）

今人讨论中国法律史的学术滥觞，多追溯至清末梁启超于1904年写成的《论中国成文法编制之沿革得失》一文。该文中论及法律的发展是按习惯、习惯法、成文法、公布的单行法、法典这一顺序递嬗的，并指出中国古代成文法的不足以及法典编纂的若干问题。① 梁治平教授认为，在梁启超之前的著作诸如沈家本所著的《历代刑法考》等只能归于传统律学，而梁启超的研究之所以能被称为"第一部中国人自己的中国法律史"，是因为：梁氏从一种普遍主义的立场出发，运用当时流行的实证主义法律观和社会进化论，批判性地重写了中国法律史。这种对历史的重述既是"放眼世界"的，也是"面向未来"的……（梁）参考和引用东、西洋社会科学和法学论著，借用西方法律学说、理论、分类和术语构筑中国法律史架构……为后来的法制史研究所吸

---

① 参见梁启超：《论中国成文法编制之沿革得失》，载《饮冰室合集·文集》（第六册），中华书局1936年版，第60~61页。

收，成为学科发展的基础。①

何勤华教授也谈到，梁启超的文章"用西方的法学观来研究中国的成文法"，"从根本上抽掉了中华法系存在的根基，并阐明了用近代西方资产阶级法律来取代他的主理由"②。之后由杨鸿烈所著的另一部极具影响的著作《中国法律发达史》，也基本沿袭了梁启超所开创的以西方法视角研究中国法内容的模式，比如他在研究中国古代刑法时，使用的分类是刑法总则和刑法分则；在研究中国古代民事法律时，是以人、法人、法律行为、行为能力、所有权、债权等作为论述的基本结构③，而这些都是西方法的概念和原理，从未出现在中国传统法律的分类和术语之中。这样的分类显然已背离了中国法的历史事实。④

在清末民初那样一个"中国由文变野，实际处于'世界'边缘甚至未能'进入'世界的背景之下"⑤，以考据为特征的传统律学自然被纳入需要变革的"旧学"队伍中，而借助西方法学的概念和体系重写中国法律的历史，自然成了"科学"之举。梁启超和杨鸿烈等人运用西方法学概念和方法，对中国历史中的法律问题进行重述，使其论著与传统的中国律学考证著作区分甚大，成为具有"现代"意义的中国法律史著作。正是通过这样一个将西方法与中国史进行学术嫁接的过程，中国法律史学科本身才得以在现代学术体系中找到自身的定位，从而在一个完全以西方法

---

① 梁治平：《法律史的视界：方法、旨趣与范式》，载《中国文化》2002年第Z1期，第157页。

② 何勤华：《中国法学史》（第三卷），法律出版社2006年版，第185~186页。

③ 何勤华对此有详细的论述，参见何勤华：《中国法学史》（第三卷），法律出版社2006年版，第191~192页。

④ 里赞：《刑民之分与重情细故：清代法研究中的法及案件分类问题》，载《西南民族大学学报》（人文社科版）2008年第12期。

⑤ 罗志田：《国家与学术：清季民初关于"国学"的思想论争》，生活·读书·新知三联书店，2003年版。

为基础的现代法学学科体系中占据了一席之地并发展至今。因此,具有现代学术意义的中国法律史自其诞生之日起,便以西方法的模具套用于中国历史之上,从中抽离出符合西方法律标准的史料加以体系化叙述。于是,在此后相当长时期内的中国法律史教材和著作,均以此为出发点展开论述,体例虽有些许差别但基本模式几无外于此者。

由于中国法的近代化是在借鉴西方法典改造中国旧有律例的基础上开展的,因此将西方法套用于中国史而形成的中国法律史在近百年的发展中,对中国法近代化的贡献不可替代。"这种模式虽然会带来因以今人的立场来诠释古人的思想而出现误读、误解的弊端,但对沟通古人与今人的思想、使现代读者更好地了解、理解古代的制度和思想是非常适合的。"① 一方面,中国法律史借助西方法治观念对中国传统法律诸如重刑责轻私权、重实体轻程序等方面进行了批判,促使中国近代法律发生变革,走向民刑分离,重视私法,产生独立的司法程序和司法机构。另一方面,中国法律史学者也多基于了解之同情,对中国法律传统文化异于西方之处给予了解释和辩驳。但总体而言,基于西方法的立场而对中国法律传统进行批判是中国法律史发展的主轴,即便是对于中国传统法律的同情和理解,也在相当程度上是以西方法为标尺的产物,如通过论证中国古代早已有了较为系统的民法规则,有了民事诉讼和刑事诉讼之分等②,进而求诸一种在中国传统法律中找寻现代西方法因素的论证模式。

然而,无论是运用西方法对中国法律史进行体系化改造和批

---

① 何勤华:《中国法学史》(第三卷),法律出版社2006年版,第192页。
② 如徐朝阳论述中国所谓刑事诉讼法的历史时就论道:"诉讼之区别刑事、民事,本各国最早通行之思想,于我国古代盖有微征……因《郑注》有云'讼谓以财货相告','刑谓相告以罪名者',可知民事与刑事诉讼,在古代之司法机关,已有划然之区分。"参见徐朝阳:《中国古代诉讼法》,商务印书馆1927年版。

判，还是设法论证中国历史上早就有了西方法的某些因素，都未能跳出以西方为中心的史观研究中国法律史的窠臼，可称之为研究"西方法在中国的历史"，而非真正地研究"中国法的历史"。因此，就目前的中国法律史而言，"用西方学者在研究西方社会过程中形成的理论成果来分析和解释中国法律史，难免'枘凿'，得出的结论也难免'尴尬'"①。这种尴尬不仅体现于中国法律史的学术研究方法与成果，也表现在近年来中国法律史学科发展自我模糊的困境中。②

（二）

中国法律史研究的对象是中国法的历史或者说历史上（传统）的中国法，但究竟何谓传统意义上的中国法，则见仁见智，而对此问题的不同理解将直接影响中国法律史的整个研究态势。以西方法视角看之，中国法律史自然要研究中国古代的"民法""刑法""诉讼法""行政法"，由于这些法律隐藏在诸法合体的历代典章律例之中，因此，中国法律史的研究，就是将历朝历代的典章律例按照六法体系逐一划分，归类处理，从中找出对应法律制度进行中国民法、中国刑法、中国诉讼制度史的研究，这构成

---

① 徐忠明：《关于中国法律史研究的几点省思》，载《现代法学》2001 年第 1 期，第 11 页。

② 如中国法律史到底是法学分支学科还是历史的分支学科，中国法律史的教学如何引起学生的兴趣和认同，中国法律史的学科队伍建设如何摆脱逐渐萧条的局面等问题，近年来引起了许多学者的思考。参见夏锦文：《21 世纪中国法律史学研究的基本思路》，载《学习与探索》2001 年第 1 期，第 40~44 页；谭志云：《1979 年以来中国近代法律史研究的回顾与思考》，载《江海学刊》2005 年第 4 期，第 155~162 页；李力：《借题发挥：中国法制史向何处去？》，载《政法论坛》2006 年第 6 期，第 10~12 页；徐忠明：《中国法律史研究的可能前景：超越西方，回归本土？》，载《政法论坛》2006 年第 1 期，第 3~15 页等。中国法律史学科发展的边缘化状况在我国台湾地区也有体现，参见黄源盛等：《近十年来台湾法史学教育的实证分析（1993—2002）》，载《法制史研究》（第三辑），中国法制史学会，2002 年。

了这一模式下中国法律史的主要任务和研究内容。然而这样的研究从根本上忽视了中国法与西方法的巨大差异，其以解释西方法的合理性抹杀了中国法的合理性，论证了西方法的普适性而削弱了中国法的主体性。

与西方社会相比，中国法所存在的社会基础与价值体系均有着自身独有的特点，甚而言之，中国的"法"与西方的"法"本身就有着完全不同的含义，对此学界虽多有论及[①]，但将此重要前提体现于中国法律史论著之中者实少之又少。为寻找中国历史中具有的现代部门法规范，学者多将中国历代全国性的典章制度与大陆法系的六法体系进行削足适履式的比较研究。此种做法实际上极大地缩小了中国法的范围，并未能够触及传统中国真正规范人与人之间的行为准则和制约地方官员裁断纠纷的司法规则，更难以揭示出中国传统社会的有序传承是在何种"法"的运行之下达成的。正如有学者指出的，中国法律史学界"研究法律文本的多，研究法律实践的少，研究精英人物的多，研究下层人民的少。法律史成为法律文本的历史，成为精英的法律史"[②]。因此，要还原中国法的历史，就应当摆脱一种重视法文本、轻视法实践的研究思路，从而将视角转向在传统中国社会中"约束人们行为的是什么"和"约束纠纷裁断的是什么"的问题上来，并依循这两个问题来发掘中国法律史的研究对象。

张伟仁曾批评道，日本学者滋贺秀三和国内的许多学者以西方的语言和思考方式提出问题，然后在中国的资料里去寻找西方法对那些问题所做的答案，因为寻找不到，失望之余，得出"无话可说"的结论。他进而指出中国社会有着与西方社会迥异的规

[①] 代表著作参见梁治平：《法辨：中国法的过去、现在与未来》，中国政法大学出版社1992年版。

[②] 谭志云：《1979年以来中国近代法律史研究的回顾与思考》，载《江海学刊》2005年第4期，第161页。

则体系：道是最宽广的顶层，法是最狭窄的基层，德、礼、习俗、乡约、家乘、行规等分别构成了中间的层次，看起来像个倒立的金字塔。在实际生活中，人们虽然受到各层规范的拘束，但在决定是否遵循某一规范之时往往会考虑较高的规范才采取行动；司法者在做判决时则先看法律，因为那是最低的准则，倘若这个准则不能妥当地适用于案情，便逐步探究较高层次的规范以谋求解决。①

将中国法进行多层次的划分具有十分重要的意义，它意味着中国法的历史研究固然可以参照西方法的一些概念和原理，但要在中西文概念之间进行绝对一一对应的解释或比较都不足取。在传统中国，"法者，天下之程式也，万事之仪表也"②，中国法从来都不是一个单一的、明确的、单向度的概念，中国传统社会的法也绝不仅仅是指称各朝代律例典章所载之刑名罚则。中西法的含义既不同，国家成文"法律"在中西法中的作用和地位也就不同，执法者裁断纠纷时对"法"的考虑和运用也截然不同。加之旧中国社会历来有的话语和实践两套不同的规则体系，即俗话说的"说一套，做一套"，使中国历史上的"法"以现代观点看来是一种模糊的、多层次、多向度的存在。因此，在传统中国老百姓的日常生活和基层社会官员的纠纷裁断中，国家成文法律历来不是"法"的全部，甚至都不是"法"的主要内容。在国家的正统教育中，儒家伦常是以高出法统的道统姿态而存在的，读圣人之书、守孔孟之道是理想状态下国家对老百姓的行为要求，也是老百姓最基本的行为规范。将目光聚集到一个州县、一个乡镇、一个人与人相互熟悉的小村庄，人们多谙于人情世故，除了家族

---

① 张伟仁：《中国传统的司法和法学》，载《现代法学》2006年第5期，第65页。
② 《管子·明法》。

内部规则的约束，知书达理、和睦对等、礼尚往来成为存于百姓心中的真实规范。与之相对应的，由于国家成文法律没有成为人民日常行为的准则，基层官员为争取纠纷裁断结果的社会认同，也多以律例之外的社会行为规则作为纠纷处理的主要依据。而传统中国（争议主要在清代）裁断纠纷的依据一直是近年来学术研究的一个热点。① 需要指出的是，对地方官员审断依据的讨论并不能仅停留在简单的"教谕式"和"依律而断"的争论中，从更为宏观的角度看，对纠纷裁断依据的争论背后是在如何理解中国法方面的分歧。实际上，地方官员在审断纠纷时，其首要考虑的并不是该行为是否符合国家成文法律的规定，而是其判决如何可为两造及社会所接受。国家律典既不是老百姓的行为规则，判决要取得两造特别是地方社会的认同也势必不能按照《大清律例》的规定"断罪须引律例"。地方官员要在为老百姓内心真正认同和遵守的中国的"法"的范围内寻找裁断的依据，因此无论其援引国家成文律例，抑或理、情，甚或是地方习惯等，都应当视作是地方官员在"依法"处理纠纷。从这个意义上看，多层次、多向度、模糊的"法"才是最真实的中国法（见表 1）。

表 1 多向度的中国"法"

传统中国的"法"	行为规则		裁判规则	
	话语	实践	话语	实践
	孔孟礼教	人情世故	成文律例	情理俗规

概言之，研究中国法的真实历史，就必须正视中国法多层次、多向度的特点，在"法源"方面，除国家律典，情、理、习

---

① 此论争发生在日本学者滋贺秀三和美国学者黄宗智之间，一个简单的介绍参见寺田浩明、王亚新：《清代民事审判：性质及意义——日美两国学者之间的争论》，《北京大学法律评论》第 1 卷第 2 辑，法律出版社 1999 年版，第 603~617 页。

惯等都是传统中国名正言顺的"法",它们在不同的场域发挥着不同的规范作用。但同其他中文概念一样,中国法也是模糊的,期待给中国法一个明确的定义或是界定,本身就有违中国法的真实情况。因此,中国法律史的研究也应当更倾向于描述性的微观研究,而非宏大叙事的定性研究。

(三)

正如有学者所说,中国法律史的史料范围基本上取决于学者研究什么,怎么研究,以及如何理解法律……研究对象变了,史料会跟着变。[①] 按照王国维的说法,"古来新学问大都由于新发现"[②]。中国法律史带有极强的史学色彩,对中国法律史史料的整理,自然应当成为中国法律史学界的重要任务。就目前的整理成果来说,由于"主流的中国法制史著述,无论出自个人还是集体,也不拘是通史、断代史或是专题研究,大多具有教科书性质……相应的,教科书的视角辄出于'大传统',讲法律总是自上而下。其视野中的史料,基本上限于正史和官方典籍"[③],因此中国法史料整理的主要成就集中表现为对传统典章制度的校订出版。[④]

然而正如前文所述,中国法的特点不仅体现于其成文法律的

---

① 徐忠明:《关于中国法律史研究的几点省思》,载《现代法学》2001年第1期,第10页。
② 王国维:《最近二三十年中中国新发见之学问》,载《学衡》1925年第45期,第45页。
③ 梁治平:《法律史的视界:方法、旨趣与范式》,载《中国文化》2002年第Z1期,第162页。
④ 如张友渔等:《中华律令集成》,吉林人民出版社1991年版;马建石等:《大清律例通考校注》,中国政法大学出版社1992年版;杨一凡:《中国珍稀法律典籍集成》,科学出版社1994年版;田涛:《中华传世法典》,法律出版社1999年版等。以上各学者对成文法典的整理无疑对中国法律史的研究有着极大的贡献,此不赘言。

规定中,更体现在具体社会的实现中。将正史中典章制度的法等同于传统中国社会中的法,无疑缩小了中国法的范围,也局限了中国法的研究素材。近年来,随着国内外学术交流的增加、地方档案的开放以及与社会转型相伴的学术转型,档案资料在法律史研究中的重要性逐渐为学界所重视,这一趋势表面上看是简单的研究材料的拓展,实际上与中国法律史研究者对"中国主体性"认知的加强不无关系。如果局限于寻找中国传统社会中的"西方法",那么各朝各代的典章制度无疑是研究者的首选素材;而如果学者寻求的是传统中国社会中法的真实面貌,那么情、理、习俗、村规民约等规则的载体都应当是中国法律史研究使用中更应该予以关注的本土素材。

仅举地方档案一例。在相当长的时间内,中国法律史学界对于体现中国法实践特点的地方司法档案明显重视不足。究其原因,除了研究角度和问题意识之外,经济和学风问题也是极为重要的因素。研究法律史的学者缺乏财力、人力和时间去搜集和整理研究素材,而依凭现有制度典章进行宏大叙事的研究似乎在学术的投入和产出比例上更有优势。将州县司法档案运用于中国法律史研究源于20世纪50年代我国台湾地区淡新档案的发现,台湾大学法律系戴炎辉教授率先整理并运用这一档案论证晚清时期台湾的司法问题。[①] 这一材料被美日学者发现后,极大地改变了其进行中国法律史研究时采用的视角和方法。美国学者戴维德最先对淡新档案做了基本统计,成为之后许多学者的参考材料[②],

---

[①] 参见戴炎辉:《清代台湾之司法制度》,《台湾省通志稿》(卷三政事志司法编第一册第一章清代司法制度),台湾省文献委员会1955年版。

[②] 参见 D. Buxbaum. Some Aspects of Civil Procedure and Practice at the Trial Levelin Tanshui and Hsinchu from 1789 to 1895. *The Journal of Asian Studies*, 1971, Vol. 30, No. 2.

后来美国的艾马克（Mark A. Allee）①、日本的滋贺秀三②等著名学者也都开始采用淡新档案来论证或佐证其个人观点。台湾法史学者那思陆、张伟仁在其著作中也对淡新档案有所涉猎。③

20世纪90年代之后，美国、日本、中国的法律史学者逐渐转向对大陆所存州县档案的使用，如以黄宗智为代表的美国学者大规模地利用四川省巴县档案进行清代和民国的法律史研究④，其弟子白德瑞（Bradly W. Reed）在著作中指出，巴县档案的出现，使学者摆脱了因淡新档案过于薄弱而无法进行更彻底研究的困境⑤。由于巴县档案的丰富和完整，近年来美国的中国法律史研究者所使用的地方档案，多以巴县档案为主，兼顾淡新等其他地区的档案材料。⑥

在美国和日本学者的带动下，对地方档案的重视影响了中国法律史学界。例如田涛对黄岩和徽州民间契约档案的搜集和研

---

① 参见 Mark A. Allee, *Law and Local Society in Late Imperial China——Northern Taiwan in the Nineteenth Century*, Stanford University Press, 1994.

② 参见滋贺秀三《清代州县衙门诉讼的若干研究心得》，载《日本学者研究中国史论著选译》（第8卷），中华书局1992年版，第528~544页。另参见寺田浩明、李力：《中国清代的民事诉讼与"法之构筑"——以〈淡新档案〉的一个案例为素材》，《私法》第3辑第2卷，北京大学出版社2004年版，第304~326页。

③ 参见那思陆：《清代州县衙门审判制度》，文史哲出版社1982年版；张伟仁：《清代法制研究》，"中央"研究院历史语言研究所1983年版。

④ 参见黄宗智：《清代的法律、社会与文化：民法的表达与实践》，上海书店出版社2007年版；《法典、习俗与司法实践：清代与民国的比较》，上海书店出版社2007年版等。

⑤ Bradly W. Reed. *Talons and Teeth: County Clerks and Runners in the Qing Dynasty*, Stanford University Press, 2000, preface, p. xiv.

⑥ 美国学者运用基层司法档案进行清代和民国法律史研究的成果集中在：Kathryn Bernhardt, Philip C. Huang, ed., *Civil Law in Qing and Republican China*, Stanford University Pres, 1994.

究①、侯欣一对陕甘宁边区司法档案的研究②、俞江对宝坻档案的研究、里赞对南部县司法档案的整理和研究③等，无疑都是通过对研究材料的发掘来推进中国法律史研究的深入（见表2）。

表2　目前中国法律史学界主要运用的地方司法档案

	规模	年代	档案地	馆藏地
淡新	约 19152 件	1789—1895	台湾淡水厅、台北府、新竹县	台湾大学图书馆
巴县	约 11.3 万件	1757—1911	四川省巴县	四川省档案馆
宝坻	约 41839 件	1810—1900	顺天府宝坻县	中国历史第一档案馆
南部	约 84390 件	1657—1911	四川省南部县	四川省南充市档案馆

当然，强调对地方档案的重视并不是要否定其他法律史素材的重要性，更不是要以是否援用地方档案作为判断是否进行"中国法历史"研究的标志。地方档案作为中国法律史的研究素材并不是毫无缺陷的，如地方档案集中于清朝与民国，对于近代中国法律史的研究或有裨益，对近代之前的中国法律史就无法印证，而且即便是保存良好的地方档案仍不免缺失，其记载内容也有书吏的修饰痕迹。但就其与西方社会相比具有的独特性而言，可以预见地方档案在相当长时间内仍将是我们研究中国法律史特别是清代及民国法律史需要重视的中国法本土素材。

除了地方档案之外，研究素材的不断拓展也已成为中国法律史近年来的一个可喜趋势，如苏力对传统文学典籍的分析④，徐

---

① 参见田涛、许传玺、王宏治：《黄岩诉讼档案及调查报告——传统与现实之间/寻法下乡》，法律出版社 2004 年版。

② 参见侯欣一：《陕甘宁边区人民调解制度研究》，《中国法学》2007 年第 4 期。

③ 参见里赞：《晚清州县审断中的"社会"：基于南部县档案的考察》，《社会科学研究》2008 年第 5 期。

④ 参见苏力：《法律与文学：以中国传统戏剧为材料》，生活·读书·新知三联书店 2006 年版。

忠明对士绅日记、民间故事等材料的研究①，黄源盛对民初大理院和平政院判例的整理和研究②，等等。这些新材料的发现和研究都极大地推动了中国法律史研究风气的改进和问题的深入。按照徐忠明教授的归纳，除成文典章和地方档案外，中国法律史的研究素材至少应当包括"帝国官员的司法案牍、行政司法事务的指导书和官箴、地方志、地方法（省例之类）以及习惯法；民间存留下来的法律文书，诸如契约文书、分家文书、乡规民约、家规族法、商业文书、讼师秘本乃至《万宝全书》这类民间日常生活的杂书；其他民间流播广泛的野乘传说、笔记小说、戏曲唱词、法律俗语、宝卷善书、器物图画，等等"③。凡此种种，其重要性当然不可等同而论，如一些文学小说、词曲歌赋可作为证据或专门进行法律与文学研究的材料，直接作为信史来研究法律史就略显牵强了。就目前而言，进一步发掘地方档案、法律文书仍是寻找中国法律史研究素材的主要任务。如果将中国法律史的研究素材进行简单的归类，至少应当包括但不限于以下五类：

成文典章制度，如儒家经典、成文律典、会典、则例、省例等；

司法档案，如中央成案与判例汇编、民国大理院判例、各地司法档案等；

地方法律文献，如地方法律志、地契合同、族谱族规、乡规民约、商业行规、习惯调查等；

---

① 参见徐忠明：《众声喧哗：明清法律文化的复调叙事》，清华大学出版社2007年版；《案例、故事与明清时期的司法文化》，法律出版社2006年版等。

② 参见黄源盛：《民初大理院关于民事习惯判例之研究》，《政大法学评论》2000年第6期，1~46页；《民初平政院裁决书整编与初探》，《国科会研究汇刊》2000年第10期，493~515页；《民初法律变迁与裁判（1912—1928）》，台湾政治大学1990年版等。

③ 徐忠明：《中国法律史研究的可能前景：超越西方，回归本土？》，载《政法论坛》2006年第1期，第11页。

官吏日常法律资料，如官箴书、讼师秘本、判牍辑存、私家笔记等；

辅助性史料，与传统中国法和中国司法文化相关的文学、艺术作品等。

与西方法的成文性和统一性，特别是西方司法的明确性相比，研究中国法的历史，当不可对所有的制度典籍"信以为真"，这当然不是指完全抛开成文法律来研究中国法，而是要在对既有成文法律的整理和研究基础上，以更广泛的本土素材来描述中国法在实践中的真实面貌。这样的研究需要的不仅仅是对官方文件的了解，更需要考虑在具体的社会背景下，多方当事人对法的认知和纠纷裁断中法如何得以实现。

（四）

从柯文《在中国发现历史》一书开始[1]，"中国中心观"从20世纪80年代开始流行于中国史学界，并逐渐取代原有的"西方中心观"的史学研究范式。中国法律史学界对此问题的反思不是受到史学界的影响而是伴随中国法学界开始进行法学研究的"中国主体性"整体性反思而出现的。[2] 与法理学和其他部门法不同的是，中国法律史研究还需要努力地化解研究中国法历史"有什么用"的质疑。在梁启超的开创性工作之后，经过一代人的努力，法律史研究在深度和广度两方面都有了相当的发展。"人们尝试以不同方法探讨法律史，试图发现切合时代精神的历

---

[1] See Paul A. Cohen, *Discovering History in China: American History Writing on the Recent Chinese Past*, Columbia University Press, 1984.

[2] 典型的作品如邓正来：《中国法学向何处去》，商务印书馆2006年版。其后的相关评论甚多，涉及法学各学科"何处去"的追问，此不一一详列。

史叙述方式。"① 由于传统中国法（如果如前所定义的话）的内容在西方现代法律体系下的确很难找到明确的定位，学界甚至一度还有对中国传统法律文化全盘否定的极端思想，因此中国法律史要重新回到对中国法的历史面貌的研究，还必须要克服功利的研究目的，将中国法律史的研究目的从"为现代法律制度找源流，和西方法律制度比悠久"转变为"把中国法自身的问题说清楚"，让研究取向从过度的价值诉求回到中道的事实描述上来。对于当下的中国法律史而言，弄清中国法的事实比评述中国法的优劣更具有学术价值。因此，在中国法律史的研究中，如果没有把中国法本身的问题搞清楚，缺乏对中国法"是什么"的描述，而一味地致力于批判或褒扬传统中国法律文化对当下的法制、法治有何阻碍或帮助，都会使中国法律史的研究飘浮于虚空之中，缺乏应有的根基。

中西法的比较研究，其价值在于找到差异而非找到共性，其最终目的不是为了认识别人，而是为了更清楚地认识自己。因此将比较研究的参照物作为比较研究的目的和价值评判标准甚至研究的目的实不足取。运用西方法律概念和法律原理分析和考察中国法并非完全不可，但如果将所有的中国法概念、原理完全"替换"为西方法，中国法研究的素材也仅仅局限于历朝历代的典章制度，而不是中国法的实现过程，文章似可易懂、论述似可方便，中国法自身的魅力却在这词语的转换和材料的局限中逐渐消逝了。正如徐忠明所言：

> 惟有在"解构"这种西方法学概念和法学理论宰制下的现代中国法律史叙事模式之后，我们才有可能将这套"前见"悬置起来，才有可能真正做到"回归本土"的学术研究

---

① 梁治平：《法律史的视界：方法、旨趣与范式》，载《中国文化》2002年第Z1期，第160~161页。

脉络,才有可能真正"走进"历史现场,也才有可能通过文献资料这一特殊桥梁与中国古人进行直接的对话和交流;惟有如此,所谓"设身处地"的研究才有可能,与中国古人"神游冥合"(陈寅恪语)的境界才能达到;最终,我们才有可能准确理解和把握中国法律史的真面貌和真精神。①

当然,法律史与文学史、宗教史等专门史不同,由于法学(而非传统律学)本身就是一个完全的舶来品,所使用的语言是翻译过来的西方法语言,所援用的原理是翻译过来的西方法原理,因此完全脱离西方法学语境研究中国法律史恐难以做到,学者所谓的"在西方法学彰显下中国法传统与现代法精神之间的内在张力及由这种紧张所带来的矛盾与焦虑之窘境"② 可能还会长久存在。本文无意也不可能提出一套完全脱离于西方法概念和原理的中国法律史研究模式,但至少中国法律史的研究不能够落入这样一种模式:每遇西法之"先进"制度,必先考证中国历朝历代典章律例,直至找到"类似"规则,之后大声宣布此制度实为中国法早已有之,以在中国历史材料中找到西法渊源为荣,从而主动(或被动地)为西方法在中国的落地生根找寻法律史上的合理性。如此一来,中国法的历史研究就变成了西方法在中国的历史研究,此为影响我们认识中国法历史面貌的最大障碍,也是时下中国法律史研究缺乏"中国主体性"的主要原因。因此,如何在研究"中国法的历史"而非"西方法在中国的历史"的理论预设下,重新审视中国法本身的内涵,寻找研究中国法的本土素材,论证中国法自身,恐怕是每一个中国法律史学者需要深入思考的问题。

---

① 徐忠明:《中国法律史研究的可能前景:超越西方,回归本土?》,载《政法论坛》2006 年第 1 期,第 10 页。
② 陈景良:《反思法律史研究中的"类型学"方法——中国法律史研究的另一种思路》,载《法商研究》2004 年第 5 期,第 140 页。

法律史研究的方向：法学化还是史学化

胡永恒

一、引言

近年来，中国法律史（以下简称"法律史"）逐渐成为史学研究中一个引人注目的学术增长点。不过总体而言，法律史研究仍处于一种"双重边缘"的境况——在法学界位于边缘，在史学界也位于边缘。在法学界，法律史常被认为是与现实隔膜的、没什么用的"冷学问"，法理学、部门法学学者不太重视法律史学者的研究，法律史学者发表成果难，申报课题难。而在史学界，不少人在心底较为轻视法律史，认为它是一门幼稚的学科，史料薄弱，且与其他史学学科对话少。有位资深的法律史学者曾这样反省道："从理论的角度我们与法理研究似乎有所差距，从历史的角度我们对事实的把握也难以达到专门从事史学研究者那样的深度。"[①] 此语道破法律史研究的要害问题。

其实这一问题早已存在，而且由于它关涉法律史学科的方法

[①] 曾宪义、马小红：《中国法律史学术研究成果之分析》，《法学家》2007年第1期。

论、发展方向等重大问题,也为很多法律史研究者所反省。① 众多法律史学者不约而同地关注方法论问题,不免让人想到德国法学家拉德布鲁赫的一句名言——"某些科学如果必须忙于从事探讨自己的方法论,就是带病的科学。"② 若法律史这门学科真的有"病",认清症状、辨析病理,终归是件好事。学者们的讨论多涉及学科的发展方向问题,即法律史应更多地向法学靠拢(或曰"法学化"),还是向史学靠拢(或曰"史学化")。两种主张各有依据。早在十年前就有学者指出:"中国法律史学界如今存在两种颇为对立的情绪——尽管两派没有公开予以讨论。法律史考证学家每以自己能判定真实的史料而自喜,有些轻视理论建构与意义解释的研究路数。而重视法律史意义解释和法律史宏观理论的学者,以为放弃意义解释和理论建构,法律史无疑成为'支离破碎'的史料堆砌。"③ 现在看来,这种暗中的对立不仅仍然存在,且有愈演愈烈之势。最重要的原因或许在于,近年来有不少史学出身的学者进入法律史领域,让某些出身法学的学者感到自己的"领地"闯入了外来者,由此主张法律史走向"法学化"或"法理学化",以维护自身的专业优势。在此背景之下,法律史应当朝何处去,更是一个值得被认真对待的问题。

作为一个交叉学科,法律史遭遇的问题具有一定的代表性。经济史、社会史等分支学科,都或多或少地面临这一问题,如经

---

① 仅就笔者的视野所及,这类文章就有数十篇之多。参与讨论的既有张晋藩、曾宪义、倪正茂等老一辈学者,也有梁治平、徐忠明、马小红、李力、陈景良、刘广安、苏亦工、夏新华等中青年学界中坚,还有王志强、邓建鹏、尤陈俊、刘昕杰等"70后"甚至"80后"的青年才俊。

② 转引自 K. 茨威格特、H. 克茨:《比较法总论》,潘汉典、米健、高鸿钧等译,法律出版社 2003 年版,第 44 页。

③ 徐忠明:《关于中国法律史研究的几点省思》,《现代法学》2001 年第 1 期。

济史研究如何运用经济学理论、社会史是否应社会学化等讨论。① 因此,讨论法律史研究应法学化还是史学化的问题,或许能为其他交叉学科的发展提供某些启示。

二、法学化的法律史

在现行学科建制中,法律史属于法学学科。相应的,法律史学者大多出身法学,法律史论文也大多发表在法学刊物上。与经济史、社会史等学科相比,法律史虽然也属史学与社会科学的交叉学科,但情况不太一样。经济史、社会史处于史学学科的建制中,是传统"史学圈"的组成部分,而法律史却不是。史学学者常把法律史看作一门"法学圈"中的学问;法律史学者也多有一种"法律人"的自我认同。这就使得法律史学界成为一个相对封闭的小圈子,与"史学圈"有一定的隔膜。②

法律史成为"法学圈"中的法律史有其特殊的历史渊源。近代以降,在"西学东渐"的诸多人文社会学科中,法学或许是最为纯粹的一门"西学"。传统中国学术中虽有"律学",但它以历代刑律为主要研究对象,在刑律"为盛世所不尚"的古代中国,始终未能居于传统学术的主流。而在西方,自古罗马始,法学即成为一门显赫的学问,发展至近代更蔚为体大思精的学科体系。因此,论体系之健全、学理之精细,中国传统法学与西方传统法学相去甚远。

更重要的是,中国近代法学的知识体系与传统法学之间有着明显的断裂。晚清新政中修订的各种法律或法律草案,无不以西

---

① 如经济史学界长期存在关于经济史是属于历史学还是经济学的争论。历史学出身的学者和经济学出身的学者,在研究的目标、方法上往往有很大的差异。

② 不仅大陆学界如此,台湾地区也存在类似现象。参见黄源盛:《台湾的中国法制史研究》,载曾宪义:《法律文化研究》第5辑,中国人民大学出版社2009年版,第17页。

方（多以日本为中介，或仿法德，或参英美）法律为蓝本。法学本是经世致用之学，整个法律体系既为舶来品，与之配套的法学知识体系自然也都来自西方。纵观近代以来的法律史学者，无论是学科初创时期的沈家本、梁启超，还是其后的徐朝阳、杨鸿烈、陈顾远、瞿同祖等人，亦多以西方法学或其他社会科学的视角和方法来治中国法律史。① 中华人民共和国成立后，中国法学一度深受苏联法学的影响，但后者亦是"西学"。改革开放后，以西方法学概念、理论、视角和方法来书写中国法律史成为主流范式。这一时期，我国在立法方面进行了新一轮的大规模法律移植（移植自西方发达国家），司法方面的改革也主要体现为朝向西方近现代的职业化司法。因此，中国法律史学虽然有一个西式外壳，内容（中国古代法制及思想）却与当代中国法制存在偏差；又由于整个法制体系均来自西方，故以西方发达国家法律史为主的"外国法制史"反而正好与当代中国法制相对接。

考虑到法律史的学科特点、历史渊源及研究主力为法学人士的现实，在 20 世纪 80 年代确立的学术建制中，法律史被划入法学而非历史学。这种建制反过来又影响了之后的学术研究，造成今日法律史为"法学圈"中法律史之局面。

法学人士从事法律史研究，无可避免地受其惯常思维的影响。与史学研究的思维相比，法学研究的思维有何不同？作为一个曾受过一定法学训练而现在从事史学研究的人，笔者感受主要有以下两个方面的差异。

一是思维过程的差异。相较而言，史学以实证研究居多，研究者习于归纳；而在法学研究中，尤其是在凸显法学学科特色与

---

① 沈家本稍特殊，著有《历代刑法考》，是传统律学大家。但因其主持清末修律，在引进西方法律制度和法学知识方面居功至伟，故往往被尊为引进西方法学的第一人。

自足性的所谓的"概念法学"① 中,演绎思维的使用无疑更为频繁。史学研究往往截取历史中的某一时段或断面,力图在澄清史实的基础上,得出一个具有概括、总结意味的经验性结论。法学研究则往往从某一概念、原则或理论出发,证之于历史或现实中的某些现象,以此证明此概念、原则、理论能否成立,或以历史、现实是否符合某种一般原理而加以评判。出身法学的研究者在从事法律史研究时,往往会不自觉地受此法学研究的思维惯性支配。一个较为突出的例子是近年来法律史学界大量涌现关于清末以来"司法独立"问题的研究。这类研究通常遵循这样的套路:先阐明司法独立的重要价值及其普适性,然后依据其基本原则及构成要素观照中国近代某时、某地、某政权的司法状况,从法院、法官是否能独立行使审判权或从人事权、财政权、法官素质等各方面展开分析,得出其未能实现司法独立的结论并指出差距所在,接着检讨其历史原因并泛泛指出其对于现实的借鉴意义。除去具体时空的差异,其结论和论证方式几乎千篇一律。其实,并非仅"司法独立"的研究如此,在诸如议会、立法、行政、审判、监狱、法律职业等研究领域,类似现象也大量存在。从这类研究中,可总结出一个"三段论"式的演绎思维模式:

　　法学原则、理论＋中国历史上的现象──→评价(肯定或批判)
　　（大前提）　　　（小前提）　　　　　　（结论）

---

① 法律史学科的开创者,当为著有《论中国成文法编制之沿革得失》的梁启超。关于中国法律史学的学术史梳理,可参见梁治平:《法律史的视界:方法、旨趣与范式》,《中国文化》2003 年第 19、20 期。"概念法学"一词源于 19 世纪德国"潘德克顿法学",它以集罗马法学大成的《学说汇纂》为其理论的历史基础,强调法律概念的分析及法律体系的建构。此处"概念法学"指的是大约自 20 世纪 80 年代中期在中国法学界兴起的关注具体法律制度和条文、重视法条解释、概念推演和体系构建的法学研究方法。参见苏力:《也许正在发生——中国当代法学发展的一个概览》,《比较法研究》2001 年第 3 期。

其中，作为"大前提"的法学原则、理论基本来自西方近现代法学。换言之，它以西方法学的原则、理论作为放之四海而皆准的真理。① 这种思维模式与在法学界盛行多年的"对策法学"如出一辙。其惯常套路为：以西方法学的某些原则、理论验之于中国的现状，得出批评性的结论，然后借鉴西方经验提出相应对策。② 也就是说，无论是研究历史，还是研究现实，法学研究人员都更习惯于演绎思维。

二是研究旨趣的差异。概言之，史学研究强调还原历史，法学研究则强调阐释历史。中国史学界向来有较强的实证研究传统，即便是在各种理论、方法竞相登场的今天，实证研究仍居主导地位。它最为强调的是历史的真实性。相比之下，法学研究者更喜欢探讨史实背后的原因、价值或者启示。这种现象也与上文提到的演绎思维模式密切相关。与史学相比，法学是一门与世俗关系更密切的学问；与史学研究者相比，法学研究者往往有更直接的经世致用的情怀。因此，在忙于建设法治社会的今天，法学出身的研究者更倾向于"在实践中回答现代，特别是当代中国法制现代化过程中出现的问题"③。由此可见，法律史学者更多地与法学学者而非史学学者分享同一套话语体系，其潜在的对话对象，是法学学者而非史学学者。这就进一步决定当今法律史的品格更接近于法学，而非史学。但是，法学化的法律史在一些亟须改变的问题。

首先在于其史学基础薄弱。史学研究的基础是史料的占有。

---

① 应指出的是，已有一些法律史学者对此有充分反省与自觉，开始强调把问题置于特定的历史语境中进行审视，采取功能主义分析等进路而非简单地进行中西对比。

② 关于"对策法学"的局限与弊端，参见陈瑞华：《论法学研究方法》，北京大学出版社2009年版，第215~245页。

③ 王志强：《中国法律史学研究取向的回顾与前瞻》，载中南财经政法大学法律史研究所：《中西法律传统》第2卷，中国政法大学出版社2002年版，第82页。

由于法律史研究的主力人员大多出身法学,其中多数人不曾受过严格的史学训练,加之研究旨趣主要在于为现实服务而非探索历史本原,史学基础薄弱是其通病。不少法律史研究侧重于法理辨析,史料只是必要的点缀,"以论代史"的问题较为突出。很多法律史学者惯于引用二手资料,不愿意下功夫去阅读和引用一手史料。例如,司法档案是非常重要的原始资料,但在法律史研究中长期不受重视,近些年来,才逐渐形成系统阅读和利用司法档案的风气。有学者指出,像"刑科题本"这样的重要史料,经济史学界早已有利用它的学术传统,在法律史学界反而鲜有利用者。[①] 因此,同类主题的论文中,所使用的史料往往大同小异。更有甚者,转引他人史料而不注明出处,这种现象在法律史研究中屡见不鲜。此外,法律史研究中还经常存在史料种类不够多样化、使用太过随意、简单堆砌史料、史料与观点不够契合等弊端。当然,其中也不乏史料扎实、考证精细之作,但整体而言,在史料运用、史实考证等方面,法律史研究尚未达到政治史、经济史等学科的水准。法律史之所以在史学界处于边缘地位,最重要的原因恐怕在此。

其次,就整个法律史学界而言,基础史料的整理仍有不足。虽然也有不少学者(如刘海年、杨一凡、田涛、怀效锋、黄源盛、何勤华等)重视史料整理工作,甚至某些大学还设有专事史料整理的机构(如中国政法大学和华东政法大学均设有法律古籍整理研究所),并且近年来法律史学界明显加快法律史料整理工

---

① 参见尤陈俊:《新法律史如何可能——美国的中国法律史研究新动向及其启示》,载黄宗智、尤陈俊:《从诉讼档案出发:中国的法律、社会与文化》,法律出版社 2009 年版,第 502 页。

作的进程①,但就总体而言,法律史料整理的状况仍不尽如人意。正如一位学者指出的,"通常我们在研究明律要参考台北黄彰健的《明代律例汇编》,研究唐律时要依赖日本仁井田陞的《唐令拾遗》,类似这样的整理、辑佚著作,可以说还没有。这不能不说是一个很大的缺憾"②。另以近代司法档案而论,北洋时期的司法档案除黄源盛编纂的《大理院民事判例全文汇编》《大理院刑事判例全文汇编》及《平政院裁决录存》,尚很少见到其他编纂成果;南京国民政府时期的司法档案数量更为浩繁,但上至最高法院,下至基层法院,已整理出版的司法档案甚为鲜见;中共革命根据地时期的司法档案也为数不少,但即使是其中最为重要的陕甘宁边区高等法院档案,至今也仍未整理出版。史料基础的不足,导致低水平重复的泡沫式研究大量出现,助长了浮躁学风,成为法律史研究的一大隐忧。为此,在史料整理方面用力甚勤的黄源盛指出:"从事法史研究,史料可以说是最基本的,由史料过渡到史实,由史实得出解释,这是个最基本的方向。"③对于那种重思辨、轻史料的研究,有学者提出批评:"在法律史料的运用上,采取'以论带史'或'六经注我'的做法,可能写出有价值的法律哲学或法律思想方面的论著来,却不可能写出成功的法律史学的论著来。其原因就是法律史学是一门建立在具体

---

① 如国家图书馆出版社 2008 年推出《明清法制史料辑刊》第 1 编(地方公牍类)全 37 册,今后还将陆续推出第 2 编(刑案说帖类)和第 3 编(律例类);怀效锋主编的《清末法制变革史料》(上下册)于 2010 年由中国政法大学出版社出版;华东政法大学、中国政法大学等高校 20 多名学者合力点校的 11 卷本《大清新法令》于 2011 年由商务印书馆出版;李启成点校的《资政院议场会议速记录——晚清预备国会论辩实录》于 2011 年由上海三联书店出版。

② 林乾:《辉煌与隐忧:法律史学六十年评述》,载《西南大学学报》(社会科学版)2009 年第 5 期。

③ 黄源盛:《台湾的中国法制史研究》,载曾宪义:《法律文化研究》第 5 辑,第 15 页。

材料基础之上的学问，而不是一门建立在抽象推理基础之上的学问。"① 还有学者痛斥法律史研究中的"法理学化"倾向，认为其"重方法或西方的理论而轻史料，注重宏大理论框架的建构，生硬地比较中西法律文化，造成与法理学作品同质化"②。

空谈理论，不在史料基础上做扎实的经验研究，很难推动理论的创新。因为理论发展一般遵循这样的规律——"从经验中发现理论的例外，理论的例外慢慢地累积起来，便形成了一种新的理论"③。事实上，史学研究中的很多创新都是因为从史料中发现"反常"而催生的，并非基于理论的冥思玄想。

不过，仅从认识上明确史料的重要性，仍无法在短时间内促使法律史研究发生转变。在这里，有必要指出多数法律史研究者不愿意在史料方面下功夫的一个现实因素，即"投入—产出"的效益问题。一般而言，较之阅读、消化史料需花费大量时间、精力，写作以思辨为主的论文和著作要更容易一些。④ 而当前以数量为主的学术评价机制，又助长了研究者避难就易的心理。因此，要改变法律史研究中史料薄弱的状况，恐怕还有赖于相关学术评价机制的变革。

另外，法学化的法律史之严重弊端是西方中心主义与现代化范式的泛滥。如前所述，中国近代法制与法学几乎全盘移植自西方。作为法学的子学科，法律史的"西化"也比较彻底，从概念到体系，从方法到理论（传统的考据方法除外），几乎全来自西

---

① 刘广安：《二十世纪中国法律史学论纲》，《中外法学》1997年第3期。
② 李力：《借题发挥：中国法制史向何处去？》，《政法论坛》第24卷第6期，2006年。
③ 陈瑞华：《论法学研究方法》，北京大学出版社2009年版，第200页。
④ 法学界和史学界都有学者利用CSSCI数据库对各自领域的高产学者发文情况做过统计。参见苏力：《也许正在发生——转型中国的法学》，法律出版社2004年版，第74页；徐秀丽：《从引证看中国近代史研究（1998—2007）》，载《近代史研究》2009年第5期。

方。在西方法学话语的主导下,中国法律史已沦为纯粹的客体,仅为被描述和被解释的对象,其主体性全然消解,以至于有学者提出尖锐质疑:中国法律史到底是"中国法的历史",还是"西方法在中国的历史"?①

按西方法学知识体系来剪裁中国古代法律,会出现诸多别扭之处,甚至会得出一些错误结论。例如,以"中国法制史"教科书为代表的主流研究范式,基本是以刑法、民法、行政法、经济法的西方法学体系来叙述中国法律史。这样的分类用于中国近代尚无不可,用于中国古代则显然不合适。因为中国古代法律规范基本上体现为"礼"与"法",其中"法"主要是刑法,"礼"既包含刑法、民法、经济法、行政法等多种法律性质的规范,也包含很多伦理、习惯规则。若仅就体现为刑法的"法"来谈古代法律,则不免得出"中国古代无民法"或"民法不发达"的结论。实际上,中国古代社会中带有民事性质的田土、户婚、钱债、继承等纠纷,均有相应的规则可遵循,仅因为没有出现西方式的民法典就得出上述结论,未免失之偏颇。② 这种"简单地从现代部门法体系出发,随意选择分割传统法典内容和法律体系"的做法,的确"使传统法律体系的整体性和历史性受到了破坏,导致了许多认识上的主观性和结论的片面性"。③

以西方概念来重构、衡量中国法律史的现象有很多。其背后是这门学科深入骨髓的"西方中心主义"。以西方现代法治作为中国法制建设的当然方向,是众多法学学者的典型心态,反映出

---

① 刘昕杰:《"中国法的历史"还是"西方法在中国的历史"?——中国法律史研究的再思考》,载《社会科学研究》2009年第4期。

② 关于中国古代民法的讨论,参见李显冬:《试论中国古代固有民法的开放性体系》,载《杭州师范学院学报》(社会科学版)2003年第5期;张生:《中国"古代民法"三题》,载《法学家》2007年第5期。

③ 刘广安:《中国法史学基础问题反思》,载《政法论坛》2006年第1期。

一种"骨子里对西方法律的羡慕乃至崇拜"①。在这种心态支配下，研究者自然对中国法律持一种批判态度，忙于证明它的落后，同时不忘提出以西方法治为蓝本的改造方案。多年来，这在法律史研究中已经形成一个固定的"现代化范式"套路。其基本特征，是以一种线性的、进化的历史观，将传统与现代二元对立，视西方现代法治为中国法律的理想参照和必然归宿。现代化范式有其独到的理论解释力，但千篇一律地遵循这一范式写作，必然会丧失学术的创新力。如前文曾提到的关于司法独立的研究，几乎所有人都在批评、检讨某一时期的司法未能独立，其内容和结论一望而知，很少有新鲜的学术创见。可以说，隐藏在现代化范式之下的西方中心主义严重禁锢了研究者的学术洞察力与想象力。而且，视中国传统法律为落后的、必然遭淘汰的事物的潜意识，也使得多数学者对传统法律与当代法律之间延续的一面有所忽视，导致法律史研究成为一种"博物馆珍藏品似的研究"②。也正因无力与现实法制之间建构内在的、有机的关联，法律史被视为一门"没什么用"的冷学问，这也是其在法学中被边缘化的重要原因之一。

三、史学化的法律史

20世纪90年代前，研究者相对注重宏观叙事，喜欢从整体或类型的角度谈论中国法律史，思辨色彩浓重；此后则相对注重对具体制度、事件的考察，强调厘清或重建史实。有研究者对

---

① 苏亦工：《得形忘意：从唐律情结到民法典情结》，载《中国社会科学》2005年第1期。

② 这一说法出自列文森（Joseph R. Levenson）。黄宗智曾借用这一说法批评中国法律史研究与现实隔绝的现状。参见黄宗智：《序：为什么要建立新的中国法律历史与现实的研究》，载《过去和现在：中国民事法律实践的探索》，法律出版社2009年版，第3页。

1979—2007年间的《法学研究》进行考察,发现在20世纪90年代中期以前,发表的论文多为以中国古代整体法律制度或中华法系为对象的研究,如《中华法系特点初探》《中国古代法治与社会经济的发展》《中国封建社会两类法律形式的消长及影响》等;而在20世纪90年代中期以后,则以考察具体问题的研究居多,如《中国封建刑律中的八议》《略论我国古代死刑复核制度》《中国传统民事契约中的中人现象》等。① 这在一定程度上说明,彼时法律史学界对史学基础的重要性已有一定认识。不过,很多研究者止步于琐碎史实的考察,缺乏深层的问题意识和全局的关怀;多数所谓考证也不过是枯燥的史料罗列、梳理,全无思辨的魅力与智识的启发。这种现象引发了一些学者的不满。有批评者指出,考据不过是一种鉴别资料真伪的手段,是史家的基本功,只能是研究的起点而不能是终局。② 这样的批评应该说是中肯的。从法律史的目标和功能来看,当然不能止步于描述历史现象、厘清历史事实,而应有进一步的理性思考。如果只停留在考据与叙述的层面,缺乏理论概括与意义诠释,法律史无法与其他法学学科实现有效衔接,不能为法学研究提供足够的智识资源,其服务现实法制建设的功能也将进一步丧失。③

这些意见与前文提到的反对法学化的声音,恰成针锋相对之势。有意思的是,这两个阵营中的学者,基本上都出身法学。而在他们争论不休之际,法律史研究的格局悄然发生变化——大量

---

① 闫文博:《1979—2007年我国法制史研究综述——以〈法学研究〉为中心的考察》,载《法律文献信息与研究》2008年第3期。
② 参见苏亦工:《法律史学研究方法问题商榷》,载《北方工业大学学报》1997年第4期。
③ 这方面的讨论,可参见王申:《论法律史研究中的法理意义》,载《华东政法学院学报》2006年第1期;俞江:《思想与制度之间——大陆的法史学研究之展望》,载《法制史研究》创刊号,2000年;黄震:《中国法律史的学科史反思》,载张中秋:《法律史学科发展国际学术研讨会文集》,中国政法大学出版社2006年版。

史学出身的研究者纷纷进入法律史领域。

为什么会有越来越多史学出身的学者"进军"法律史领域？笔者认为，这首先是因为法律史与政治史、经济史、社会史、思想史、文化史等学科有着天然而紧密的联系，研究者很自然地就从某一领域走向法律史研究。如政治史中关于清末新政的研究，就不可避免地涉及"预备立宪"和"变法修律"；经济史中关于中国传统契约的研究，需要将中国传统契约与西方契约进行比较研究，或借用契约的一般原理对其进行分析；社会史中关于近代职业群体的研究，会涉及律师、法官、警察等新兴群体；思想文化史中关于西学在近代中国传播的研究，会涉及某些重要的西方法学概念（如权利、法治）和理论（如分权制衡、司法独立）等。事实上，很多史学研究者所从事的法律史研究，正是其原有研究的组成部分，或是其研究的自然延伸。法律史的主要研究对象虽为历史中的法律制度、观念及思想，但其与政治、经济、社会、思想文化均有一定交叉，也存在千丝万缕的联系。可以预见，在跨学科研究日益盛行的情况下，因研究其他学科而进入法律史领域的学者，今后还会越来越多。

除学科之间的天然联系外，"进军法律史"这一现象也不能排除研究者的主观因素的影响，尤其是前文提及的"成本—效益"考虑。与政治史、经济史等史学分支学科相比，法律史研究的史学基础相对薄弱，还留有不少尚待开垦的研究领域，容易产出"填补空白"的成果。而发掘史料、考证史实的能力，正是史学出身学者的强项。另外，现有法律史研究在法学专业知识方面的水准实际也没有业外人士所想象的那么高。如有学者指出，"出身法学的学者，理应更多地受到法学的熏陶而因此对之更为亲近，但坦率地说，今天活跃于中国法律史学界的很多学者，早年在法律系中所受的'法学训练'，也很难成就中国法律史研究必要程度的法学化"①。现实中,法律史学者不重视法理研习、不关注部门法最新进展却仍能做出一定研究成绩的现象,也证明法律史研究具有一定的容易度。因此,史学学者进入法律史领域,需要跨越专业障碍的难度也相对较低。

不过,有些法学出身的法律史学者对史学学者的"闯入"格外警惕,觉得"地盘"有被抢占的危险。事实上,史学出身的人进军法律史,因其学科背景优势,在推进法律史研究进展上,确实不乏成功的例子。如黄宗智本来主要从事经济史研究,后来转向法律史,成绩斐然。再如秦汉史学者杨振红运用包括出土秦简、汉简在内的丰富史料,对法律史学界一个长期居于主流的观点"法律儒家化"提出有力挑战。② 实践表明,史学背景的研究者进入法律史研究领域,往往能为这一研究领域引入新的史料、观点、视角和方法,从而打破陈陈相因的旧说,带来新的气象。纵观近几年史学研究者的法律史研究,至少有两个新特点。其一,研究多基于司法档案等原始资料。③ 近年在法律史领域声誉鹊起、以黄宗智为领军人物的"UCLA学派",其重要特点就是重视诉讼档案的系统利用,所出版的一本论文集即名为《从诉讼档案出发》。④ 其二,研究多采用社会史路径。法学界的法律史研究,长期占据主导地位的是制度史研究——以研究历代成文法和司法制度为主,而对法律的实际运作及其社会效果关注不够。

---

① 尤陈俊:《知识转型背景下的中国法律史——从中国法学院的立场出发》,载《云南大学学报》(法学版)2008年第1期。
② 参见杨振红:《从出土秦汉律看中国古代的"礼"、"法"观念及其法律体现——中国古代法律之儒家化说商兑》,载《中国史研究》2010年第4期。
③ 如吴佩林的研究主要利用四川南部县诉讼档案,龙伟的研究主要利用上海市、四川省档案馆的档案,吴燕的研究主要利用四川省档案馆所藏的国民政府司法档案,杜正贞、吴铮强的研究主要利用浙江龙泉司法档案。
④ 参见黄宗智、尤陈俊:《从诉讼档案出发:中国的法律、社会与文化》,法律出版社2009年版。

虽然早在20世纪30年代瞿同祖就写出法律社会史研究的经典之作《中国法律与中国社会》，但此后遵循这一路径的学者甚少。当前随着社会史研究的兴盛、"眼光向下"方法的流行以及各地诉讼档案的陆续开放，法律社会史研究已经蔚为一股强大的研究潮流，以致很多出身法学的学者也纷纷采取这一研究路径。与过去占据主流的制度史研究相比，法律社会史注重制度生成的社会背景、真实的运作状况及其效果，并将目光投向长期被忽略的基层司法实践，因而在很大程度上拓宽、丰富了法律史研究。"史学化的法律史"在改变法制史研究中史料薄弱、预设过强等偏弊的同时，其自身也并非毫无问题。从现有研究趋势来看，至少有如下需要警惕的倾向。

一是"反理论"倾向。史学学者大多重视史料和考证，但也容易滑向一种极端的实证史学立场。目前法律史研究中存在的一个普遍问题是理论思考能力不足。虽然不少法律史研究成果宣称借助社会学或人类学理论，但真正能熟练掌握、妥当运用者甚少。此外，往往因习用某一理论而生成固定"套路"，以致文章千人一面、了无新意。① 多数侧重史实的著述止步于经验研究，无法上升至理论高度；而很多侧重法理思辨的著述也往往停留在搬弄、套用西方既有概念和理论的层面，无法自行提出高度概括的概念和普遍适用的解释框架。正如一位法律史学者所反省的，"真正的问题倒是我们缺乏具有意义解释能力与理论建构素养的学者。也正因为如此，欧美学者每每声称中国只能提供史料，解

---

① 一个较为突出的例子是采用"国家—社会"分析框架的法律社会史研究，几乎都遵循这样一个模式：先谈国家（官府）出于某种意图制定某一法律规则或制度，在实践中如何因具体情势而被扭曲、规避或架空，反过来又导致规则或制度本身的修正、变通或废除，最后得出国家（官府）与社会之间存在复杂互动的泛泛结论。采用这种方法进行研究并无不可，但用得太多会使读者产生"阅读疲劳"。

释与理论则由他们担当"①。法国史学家勒华拉杜里曾这样定位历史学家的职责:"历史学家犹如井下的采掘工,他们在地下找寻资料并将其运到地面,以供经济学家、气象学家、社会学家们使用。"② 不过,真正有抱负的历史学家,恐怕不会甘心只扮演"矿工"的角色;真正有抱负的中国学者,也不会甘心只给外国学者当"矿工"。但要避免"矿工"的命运,须在理论思考方面多下功夫。

二是"碎片化"倾向。"碎片化"是当前人文社会科学面临的普遍境况,在法律史领域尤为突出。研究者往往习惯锁定某一时段、地域、问题进行研究,年轻学者尤其如此。由此产生的流弊是,很多人在对本学科缺乏基本了解与把握的情况下,匆匆投身于某一狭小领域的研究。研究民国的不懂清代,研究共产党的不懂国民党,在法律史学界是寻常现象。不少研究者甚至连《唐律疏议》《宋刑统》《大清律例》这样的古代基本法律典籍都没有看过。或有人认为,只有在某一相对狭小的领域深耕细作,方能产生学术精品。这其实是一种误解。没有"通",哪来的"深"?史学家蔡美彪曾指出:"历史是前后连贯的一条长线,又是相互联系的一个大面,把历史知识缩成一点,可以成为专家,但不能成为通才。必须专与通相结合,不可偏废其一。"③

三是"擦边球"倾向。有些出身史学的研究者对法学专业知识没有把握,唯恐说外行话,因此在做法律史研究时,刻意回避一些重要的法学问题。这一不足在近年流行的法律社会史研究中

---

① 徐忠明:《关于中国法律史研究的几点省思》,载《现代法学》2001年第1期。

② 弗朗索瓦·多斯:《碎片化的历史学》,马胜利译,北京大学出版社2008年版,第173页。

③ 蔡美彪:《回忆范老论学四则》,载中国社会科学院近代史研究所:《回望一甲子——近代史研究所老专家访谈及回忆》,社会科学文献出版社2010年版,第747页。

表现得较为突出。很多以诉讼档案为基础的研究都重在现象描述和史实梳理,再借助一些社会学或人类学理论进行分析,而很少包括关于诉讼程序、犯罪意图、证据分析、司法推理等较为专业的法律问题的探讨。应该说,史学出身的研究者用自己熟悉的视角、方法和理论去书写法律史,是可以理解的。问题在于,若一味回避重要法理问题,满足于打"擦边球",结果与法律相关的各种现象都研究了,唯独没有研究法律本身,这是无论如何也说不过去的。当然,法律史研究理应呈现多元化面貌,不存在什么"正宗"的法律史研究,但那种能深辨法理的法律史研究不应该缺席。

四是"扎堆近代史"倾向。近些年进入法律史领域的研究者,研究的时段多为近代。相比之下,从事古代法律史研究的人较少,年轻学者更是屈指可数。这似乎也不难理解。首先,近年来出现的很多司法档案,如台湾淡新、四川巴县与南部县、河北宝坻、浙江黄岩与龙泉等地的档案,产生时间多为清代以后,而很多研究者正是因为这些档案而进入法律史领域的。其次,研究古代史需要阅读大量文言史料,而对很多年轻学者来说,阅读文言文的难度已经超过阅读英语。再者,近代史与现实的联系更为紧密,更能满足学者"经世致用"的现实关怀。但年轻学者一窝蜂涌向近代史领域,也令人产生一些隐忧:所有人都去研究近代史,古代史研究会不会出现后继无人的现象?研究者不懂古代,会不会影响其对近代史的认识深度?或许,这只是一种杞人之忧。不过,面对法律史研究中古代与近代失衡的现状,至少应该有所反省。

五是"档案迷信"倾向。如前所述,在法律史学界已大有"言必称档案"之势。据历史学家何炳棣回忆,他在美国哥伦比亚大学求学时,该校历史系有一个必须利用原始档案才能写作博士论文的不成文规矩。① 这实际上是一种实证史学传统。当今法律史学界推崇对诉讼档案的利用，固然显示了实证史学的追求，但也应看到，过度推崇档案乃至迷信档案，可能会限制甚至损害研究本身。因为，在档案之外，还有多种史料；在档案研究之外，还有多种研究进路。如大家都采取档案研究的路径，势必影响法律史研究的多样性和丰富性。另一种对档案的迷信表现为对其内容的深信不疑。已有学者研究发现，诉讼案卷往往有人为编造、变造之弊。如当事人为了使案件得到受理，往往在诉状中夸大其词甚至耸人视听；官员和书吏为了掩盖真相或应对上级核查，也常常对案卷进行人为篡改或造假。② 研究者若对此浑然不觉，就容易得出错误结论。如果想当然地把司法案卷中所呈现的面貌当作整个社会的缩影，则容易犯盲人摸象的错误。将诉讼档案用于法律社会史研究时，应该注意这些问题。

四、法律史研究向何处去

"化"在汉语中意味着一种趋向或过程。"史学化"或"法学化"，意味着法律史研究的不同发展方向和路径。可能有人会提出：能不能兼顾史学化与法学化？从逻辑上讲，这是不能成立的——若将法律史研究视为一个整体，它要么朝史学的方向走，要么朝法学的方向走，二者必居其一，无法"兼顾"。硬要说"兼顾"，也只能在一种修辞的意义上使用。

但从前面的讨论来看，法律史研究单纯地法学化或史学化，

---

① 参见何炳棣：《读史阅世六十年》，广西师范大学出版社 2005 年版，第 222 页。

② 关于诉讼档案中的人为编造或篡改，可参见唐泽靖彦的论文《清代的诉状及其制作者》和李典蓉的论文《被掩盖的声音——从一件疯病京控案探讨清代司法档案的制作》，二文均见《北大法律评论》编辑委员会：《北大法律评论》第 10 卷第 1 辑，北京大学出版社 2009 年版。

都有所偏弊。因此,"法学化还是史学化"这一问题只有放在具体语境中才能回答,即要看当时研究的基本状况如何,若多数人都在埋头找史料、作考证,则需倡导"法学化";若多数人都在谈理论、作思辨,则需倡导"史学化"。

笔者的基本主张是,当前的法律史研究应当朝史学化的方向前进。这一主张基于对目前法律史学界的基本判断——史学基础还比较薄弱,史料发掘不够,史实考证不够,众多研究者的史学训练不够。虽然法律史研究也存在法学水准不够的问题,但两相比较,史学基础薄弱的问题要更突出、更严重。这一判断主要基于个人阅读的印象及与同行交流的经验,尚缺乏数据统计等实证分析的支撑。实际上,要对当前法律史研究中法学基础还是史学基础更为薄弱进行实证研究也非易事。不过,这些年法律史研究的学术实践证明,那些标榜"法学化"(或"法理化")的研究成果,多如肥皂泡一样稍闪即逝;而那些试图与其他法学学科进行对话的法律史著述,也往往因对部门法学理掌握不够而遭受冷遇。

相反,如果法律史学者能够在史料发掘、史实考证方面下足功夫,清楚展现相关法律概念、理论、制度的历史脉络,辨析源流,则可为法理学者和部门法学者提供良好的智识资源。如法律史学者俞江在近代民法领域所做的研究,就曾得到民法学家梁慧星的充分肯定。① 近年来在法学界影响较大的几部法律史(包括外国法律史)著作,如伯尔曼《法律与革命》、梁治平《清代习惯法:社会与国家》、黄宗智《经验与理论:中国社会、经济与法律的实践历史研究》等书,也都是史学基础较为坚实的作品。

从方法论上讲,各时代、各地域的法律既包括共同的理性要素,又呈现面貌各异的历史特征,"只有在历史演进的过程中,

---

① 参见梁慧星:《〈近代中国民法学中的私权理论〉序一》,载俞江:《近代中国民法学中的私权理论》,北京大学出版社2003年版。

我们才会逐渐获得有关法律之理性的较为完整清晰的图景"①。因此，近些年法学界的一些学者格外重视在法学研究中引入历史维度。如法理学者苏力因不满于法律制度研究中常见的"价值论"与"文化论"两种进路之脱离具体时空背景之弊，有针对性地提出一种"语境论"的进路，力求历史地、语境化地理解法律制度、规则的历史合理性②；宪法学者高全喜、章永乐等人将目光投向清末民初的政治转型，从具体历史背景中开掘其蕴含的宪法学和政治哲学义理③；刑法学者陈兴良痛感刑法学"无史"，因而奋笔"为刑法学写史"④；民法学者谢鸿飞因重视法律的历史渊源与历史相对性，对深刻影响近代民法的德国历史法学派及其背后的 19 世纪德国社会文化进行深入考察⑤。这些法学学者对历史维度的重视及其所做出的相关努力，在一定程度上也说明了法律史对各法学学科的价值及可能贡献。套用著名经济史学家吴承明曾提出的"经济史应当成为经济学之源"⑥的观点，法律史也应当成为法学之源，为其他法学学科提供养分。不过，法律史要实现这一使命，仅凭单向的"史学化"是不够的。没有足够的法学素养，也许能从事一些史实梳理、考证的工作，但难以胜任对历史中的各种法律问题进行深刻阐释的任务，甚至无法辨别

---

① 舒国滢：《由法律的理性与历史性考察看法学的思考方式》，载《思想战线》2005 年第 4 期。

② 参见苏力：《语境论——一种法律制度研究的进路和方法》，载《中外法学》2000 年第 1 期。

③ 参见高全喜：《立宪时刻：论〈清帝逊位诏书〉》，广西师范大学出版社 2011 年版；章永乐：《旧邦新造：1911—1917》，北京大学出版社 2011 年版。

④ 参见陈兴良：《刑法的知识转型［方法论］》，中国人民大学出版社 2012 年版。

⑤ 参见谢鸿飞：《法律与历史：体系化法史学与法律历史社会学》，北京大学出版社 2012 年版。

⑥ 刘维维：《经济史应当成为经济学之源——访中国经济史学专家吴承明》，载《中国社会科学报》2010 年 11 月 11 日，第 6 版。

哪些问题才具有法学意义上的学术价值。因此，理想的法律史研究，首先应当是研究者兼通法学和史学。英国法律史家梅特兰曾做过一个著名演讲《为什么英国法律史尚未写成？》（Why the history of English law is not written?）。他提出，历史学家缺乏法律知识，而法学家又缺乏史学训练，是英国法律史迟迟未能撰成的最重要原因。① 其实，西方的法律史名家，如英国的梅特兰、密尔松，德国的胡果、萨维尼，美国的庞德、霍姆斯等人，无不兼具法学、史学两方面的精深造诣。② 而当今中国法律史学界一些较为出色的研究者，也已注意同时在史学和法学方面修炼自己。某些偏好理论思辨的学者，很重视对史料的发掘、整理与运用；而某些以史料扎实、考证精细见长的学者，也多有观点与理论上的创见。由此足见法史兼修的重要性。要做到法史兼修，只能是"缺什么补什么"——法学出身的补史学，史学出身的补法学。据笔者观察，一些想从事法律史研究的历史学博士，有意识地进入法学院攻读博士后；而一些法学出身的研究者，则选择进入历史系（学院）深造。这说明已有不少研究者具有一定程度的兼修法史的自觉。法学与史学要在现有基础上更好地结合，需要更多法史兼修的"通人"涌现出来。其次，还要求法律史研究者具备更广阔的视野、更丰富的学养。当前，无论是在法学界，

---

① 参见乔治·皮博迪·古奇：《十九世纪历史学与历史学家》（下册），耿淡如译，商务印书馆1989年版，第623页。梅特兰与波洛克合写的英国法律史只写到爱德华一世以前，迟至20世纪上半叶，才由霍兹沃斯陆续撰写完成17卷的《英国法律史》，从盎格鲁-撒克逊时期一直写到1875年的司法改革。

② 梅特兰是备受赞誉的《爱德华一世以前的英国法律史》的主要作者；密尔松则撰有《普通法的历史基础》，是继梅特兰之后英国法律史研究中的佼佼者。参见李红海：《普通法的历史解读——从梅特兰开始》，清华大学出版社2003年版。胡果和萨维尼是德国历史法学派的主要代表人物，参见许章润：《萨维尼与历史法学派》，广西师范大学出版社2004年版。美国法学家庞德和霍姆斯均对普通法的历史有精深研究，参见庞德：《法律史解释》，邓正来译，中国法制出版社2002年版；霍姆斯：《普通法》，冉浩、姚中秋译，中国政法大学出版社2006年版。

还是在史学界,"社会科学化"的潮流都方兴未艾。实践证明,社会学、人类学、政治学、经济学等学科的视角、方法和理论都有助于法律史学者拓宽视野,而视野的拓宽往往能有助于新问题的提出和新史料的发现,从而有可能带动研究范式的转变。正如梁治平在受到吉尔兹的"地方性知识"、雷德菲尔德的"大传统与小传统"等人类学理论的启发后,撰写了《清代习惯法:社会与国家》一书,着重研究村规民约、宗族规章、民间习惯等"小传统",与过去学界多研究国家正式制度(大传统)的做法大相径庭,从而引领了"民间法""习惯法"的研究风潮。① 法律史研究受"现代化范式"支配多年,已形成固定的话语模式和论证方法,陈陈相因,难以出新,因而引入新方法、新理论的需求格外迫切。

此外,法律史研究者还应尽量做到中西皆通。只懂西方学说,不懂中国传统,容易全盘否定传统;只懂中国传统,不懂西方学说,又容易走向文化保守主义。当代中国的法学体系舶自西方,对法律史学者而言,尤其需要对西方法学有深入了解,否则容易迷信西方而难以超越。如黄宗智曾指出,中国学者往往只知道美国主流的法律现代主义传统,而不知美国还有另一种强大的法律实用主义传统。② 由于缺乏这种认识,学者们通常会强调西方现代法律的普适性,而忽视了其权变、实用的一面。自20世纪90年代始,不少法学学者认识到西方中心主义的危害并尝试跳出这一窠臼,有的学者提出法治的"本土资源",呼吁人们重视那些世代相沿的民间传统或自发产生于社会的习惯规则③;有

---

① 参见梁治平:《清代习惯法:社会与国家》,中国政法大学出版社1996年版。
② 参见黄宗智:《中国法律的现代性?》,载许章润:《清华法学》第10辑,清华大学出版社2007年版。
③ 具有代表性的著作见苏力:《法治及其本土资源》,中国政法大学出版社1996年版。

的学者开始研究"习惯法""民间法"等非正式法律。① 在"西学"已经成为一种走不出的知识背景的情况下,如果研究者自身又不熟谙中国古史及传统学术,就难以避免出现离开西方话语就无法描述甚至无法思考中国法律史的窘境。因此,要彻底摆脱西方中心主义,既需对"西学"有透彻的认识,也需有"中学"的坚实功底。

就研究者个人而言,要做到法史兼修、中西皆通及拥有更广阔的视野,只能补课。但就整个学界而言,不同的研究群体可以考虑实行分工合作、优势互补。有学者曾提出:"法学界的学者当侧重从法的角度研究法律史。至于发掘史料,考订史实等工作则应最大限度地借助史学界的成果。这样搭配,既合理又经济。不仅能相互借重、互为启发,且可避免重复劳动,保证研究质量。"② 这种思路颇具启发性。另外,这两个群体还可以考虑在古代法律史与近代法律史之间适当分工。治古代法律史与治近代法律史应采用不同的方法与理论,这是由中国法律史的特殊性决定的。古代与近代不仅法律制度不同,理论、方法及概念体系都有着巨大差别。因此,古代法律史的研究,可以更多地倚重史学出身的学者,因为它不宜过多以现代法学理论加以阐释。法学出身的学者,则可优先考虑从事近代法律史的研究。

最后,就法学界和史学界而言,也应加强彼此的交流与融合,过去那种壁垒森严、互不往来的局面,理当有所改观。如史学刊物可有意识地多发表一些法律史研究成果;法律史学界召开的学术会议,则可有意识地邀请一些史学界的学者参会。无疑,只有加强交流,才能逐渐缩小两个学界之间的鸿沟,增进理解与对话。

---

① 如上举梁治平的《清代习惯法:社会与国家》。在法理学界,谢晖、高其才等人借助法社会学、法人类学等理论资源,推动了民间法、少数民族法的研究。

② 苏亦工:《法律史学研究方法问题商榷》,《北方工业大学学报》1997年第4期。

"新法律史"如何可能

——美国的中国法律史研究新动向及其启示

尤陈俊

一、引言：智识地震？

在《美国历史学评论》2001年刊登的一篇书评中，戴蒙德（Neil J. Diamant）开篇即讲："过去的十年中，一场智识上的地震在中国法律史领域轰然发生。确切地说，它的震中位于洛杉矶。在那里，加利福尼亚大学洛杉矶校区历史系的一群学者与博士生们，成功地从基础上动摇了数十年来关于中国——尤其是清代（1644—1911）——法律的公认看法。"① 上述文字所描绘的这场中国法律史领域的智识地震，其首倡者则是时任加利福尼亚大学洛杉矶校区（UCLA）历史系教授的黄宗智先生（Philip C. C. Huang）。正是在他的引领下，自20世纪90年代以来，UCLA中国法律史研究群迅速崛起，成为广受学界关注的知识

---

① Neil J. Diamant, "Book Review: Sex, Law and Society in Late Imperial China", *American Historical Review*, 106 (2), 2001, p.546. 戴蒙德（Neil J. Diamant）是如今美国中国研究领域的中青年佼佼者之一，其作品包括专著 *Revolutionizing the Family: Politics, Love and Divorce in Urban and Rural China, 1949—1968* (Berkeley: University of California Press, 2000) 和合著 *Engaging the Law in China: State, Society, and Possibilities for Justice* (edited by Neil J. Diamant, Stanley B. Lubman, and Kevin J. O'Brien, Calif.: Stanford University Press, 2005).

生产群体。时至今日,这一群体已大致包括三代学者,他/她们分别来自美国、中国、日本和新加坡等地。除了作为导师的黄宗智及其夫人白凯(Kathryn Bernhardt)两位教授,当年的博士生们,包括但不限于白德瑞(Bradly Reed)、苏成捷(Matthew Sommer)、艾仁民(Christopher Isett)、唐泽靖彦(Yasuhiko Karasawa),如今都已成为年富力强的中青年学者,纷纷在美国、日本的不同大学中执掌教席(其中不乏斯坦福大学这样的世界级名校),即便是最晚的一代,如陈慧彬(Huey Bin Teng),现在也即将完成博士论文的撰写。

在美国早期的古典汉学研究中,中国法律史所占的位置微乎其微,直到后来古典汉学(Sinology)相对衰落并逐渐让位于中国学(Chinese Studies)时,才开始真正兴起。① 其早期最为著名的代表性作品中,中国学者最为熟悉的莫过于布迪(Derk Bodde)和莫里斯(Clarence Morris)合著的《中华帝国晚期的法律》一书。② 这本于1967年出版的专著,如今早已被这一领域的学者们奉为圭臬。在此之前及其后,美国的一些学者,包括柯恩(Jerome A. Cohen)、爱德华(Randle Edwards)、包恒(David C. Buxbaum)、马伯良(Brian McKnight)、钟威廉(William C. Jones)、安守廉(William P. Alford)、宋格文(Hugh T. Scogin, Jr.)、曾小萍(Madeleline Zelin)等,同样在中国法律史领域辛勤耕耘,贡献了不少颇具分量的作品,他们

---

① 关于美国中国史研究发展历程的宏观介绍,可参见陈君静:《大洋彼岸的回声:美国中国史研究历史考察》,中国社会科学出版社2003年版。在美国的中国学研究中,中国史研究领域向来人才济济,而明清以降的中国近现代史研究更是占据了相当大的比例。

② Derk Bodde and Clarence Morris. *Law in Imperial China, Exemplified by 190 Ch'ing Dynasty Cases*, Mass.:Harvard University Press, 1967. 中译本见D. 布迪、C. 莫里斯:《中华帝国的法律》,朱勇译,江苏人民出版社1993年版。

之中的一些人至今仍是笔耕不辍。① 考虑到美国的中国法律史研究领域的此一背景，我们又将如何理解戴蒙德所称的这场"智识上的地震"？如果他的这番断言并非故作惊人之语，那么对于我们来说，接下来的问题则是要去追问：究竟是哪些因素，使得UCLA中国法律史研究群能够区别于其他学者？又或者更直接地说，UCLA中国法律史研究群的成果，是否具备了真正的特色而足以彰显自身？对于中国的研究者而言，与此相关联的重要问题还有，这些来自异域的研究，又能为我们提供什么样的启示？对于这些问题，唯有将全世界范围内（尤其是美国）不同年代的同领域研究相互参照对比后，方有可能做出回答。而这或许可以从传统中国法律的海外形象开始谈起。

二、西方人对中国传统法律的误解与反思

在十多年前发表的一篇论文中，安守廉（William P. Alford）反思了一个意味深长的现象。那就是，如果称20世纪90年代之前的西方学者作为一个整体，忽视了中国法律研究，则未免有些言过其实，但在西方研究中国历史与社会的绝大多数学者，的确都往往忽视或误解法律在中国人生活中的作用，尤其是看轻其中丰富的法律史传统。一个例子是，在安守廉于1972年秋天开始研究生课程学习之时，芮沃寿（Arthur F. Wright）教授曾疑惑地问他：像他这么一个看来聪明的年轻人，怎么会坚

---

① 美国学者研究中国法律史的成果，部分参见马钊：《1971—2006年美国清史论著目录》，人民出版社2007年版，第212~232页。对美国的中国法律史研究的简介，可参见梁治平：《法律史的视界：方法、旨趣与范式》，载杨念群、黄兴涛、毛丹：《新史学：多学科对话的图景》（下），中国人民大学出版社2003年版，第598~603页。

持在中国法律史的研究上浪费时间。①

十多年后，另一位美国的中国法律史研究者步德茂（Thomas Michael Buoye）对安守廉在这篇论文中所反思的诸多原因进行了精辟总结，他写道：

> 由儒家对法律的某些偏见所造成的特定价值深入人心，到帝国主义为了把其在中国所获得的治外法权正当化而不断谴责传统中国法律的残忍野蛮，以至于将当代中国司法审判中存在某些不公不义现象直接联系到传统中国的法律体系，这些理由都足以让许多西方学者轻视与低估了中国传统法律体系的重要性；尽管强有力的证据显示中国其实有一套发展成熟的法律传统。②

早在三十多年前，包恒就已经提醒西方学者，在研究中国法律之时，一定要注意避免民族优越感与极端的相对主义：

> 我们关于传统中国法律实际如何运作的很多看法，都是根植于19世纪那些带有种族中心主义的西方外交、神职和商业人员所做的报道，而他们自以为正在通过将西方的商品、政治、法律和宗教带给野蛮人的方式传播文明。事实上，西方关于传统中国法律的很多研究和未做探究的结论，不过是在重申我们那一时期的同胞们及其伙伴——亲西方、反朝廷的中国人——的口号。③

---

① William P. Alford, "Law, Law, What Law? Why Western Scholars of Chinese History and Society Have Not Had More to Say about Its Law", *Modern China*, Vol. 23 No. 4, 1997, pp. 398-399.

② 步德茂：《司法档案以及清代中国的法律、经济与社会研究》，邱澎生译，载《法制史研究》2003年第4期，第240页。

③ David C. Buxbaum, "Some Aspects of Civil Procedure and Practice at the Trial Level in Tanshui and Hsinchu from 1789 to 1895", *Journal of Asian Studies*, 30：2 (February 1971), p. 277.

也正因为如此,包恒指出:"甚至是(西方)当代最为优秀的学者,也高估了清代法律的严酷性与刑法的重要性,而低估了民法的作用。"①

包恒的这番话可谓洞烛玄机。按照苏亦工的研究,"近代西方开始接触中国法律最早大抵开始于 16 世纪中叶……与西方人接触中国法律相比,西方人对中国法律的了解起步并不算早。其他的各国不必说了,即便是英国,直到 18 世纪末叶以前,对中国法制的运作状况仍处于茫然无知的状态"②。尽管其间也不乏对中国法律稍予赞美之辞,例如《大清律例》的首位西方译者小司汤东(Thomas Staunton, 1781—1856)就曾对《大清律例》条文所表现出来的"高度的条理性、清晰性和逻辑一贯性"③ 予以肯定,但总体而言,尤其是自 18 世纪末开始,当年这些西方传教士、外交官和其他长期旅居中国的侨民们对中国法律的评价相当糟糕,特别是大量仅仅围绕中国刑罚与监狱展开的几乎千篇一律的描述,更是使得中国法律的形象被整体"黑暗化"④。

作为其宏观背景的,便是西方的中国形象之微妙演变。周宁曾发人深省地指出,1250 年前后西方的中国形象出现之后,1650 年前后更是开始兴起了泛中国崇拜的"中国潮",从制度到器物到思想,表现在当时西方社会生活的各个层面,但 1750 年前后,西方对中国形象的态度就遭遇了根本转型的分水岭:由前启蒙运动时代(大致从文艺复兴到启蒙运动的若干世纪)的好感

---

① Ibid., p. 255.
② 苏亦工:《另一重视角——近代以来英美对中国法律文化传统的研究》,载《环球法律评论》2003 年春季号,第 76~77 页。
③ 转引自约·罗伯茨:《十九世纪西方人眼中的中国》,蒋重跃、刘林海译,中华书局 2006 年版,第 23 页。
④ 晚近的一本专著利用百余幅来自西方的图文资料,图文并茂地生动地展现了西方世界对中国法律的早期看法,参见田涛、李祝环:《接触与碰撞:16 世纪以来西方人眼中的中国法律》,北京大学出版社 2007 年版。

过多,转向后启蒙运动时代对"停滞衰败""东方专制""野蛮或半野蛮"之东方帝国形象的丑化憎恶。① 中国法律的西方形象之演变,正是这一整体形象转折过程中的重要组成部分。② 从魁奈(Francois Quesnay)、伏尔泰(Voltaire)等人对传统中国法律的极尽赞美之辞,到18世纪中叶以来中国法律的"黑暗"形象在西方世界被建构为主流,西方人在这数百年的赞扬与批评,都不同程度地含有个人或集体的主观目的。而在这之中,导致18世纪中叶以来中国法律极富戏剧性地转为西方人之批评对象的原因,很大程度上就在于,从那一时候起的很长时间内,"西方人对于中国法律的研究,如果可以称得上是研究的话,基本上都是出于一个非常实际的目的,那就是要在中国建立治外法权。要实现这一点,很自然,首先就要证明中国法律的野蛮和落后,不值得西方人尊重和遵守"③。

19世纪后半叶之后,尤其是20世纪以来,随着西方汉学的发展与中国学的建立,关于中国传统法律的研究水平有了进一步的提高,但萨义德(Edward W. Said)意义上的"东方主义"幽灵在此领域仍是时常可见。④ 正如高道蕴(Karen Turner)曾经批评的那样,"尽管自韦伯以后西方汉学研究有了进展,也有更多的新文献可供利用,西方汉学家却常常继续重复着韦伯19世纪关于中国的观点",美国的中国学巨擘、哈佛大学东亚研究中心创始人费正清(John King Fairbank)的那部《东亚:伟大

---

① 在笔者看来,对这一主题迄今为止最系统到位的研究,当属周宁:《天朝遥远:西方的中国形象研究》(上、下),北京大学出版社2006年版。

② 关于传统中国法律在西方思想界的评价,可参见史彤彪:《中国法律文化对西方的影响》,河北人民出版社1999年版。

③ 苏亦工:《另一重视角——近代以来英美对中国法律文化传统的研究》,载《环球法律评论》2003年春季号,第78页。

④ Edward W. Said, *Orientalism*, New York: Vintage Books, 1979. 中译本有爱德华·W. 萨义德:《东方学》,王宇根译,生活·读书·新知三联书店1999年版。

的传统》就是一个显例。这部"可能比其他任何美国有关出版品都对更多的学者具有影响"①的教科书对中国法的描述实质上完全与韦伯所言同出一辙。另一个著名的例子则是,美国的批判法学运动掌旗手之一昂格尔(Roberto M. Unger)对中国法律制度的批判,被安守廉认为完全是一场囿于西方现代社会的特定价值、极具反讽刺意味的误解。②

公正地讲,对这些已遭诟病的学者而言,中国法律史并非其主攻方向,仅仅只是其研究所涉的众多领域中不痛不痒的一个方向而已(例如费正清),甚至完全是出于某种目的而仅仅引做陪衬(像昂格尔所做的那样),因此,他们的这些论述,无法代表西方(尤其是美国)第二次世界大战后中国传统法律研究的真正状况。随着"中国中心观"(China-centered approach)的转向③,尤其自20世纪70年代以来,新一代的中国学专家乃至职业的中国法学者的迅速崛起,相对而言,他/她们在看待法律在中国社会中的作用时,已不似前辈们那么狭隘,并纷纷对老一辈汉学家们关于传统中国法律的成见进行反省与批判。尽管在此阶段旧见新说同时杂陈其间,但新一代学者的努力,着实已将西方

---

① 高道蕴、高鸿钧、贺卫方:《美国学者论中国法律传统》(增订版),清华大学出版社2004年版导言,第9~10页。

② Roberto M. Unger, *Law in Modern Society: Towards a Criticism of Social Theory*, New York: Free Press, 1976. 中译本见昂格尔:《现代社会中的法律》,吴玉章、周汉华译,中国政法大学出版社1994年版。安守廉对该书涉及中国法律的部分所做的犀利批评,参见 William P. Alford, "The Inscrutable Occidental? Implications of Roberto Unger's Uses and Abuses of the Chinese Past", *The Texas Law Review*, 64 (1986): 915-972, 中译文见安守廉:《不可思议的西方? 昂格尔运用与误用中国历史的含义》,载高道蕴、高鸿钧、贺卫方:《美国学者论中国法律传统》,清华大学出版社2004年版,第3~51页。

③ Paul A. Cohen, *Discovering History in China: American Historical Writing on the Recent Chinese Past*, New York: Columbia University Press, 1984. 中译本有柯文:《在中国发现历史——中国中心观在美国的兴起》,林同奇译,中华书局1989年版。

（尤其是美国）关于传统中国法律的研究大大推进了一步。①

正如安守廉所写的那样：

> 近年来，西方学者对中国法律的相对忽视正在逐渐得到改观。卓越的历史学家们，如白彬菊（Beatrice Bartlett）、白凯（Kathryn Bernhardt）、黄宗智（Philip Huang）、柯伟林（William Kirby）、孔飞力（Philip Kuhn）、韩书瑞（Susan Naquin）、欧中坦（Jonathan Ocko）、史景迁（Jonathan Spence）和魏斐德（Frederic Wakeman），已经转而注意法律资料中所包含的内容及其本身，希望借此更为广泛地揭示帝制中国晚期和民国早期在社会、政治和智识等方面的一般趋向。尽管这些人中没有一位是作为法律史学家接受训练的，但在各自广博的探究中，他们都对法律材料进行深入且丰富的挖掘。通过这些研究，来展现法律充当一种更为易见——即便仍是不为人所喜——的角色所附着的方式，无论是在中国的普通百姓还是秀异分子的生活中均是如此。②

促使这些学者做出如此转向的诸多原因之中，首要且显而易见的就是他们都不约而同地自觉追寻一种"以中国为中心的中国史"（China-centered history of China）。除此之外，最为关键的因素还在于，中国第一历史档案馆和全国各省、地方收藏的档

---

① 关于当代美国的中国法研究状况的介绍，参见苏亦工：《当代美国的中国法研究》，载《中外法学》1996年第5期；苏亦工：《另一重视角——近代以来英美对中国法律文化传统的研究》，载《环球法律评论》2003年春季号；梁治平：《法律史的视界：方法、旨趣与范式》，载杨念群、黄兴涛、毛丹：《新史学：多学科对话的图景》（下），中国人民大学出版社2003年版，第598~603页。

② William P. Alford, "Law, Law, What Law? Why Western Scholars of Chinese History and Society Have Not Had More to Say about Its Law", *Modern China*, Vol. 23 No. 4, 1997, p409.

案文献向外国学者的开放。①

三、司法档案与中国法律史研究

对于清代文献这一宝库向所有国家的研究者开放的现象,孔飞力在《叫魂》一书中说道:"(这)必将成为被列入当代学术研究历史的重大事件之一,而我们只是刚刚开始意识到它们对于理解人类生活的重要性。"② 在这些逐渐向中外学界开放的档案文献中,司法档案就占据了相当大的比例。

例如,尽管北洋政府时期发生了"八千麻袋事件"③ 的浩劫,中国第一历史档案馆现今收藏的明清档案仍有 1000 余万件,共 74 个全宗,其中仅刑部呈报使用的题本(即学界所称的"刑科题本")就数量惊人。中国第一历史档案馆的工作人员对这些刑科题本进行分目编类,分别为:秋审朝审类、命案类、盗案类、贪污案类、监狱类、缉捕类和其他类。命案类内又分为打架斗殴、土地债务、婚姻奸情和其他事项,其中仅乾隆年间汇录的与田土债务纠纷有关的人命案件报告就达 56850 件。④ 除了刑部档案之外,中国第一历史档案馆现今珍藏的档案中,直接与法律研究相关的至少还有宪政编查馆档案、大理院档案、修订法律馆

---

① Ibid., pp. 409~410.

② Philip A. Kuhn. *Soulstealers*: *the Chinese Sorcery Scare of 1768*. Mass.: Harvard University Press, 1990.

③ 关于北洋政府时期的"八千麻袋事件"的介绍,可参见邹家炜等:《中国档案事业简史》,中国人民大学出版社 1985 年版,第 167~171 页;亦见中国第一历史档案馆:《中国第一历史档案馆馆藏档案概述》,档案出版社 1985 年版,第 5~6 页。

④ 关于中国第一历史档案馆收藏的刑科题本的介绍,参见步德茂:《命案报告:刑科题本》,载步德茂:《过失杀人、市场与道德经济:18 世纪中国财产权的暴力纠纷》,张世明等译,张世明、步德茂校,社会科学文献出版社 2008 年版,第 235~272 页;步德茂:《司法档案以及清代中国的法律、经济与社会研究》,邱澎生译,载《法制史研究》2003 年第 4 期,第 217 页。

档案、都察院档案等。①

又如，台北故宫博物院和"中央"研究院历史语言研究所，也保存着大量的清代司法档案。其中，台北故宫博物院现藏的清代司法档案主要为省级以上的资料，包括《宫中档》朱批奏折、《军机处档》月摺包、奏折录副、《上谕档》、《起居注册》、《外纪档》、六科《史书》、清朝国史馆与民初清史馆《刑法志》各种稿本，以及《满文原档》等。② 而"中央"研究院历史语言研究所珍藏的"内阁大库档案"之中的"三法司案卷"，更早已是名扬中外的研究清代法律史的珍贵素材。③

除了中央一级的司法档案之外，清代地方一级档案中包含的司法档案更是迄今仍待深入发掘的宝藏，著名者有台湾淡水厅—新竹县档案（简称"淡新档案"）、四川巴县档案、顺天府宝坻县档案、四川南部县档案等。其中，淡新档案、巴县档案与宝坻县档案向学界开放有年，南部县档案则晚了一些，直到近年来才逐

---

① 中国第一历史档案馆：《中国第一历史档案馆馆藏档案概述》，档案出版社1985年版，第77~78页，第113~121页。

② 参见庄吉发：《故宫档案与清朝法制史研究》，载《法制史研究》2003年第4期，第278页。另可参见秦国经：《中华明清珍档指南》，人民出版社1994年版，第128~140页。

③ 参见刘铮云：《旧档案、新材料——"中研院"史语所藏内阁大库档案现况》，载《新史学》1998年第9卷第3期。以此为基础所做的另一个重要的整理与研究成果，参见张伟仁：《清代法制研究：'中央'研究院历史语言研究所现存内阁大库原藏清代法制档案选辑附注及相关之论述辑一——盗案之初步处理及疏防文武之参劾》（三册），"中央"研究院历史语言研究所1983年版。

渐引起学界关注。① 在此之外，尚有其他散落各地的清代档案中包含大量与法律有关的内容，它们的确切数量近乎天文数字，但至今仍是一个谜团。

中国档案文献的陆续开放，为全世界的研究者提供了天赐良机。尤其是自 20 世纪 80 年代以来，西方研究中国史的优秀学者纷纷来华，其中美国学者尤多，他们不同程度地利用这些总数极为庞大的宝贵资料做出新的研究。在一篇文章中，白彬菊（Beatrice Bartlett）不无感慨地回忆说，当她在 1974 年 9 月来到北京之时，当时的条件根本就不允许她对清代档案进行研究，因此只能非常遗憾地绕着故宫文华殿走了一圈，正当透过门缝窥视之时，就被人告知必须离开。但仅仅 6 年之后，当她在 1980 年 9 月再次来到北京之时，被获准对故宫所藏的明清档案进行整整为期一学年的研究。② 大致从那个时候开始，美国乃至西方世界中国学研究领域的主流刊物，如 *Ch'ing-shih wen-t'i*（后改名为 *Late Imperial China*）和 *Modern China*，就经常刊登西方学者对在中国大陆和台湾地区所接触到的档案资料或美国收藏的

---

① 淡新档案原件现由台湾大学图书馆收藏，分为行政、民事、刑事三门，总共有 1143 案，19281 件，较为详细的介绍可参见尤陈俊、范忠信：《中国法律史研究在台湾：一个学术史的述评》，载中南财经政法大学法律文化研究院：《中西法律传统》（第六卷），北京大学出版社 2008 年版；巴县档案现由四川省档案馆保存，共计 112842 卷，上起乾隆，下迄宣统，其中司法档案所占比例最大，约占总数的 88%，参见张仲仁、李荣忠：《历史的瑰珍——清代四川巴县档案》，载《历史档案》1986 年第 2 期；宝坻县档案现收藏于中国第一历史档案馆，被归入顺天府档案全宗之中，其中刑房档占了主要部分；南部县档案现收藏于四川省南充市档案馆，共计 18070 卷，8 万余件，时间跨度为顺治十三年（1656）至宣统三年（1911），其中司法档案有 11000 余卷。

② Beatrice S. Bartlett, "An Archival Revival: The Qing Central Government Archives in Peking Today", *Ch'ing-shih wen-t'i*, Vol. IV No. 6 (December 1981), p81.

明清档案进行介绍的文章。①

也正是在这一时期前后,华人学者张伟仁撰文向西方学界介绍收藏于台湾"中央"研究院历史语言研究所的"内阁大库档案"。在这篇文章中,他特别强调了这一珍贵档案对于研究清代司法的意义。② 而另外两位学者,朴兰诗(Nancy Park)和安乐博(Robert Antony),还发表了题为《清代法律史中的档案研究》的专题论文。③ 在这篇文章中,两位作者根据自己3年来在中国第一历史档案馆的研究所得,对第一历史档案馆所藏的内阁档案、宫中档、军机处档、刑部档案、都察院档案、大理院档案、修订法律馆档案做了非常详细的介绍。朴兰诗和安乐博强调:"清代法律的研究潜力看起来无穷无尽,而这些可能性,正

---

① 除了前面提及的白彬菊的那篇文章外,这类文章至少还包括:Preston Torbert, "The Ch'ing Central Judicial Archives", *Ch'ing-shih wen-t'i*, Vol. 3 No. 10 (November 1978), pp. 82~94; Philip C. C. Huang, "County Archives and the Study of Local History: Report on a Year's Research in China", *Modern China*, Vol. 8 No. 1 (January 1982), pp. 133~143; Philip A. Kuhn, "News From The First Historical Archives, Beijing", *Ch'ing-shih wen-t'i*, Vol. 5 No. 2 (December 1984), pp. 135~142; Susan Naquin, "The Grand Secretarial Archives at the Institution of History and Philology, Acdemia Sinica, Taiwan", *Late Imperial China*, Vol. 8 No. 2 (December 1987), pp. 102~109; Ted A. Telford and Michael H. Finegan, "Qing Archival Material from the Number One Historical Archives on Microfilm at the Genealogical Society of Utah", *Late Imperial China*, Vol. 9 No. 2 (December 1988), pp. 86~114; Diana Lary, "The Second Historical Archives, Nanjing", *Modern China*, Vol. 7 No. 4 (October 1981), pp. 498~501; Yasuhiko Karasawa, Bradly W. Reed, and Matthew H. Sommer, "Qing County Archives in Sichuan: An Update from the Field", *Late Imperial China*, Vol. 26 No. 2 (December 2005), pp. 114~128.

② Wejen Chang, "The Grand Secretariat Archive and the Study of the Ch'ing Judicial Process", *Ch'ing-shih wen-t'i*, Vol. IV No. 5 (June 1981), pp. 108~121.

③ Nancy Park and Robert Antony, "Archival Research in Qing Legal History", *Late Imperial China*, Vol. 14 No. 1 (June 1993), pp. 93~129.

被这些极其丰富但事实上又尚待开发的原始档案资料大大提高。"①

自20世纪90年代以来，在西方学界，尤其是美国，利用这些档案研究法律开始逐渐形成气象。这些地方的学人立足于前辈同行们取得的成就，但又对其进行了超越。尽管早在20多年前，布迪和莫里斯就已经多从《刑案汇览》（实则包括《刑案汇览》《续增刑案汇览》《新增刑案汇览》三种各自独立的汇编）精选出的190例加以研究，但他们自己也承认，相对于《刑案汇览》三编多达7600余件的案例而言，"显然，从如此小的选译比例中，我们不可能得出关于清代法律在统计数字方面的结论"②。更何况，《刑案汇览》三编所辑录的众多案例，实际上往往只包含极度浓缩的案情摘要，无法提供有关案件审理过程及其前后相关情形的详细资料。而如今，卷帙惊人的司法档案为探讨清代法律的实践过程提供了得天独厚的条件。与老一辈学者主要依靠官方颁布的律例和会典等传统文献资料所做的研究不同，新一代的学者凭借着新近可得的司法档案，逐渐逼近传统中国法律的复杂面相，而不再仅仅依赖于文化精英单方面的代为发言，让先前无数籍籍无名的下层民氓也不同程度地开口说话，中国法律的面貌，也因此逐渐向原本多向度的历史实践复原。例如，在基于传统文献资料所做的传统中国司法研究中，我们所能看到的，往往只是威严在上的县官在司法过程中对唯唯诺诺的小民百姓进行的单向度的权力支配。如今，透过这些司法档案，我们还可以看到小民百姓的抉择乃至试图建立反向权力支配的复杂面相。并且，新一代学者的学术关注点，也不再限于法律制定的过程，而扩展至包

---

① Ibid., p. 93.
② D. 布迪、C. 莫里斯：《中华帝国的法律》，朱勇译，江苏人民出版社1993年版，第152页。

括具体执行在内的法的各个运作环节；不再限于中央一级，还扩展至地方基层；不再限于刑法，而是扩展到民事法律、行政法律与商事法律等更为广泛的领域。总而言之，这是西方学界研究中国法律史的一种新传统。

在美国，这种中国法律史研究上的新传统，至少可以追溯到20世纪70年代初包恒对淡新档案的开创性研究。① 这项在美国进行的中国法律史研究，得益于当年一段跨越太平洋的学界因缘。1968年至1969年间，台湾大学戴炎辉教授应当时任教于美国西雅图的华盛顿大学的包恒教授之邀，前往该校进行共同研究，其间将全部淡新档案拍成33卷微卷携赴该校，这些微卷后来就留在华盛顿大学亚洲图书馆。作为此次共同研究计划的成果之一，包恒正是利用这批资料撰写了那篇享誉国际学界的论文。在这篇文章中，包恒除了对淡新档案进行介绍，还主要以美国当时最优秀的中国法律史研究论著——比如布迪、莫里斯、柯恩的研究——所呈现的清代法律体系为引子，立足于淡新档案中包含的大量案件资料，对此前论著的不精确之处乃至根本被忽视的诸多面相进行了探讨（尽管他还是未能深入讨论县官实际上是如何处理民事案件的）。包恒所探讨的问题至少包括：清代法律中关于"重案"和"细事"的区别；"细事"案件被提交到官府的情况（包恒对1789—1895年的案卷进行统计，结果发现其中19.2%属于"细事"案件，31.9%属于"重案"，并且，"细事"案件所涉的内容，遍及民事生活的各个方面，常常作为普通案件而非极端案件发生）；"细事"案件是否按照刑事程序进行处理；在被证明无辜之前，刑事案件的被告是否被当作有罪（包恒的研

---

① David C. Buxbaum, "Some Aspects of Civil Procedure and Practice at the Trial Level in Tanshui and Hsinchu from 1789 to 1895", *Journal of Asian Studies*, 30: 2 (February 1971), pp. 255~279.

究显示,这种假定在普通的民事案件和刑事案件中均不存在,而这与布迪和莫里斯先前的论断恰恰相反);与法律体系的纠缠,是否就意味着个人的灾难,以及法律是否倾向于威吓公众(包恒对此予以否定回答)。为了更为有力地确证自己的观点,包恒在这篇论文中还做了大量的数据统计,例如行政/刑事/民事案件的各自逐年比例分布、案件的实际审理期限、相距衙门的远近与提起诉讼的能力之相互关联等,而这些都为后来的研究者奠定了研究基础。

如果以 20 世纪西方史学的发展脉络为参照,那么可以发现,美国的中国法律史研究者这种重视司法档案的新风,其实正在辉映着当代西方史学新潮之锋芒。无论是蜚声国际的"年鉴学派"(Annales School),抑或是所谓的"微观史学"(Microhistoria),还是如今风头正健的"新文化史"(New Cultural History),利用司法档案进行研究都已不再是新鲜的做法。在 1975 年出版之后便迅速成为名著的《蒙塔尤:1294—1324 年奥克西坦尼的一个山村》一书中,身为"年鉴学派"第三代传人的法国史学家勒华拉杜里(Emmanuel le Roy Ladurie),利用被侥幸保持至今的 1318 至 1325 年间宗教裁判所进行的 578 次审讯的记录及其他档案,极其精彩地解读了生活在中世纪法国西南部一个叫作蒙塔尤的小山村中的农民的生活、思想、信仰和习俗的全貌。[①] 意大利"微观史学"的领军人物金兹伯格(Carlo Ginzburg),在其最早出版于 1976 年的《奶酪与蛆虫:一个 16 世纪磨坊主的精神世界》一书中,透过那位毕生生活在位于 16 世纪意大利北部山区一个叫作蒙特利勒(Montereale)的偏僻山村、外号叫作梅诺乔

[①] Emmanuel Le Roy Ladurie, *Montaillou, Village Occitan de 1294 à 1324*, Paris: Gallimard, 1975. 中译本有埃马纽埃尔·勒华拉杜里:《蒙塔尤:1294—1324 年奥克西坦尼的一个山村》,许明龙、马胜利译,商务印书馆 2007 年版。

(Menocchio)的农民的个人精神世界,向我们展示了先前不为人知的16世纪意大利下层社会的"通俗文化"。而其所利用的主要资料,正是金兹伯格于20世纪六七十年代在乌迪内(Udine)的档案馆里发现的司法档案,它们包括梅诺乔自1583年开始被当地宗教法庭以"异端和亵渎上帝"的罪名起诉,直至1599年前后被宣判死刑,长达十多年的审讯记录。[1] 被视为"新文化史"开山祖的美国历史学家戴维斯(Natalie Zemon Davis),则更是使用司法档案进行研究的行家里手。她的《马丹·盖赫返乡记》一书,抽丝剥茧地描述了一桩在400多年前发生在法国比利牛斯山地区一个名叫阿尔蒂加(Artigat)的村庄里的冒名顶替丈夫的案例,从而展示了16世纪法国基层包括婚姻、继承、诉讼等在内的社会面貌。该书所探讨的真实故事堪称传奇,甚至因此先后被以法文和英文拍成电影,电影所主要依赖的资料,正是相关的司法档案和承办法官撰写的回忆录《令人难忘的审判》等。[2] 在她另一部蜚声国际的学术名著《档案中的虚构:18世纪法国的宽恕故事和它们的叙述者》中,戴维斯利用16世纪法国的司法档案——主要包括隆省档案、日内瓦国家档案、国家档案、巴黎警察局档案中的赦免状,生动揭示了赦免状背后的文化逻辑,进而表明,当时社会之所以习于接受模式化的叙述策略,

---

[1] Carlo Ginzburg, *The Cheese and the Worms: the Cosmos of a Sixteenth-Century Miller*, translated by John and Anne Tedeschi, Baltimore: Johns Hopkins University Press, 1992. 关于此书的介绍,参见周兵:《当代意大利微观史学派》,载《学术研究》2005年第3期。

[2] Natalie Zemon Davis, *The Return of Martin Guerre: Imposture and Identity in a Sixteenth-Century Village*, Mass: Harvard University Press, 1983. 中译本有娜塔莉·泽蒙·戴维斯:《马丹·盖赫返乡记》,江政宽译,联经出版事业公司2000年版。

乃是为了满足时人对某种凶杀故事的深深耽溺。①

四、中国法律史研究与社会科学

20世纪西方史学的发展可谓风起云涌，各种史学新潮之层出不穷，代际更替之频繁，令人目不暇接，但有一个论题几乎自始至终萦绕其间，那就是历史学与社会科学之间的关系。追寻两者的结合，早在20世纪初期便已为不少史家提倡，20世纪中叶以后更是成为席卷整个西方史学界的大潮流。

正如王晴佳和古伟瀛所指出的，"在20世纪初叶，西方史学界的主要兴趣在于如何将社会科学的方法引入历史研究中来"②。作为20世纪初美国"新史学"（New History）流派的奠基人和倡导者，鲁滨孙（James Harvey Robinson）便已将社会科学喻为"历史的新同盟"，进而号召将历史研究与社会科学的成果综合起来。③ 这样的主张，也为其同道弗里德理克·特纳（Frederick J. Turner）、查尔斯·比尔德（Charles A. Beard）等人所共享。而兴起于20世纪上半叶并于其后蜚声国际学界的"年鉴学派"，自其形成之初，便一直是将社会科学的概念与方法引入史学研究的倡导者和践行者，其核心刊物（1929年创立）在1994年改名为《历史与社会科学年鉴》（Annales: histoire et

---

① Natalie Zemon Davis, *Fiction in the Archives: Pardon and Their Tellers in Sixteenth-Century France*, Stanford: Stanford University Press, 1987. 中译本有娜塔莉·泽蒙·戴维斯：《档案中的虚构：18世纪法国的宽恕故事和它们的叙述者》，杨逸鸿译，麦田出版社2001年版。关于此书的评论，参见张仲民："讲故事"的文化史研究——读〈档案中的虚构〉》，载《史学理论研究》2007年第2期。

② 王晴佳、古伟瀛：《后现代与历史学：中西比较》，山东人民出版社2006年版，第71页。

③ 鲁滨孙：《新史学》，何炳松译，广西师范大学出版社2005年版。

sciences sociales)就是最为有力的明证。①

大致从 1950 至 1955 年，历史学与社会科学的结合到达了一个新阶段，其本质特征就是"从社会科学创造的比较广泛的一般概念转向社会科学的方法论问题"②。在主要来自社会科学的推动之下，史学与社会科学相结合的做法迅速取代以兰克史学为代表的传统史学，进而风行于整个西方史学界。在美国，反映此一趋势的"新社会史"，自 20 世纪 60 年代以来更是成为史学界的主流，它甚至还因此被一些学者称为"社会科学化史学"(history as a social science)。

中国史研究在美国的中国学研究领域中占据了相当大的部分，也同样受到这一大潮流的影响。正如巴勒克拉夫（Geoffrey Barractbugh）所说的那样，"坚定不移地推动历史学和社会科学或行为科学的结合是美国的显著特征"③。在 20 世纪 60 年代，美国的中国史学界兴起了关于把社会科学方法引入中国学研究之中的热烈讨论，其标志性事件之一就是《亚洲研究杂志》（*The Journal of Asian Studies*）在 1964 年围绕此一论题刊发的文章。施坚雅（G. William Skinner）是这场讨论的发起者，史华慈（Benjamin Schwartz）、列文森（Joseph R. Levenson）、芮玛丽（Mary C. Wright）、墨菲（Rhoads Murphey）、弗里德曼（Maurice Freedman）等众多优秀学者参与其中。④ 柯文后来在总结 20 世纪 70 年代以来在美国的中国史研究中表现日益明显的

---

① 关于"年鉴学派"的评述，参见彼得·伯克：《法国史学革命：年鉴学派，1929—1989》，北京大学出版社 2006 年版。
② 杰弗里·巴勒克拉夫：《当代史学主要趋势》，杨豫译，北京大学出版社 2006 年版，第 59 页。
③ 同上，第 36 页。
④ 参见朱政惠：《美国中国学史研究——海外中国学探索的理论与实践》，上海古籍出版社 2004 年版，第 58 页。

"中国中心取向"①时,所概括的四大特征中的最后一个就是"热情欢迎历史学以外诸学科(主要是社会科学,但也不限于此)中已形成的各种理论、方法与技巧,并力求把它们和历史分析结合起来"②。

对于西方的中国法律史研究者来说,来自史学之外的"各种理论、方法与技巧"中,最为熟悉的恐怕要属马克斯·韦伯(Marx Weber)这位社会学巨匠留下的丰富学术遗产。按照林端的研究,马克斯·韦伯这位不谙中文的"中国研究的伟大外行",他——

> 整个社会学研究主要是为了彰显西方文化发展的独特性(Eigentümlichkeit)而进行的:何以只有在西方,出现了逐步递增的理性化与知识化(Rationalisierung und Intellekturalisierung)的现象?同样的,他的法律社会学也是为了强调西方法律的此一特性:西方法律朝向一个形式的—理性的秩序的发展,是西方全面理性化过程中的独特性指标之一,为什么只有在现代西方的部分地区,一时地朝向一个首尾一贯的"法律逻辑化"(Logisierung des Rechts)呢?③

为了能更为清楚地凸显这个问题,韦伯选取中国传统法律作

---

① 需要指出的是,柯文关于"中国中心观"的论断,其实在很大程度上是一个怪圈,因为它仍然是局限于中西双方非此即彼的二元对立框架之中。他的这些论断在中国反响颇大,但那主要是出于民族感情的因素而容易被接受,而在美国,却没有在学界掀起多少波澜。

② 柯文:《在中国发现历史——中国中心观在美国的兴起》,林同奇译,中华书局1989年版,第165页。关于此一特征之表现的一个具体描述,参见陈君静:《大洋彼岸的回声:美国中国史研究历史考察》,中国社会科学出版社2003年版,第205~224页。

③ 林端:《韦伯论中国传统法律——韦伯比较社会学的批评》,三民书局2003年版,第5页。

为西方现代法律的"对比类型"(gegentypus)。经过他的这种理想型分析(ideal-typical analysis)之后,前者与后者之间的相反面被刻意地建构出来,其最为著名的论断,当属帝制中国的司法审判属于自由裁量的、不可预计的卡迪司法(Khadi justice):

> 中国的法官——典型的家产制法官——以彻底的家父长制的方式来审案断狱。也就是说,只要他是在神圣传统所赋予的权衡余地下,他绝对不会根据形式的规则,即"不考虑涉案者为何人"(ohne Ansehen der Person)来加以审判。情形大多相反,他会根据被审者的实际身份以及实际的情形,即实际的结果的公平与妥当来判决。这种"所罗门式的"卡迪司法也不像伊斯兰教那样有一本神圣的法典为依据。系统编纂而成的皇朝法令集成,只因为它是由强制性的巫术传统所支撑的,所以才被认为是不可触犯的。①

正是随着这些论断的展开,原本是"启发式的欧洲中心主义"的企图,逐渐沦落为"规范式的欧洲中心主义"。② 更为不幸的是,韦伯的这些关于传统中国法律的论断,后来在很大程度上成为支配西方的中国法律史研究者们的前见(prejudice),甚至直到今天,西方学者对此还缺乏足够的反省与清算。

这一例子,在某种程度上正好印证了柯文当年的忧虑。他曾经提及应用社会科学的方法分析中国史实的一些不甚成功的例子,以此来表明要真正做得成功将是何等困难。而这是因为,当人们试图以此为追求之时,摆在面前的就有三大难题:(1)找出正确的理论——所谓正确是指它既适用又能避免西方中心的偏

---

① 韦伯:《中国的宗教》,简惠美译,远流出版公司1989年版,第214页。文中着重号为引者所加。

② 林端:《韦伯论中国传统法律——韦伯比较社会学的批评》,三民书局2003年版,第21页。

见——并把它卓有成效地和史料结合起来;(2)把社会科学的概念与历史叙述相结合时,不像提出这些概念的人常出现的那样几乎完全不顾写文章的艺术;(3)要求史家的大脑能掌握全然不同的许多学科的理论、方法论与策略(这些学科往往超出社会科学范围,涉及数学,乃至应用自然科学)——而这副大脑,如果恰恰装在一位研究中国的美国史家的脑筋里,则意味着他已经花了大量的时间和精力,与世界上最令人生畏的一两种语言苦战多年了。①

不过,困难与危险固然存在,但这绝不意味着试图将社会科学理论与中国法律史研究相结合的努力将永远是前途黯淡。自从20世纪成为全世界的学术中心以来,美国就一直是世界范围内各种社会科学理论最主要的生产地与实验田。20世纪至今的美国乃至西方学界,时不时地会遭遇到今天左一个转向、明朝右一个主义,各式各样的理论你方唱罢我登场的情况。浸淫于此种"乱花渐欲迷人眼"②的环境之下,定力欠佳者固然可能为之目眩而不知所处,而上乘者则可以凭借良好的鉴别能力,从中择优为己所用。瞿同祖早年在海外出版的两本将历史学与社会学相结合的专著,就属于至今仍为人们称道的成功范例。③ 如今,一部分中国法律史的研究者试图从社会科学理论中汲取营养,尽管步

---

① 柯文:《在中国发现历史——中国中心观在美国的兴起》,林同奇译,中华书局1989年版,第163页。

② 白居易:《钱塘湖春行》。

③ Ch'u T'ung-Tsu, *Law and Society in Traditional China*, Paris: Mouton & Co, 1961. 该书系瞿同祖在1947年于商务印书馆出版的《中国法律与中国社会》一书(中华书局后来在1981、1996、2003年分别予以重印)基础上,再加修订,译为英文;Ch'u T'ung-Tsu, *Local Government in China Under the Ch'ing*, Mass.: Harvard University Press, 1962. 中译本有瞿同祖:《清代地方政府》,范忠信、晏锋译,法律出版社2003年版。关于瞿同祖结合社会学与法律史的研究风格的介绍,可参见林端:《由绚烂归于平淡——瞿同祖教授访问记》,收入林端:《儒家伦理与法律文化:社会学观点的探索》,中国政法大学出版社2002年版,第128~146页。

履艰辛,甚至因此难免瑕瑜互见,但仍不失为值得称道的探索与努力,步德茂的那本专著就是晚近的一个例子。该书主要援引了新制度经济学理论,利用清代刑科题本梳理了18世纪中国经济与社会的结构变迁和寻常百姓日常冲突间的相互关系。①

五、在经验与理论的勾连中发掘历史感

注重司法档案在研究中的运用,以及从社会科学理论中汲取灵感,这两大趋势,正日益在当今西方学界(尤其是美国)优秀的中国法律史研究者笔下交汇,从而构成了如今方兴未艾的"新法律史"的重要特征。20世纪90年代以降,尤其是近年来,美

---

① Thomas M. Buoye, *Manslaughter, Markets, and Moral Economy: Violent Disputes over Property Rights in Eighteenth Century China*, New York: Cambridge University Press, 2000. 中译本见步德茂:《过失杀人、市场与道德经济:18世纪中国财产权的暴力纠纷》,张世明等译,步德茂校,社会科学文献出版社2008年版。

国出版了不少颇具分量的中国法律史研究专著或论文集。① 它们往往也具备了上述两大特征之一甚至全部，因此，不同程度地体

---

① 这些专著或论文集，除了前面提及的，至少还包括： (1) Thomas B. Stephens. *Order and Discipline in China*: *The Shanghai Mixed Court* 1911 – 27, Seattle and London: University of Washington Press, 1992. 该书吸收了当代法律社会学的方法，利用上海公共会审公廨的资料进行了别开生面的研究，对此书的评论，可参见杨湘钧：《述评：汤玛士·史帝芬斯著〈上海公共会审公廨〉——弥补一段中国法制史研究时空、方法的罅漏》，载《法制史研究》，2001 年第 2 期，以及王志强：《非西方法制传统的诠释》，载《北大法律评论》第 2 卷第 1 辑，法律出版社 1999 年版，第 317～322 页。 (2) Mark A. Allee. *Law and Local Society in Late Imperial China*: *Northern Taiwan in the Nineteenth Century*, Cali.: Stanford University Press, 1994. 中译本有艾马克：《十九世纪的北部台湾：晚清中国的法律与地方社会》，王与安译，播种者文化有限公司 2003 年版。该书从淡新档案微卷中所见的 1100 余件案件之中，选取了 5 起核心案件（core case）进行专门分析。关于此书的评论，可参见王泰升、陈志雄、魏家弘等：《试评 M. Allee 所著 Law and Local Society in Late Imperial China: Northern Taiwan in the Nineteenth Century》，载《台湾史研究》，1995 年第 1 期；林端：《韦伯论中国传统法律——韦伯比较社会学的批评》，三民书局 2003 年版，第 125～134 页。 (3) Madeleine Zelin（曾小萍），Jonathan K. Ocko（欧中坦），and Robert Gardella, ed. *Contract and Property in Early Modern China*, Calif.: Stanford University Press, 2004. 该书收录了 11 篇文章，各位作者从不同的角度精彩展示了契约文化在明清土地经营和商业组织的运作情形，对此书的一个评论，参见陈秋坤：《书评：近代中国的契约与产权》，载《"中央"研究院近代史研究所集刊》第 52 期，2006 年，第 221～230 页。 (4) Charlotte Furth, Judith T. Zeitlin, and Ping – chen Hsiung, ed. *Thinking with Cases*: *Specialist Knowledge in Chinese Cultural History*, Honolulu: University of Hawaii Press, 2007. 该书收入了 3 篇中国法律史研究论文，分别是 Jiang Yonglin（姜永琳）和 Wu Yanhong（吴艳红）的"Satisfying Both Sentiment and Law: Fairness – centered Judicial Reasoning as Seen in Late Ming Casebooks"，Pierre–E'tienne Will（魏丕信）的"Developing Forensic Knowledge through Cases in the Qing Dynasty"，Yasuhiko Karasawa（唐泽靖彦）的"From Oral Testimony to Written Records in Qing Legal Cases"。 (5) Robert E. Hegel（何谷理）and Katherine Carlitz（柯丽德），ed. *Writing and Law in Late Imperial China*: *Crime*, *Conflict*, *and Judgement*, Seattle and London: University of Washington Press, 2007. 除了导言，该书共收入论文 12 篇，晚近的一篇译文对该书有所介绍，参见欧中坦：《清代司法制度与司法文学交流》，方卫军译，苏亦工校，载中国法律史学会：《法史学刊》（第一卷），社会科学文献出版社 2007 年版。

现"新法律史"研究风格的,从来就不是"只此一家,别无分号"。在 UCLA 中国法律史研究群那里,这些特征得到了尤其明显的集中体现,引领此一风潮的中心亦由此形成。

自 1994 年以来,斯坦福大学出版社陆续推出"中国的法律、社会与文化"(Law, Society, and Culture in China) 系列丛书,这是"新法律史"在美国兴起的一个重要标志。这套丛书由黄宗智和白凯联袂主编,其自问世以来就产生了重要影响。从 1994 年开始,先后列入这套丛书出版的已有 7 本。① 除了一本论文集与麦柯丽(Melissa Ann Macauley)的专著外②,其他的 5 本专著分别出自黄宗智、白凯、苏成捷、白德瑞之手(其中黄宗智撰有两本),而他们 4 位正是 UCLA 中国法律史研究群的核心人物(或是 UCLA 的教授,或者是原来从那里毕业的博士生)。我们可以以这 5 本专著为例,来初步展示 UCLA 中国法律史研究群对"新法律史"方法的自觉运用。

---

① 已先后出版的分别是:Kathryn Bernhardt and Philip C. C. Huang, ed., Civil Law in Qing and Republican China, Calif.: Stanford University Press, 1994; Philip C. C. Huang. *Civil Justice in China: Representation and Practice in the Qing*, Calif.: Stanford University Press, 1996; Melissa Ann Macauley. *Social Power and Legal Culture: Litigation Masters in Late Imperial China*, Calif.: Stanford University Press, 1998; Kathryn Bernhardt. *Women and Property in China*, 960—1949, Calif.: Stanford University Press, 1999; Matthew H. Sommer. *Sex, Law, and Society in Late Imperial China*, Calif.: Stanford University Press, 2000; Bradly W. Reed, Talons and Teeth. *County Clerks and Runners in the Qing Dynasty*, Calif.: Stanford University Press, 2000; Philip C. C. Huang. *Code, Custom, and Legal Practice in China: the Qing and the Republic Compared*, Calif.: Stanford University Press, 2001. 其中黄宗智和白凯的专著均已由上海书店出版推出中译本,白德瑞的专著之中译本也即将在中国出版。

② 关于 Civil Law in Qing and Republican China 论文集的介绍,可参见陶镕:"Civil Law in Qing and Republican China",载《北大法律评论》第 1 卷第 1 辑,法律出版社 1998 年版,第 223~229 页;关于麦柯丽专著的评论,可参见邱澎生:《评 Melissa Macauley, Social Power and Legal Culture: Litigation Masters in Late Imperial China》,载《新史学》(台湾)第 11 卷第 3 期,2000 年。

在美国乃至西方学界，UCLA 中国法律史研究群对司法档案的注重可谓首屈一指。早在 20 世纪 70 年代末和 20 世纪 80 年代初，黄宗智就已来华搜集档案供学术研究之用。他后来在 1981 年 5 月于多伦多召开的美国亚洲研究协会（Association for Asian Studies）年度会议上就此做过专门报告，其中提及自己根据刑科题本、宝坻县刑房档案与巴县档案所做的初步研究。① 在 1996 年出版的专著中，黄宗智使用了从巴县档案、宝坻县档案和淡新档案中收集的 628 件清代民事案件，此外还有河北顺义县自 20 世纪 10 年代至 20 世纪 30 年代间的 128 件民事案件，而他在 2001 年出版的另一本专著中，则运用了 875 宗地方案件的档案记录，其中清代案件从巴县档案、宝坻县档案和淡新档案中选用，民国案件则来自河北顺义、四川宜宾、浙江乐清和江苏吴江四县。除此之外，这两本书都大量使用了日本满铁（南满州铁道株式会社）于 1940 至 1942 年在中国 3 个华北村庄所做的卓越的实地调查成果。②

白凯研究从宋代到民国时期以来中国妇女财产权利演变的专著，成功地突破了以往学界在帝制中国之财产继承制度上形成的静态图像。采用妇女史的独特视角，白凯认为，过去的绝大多数研究因为囿于男性中心的视角，都只是看见许多世纪以来男子的财产继承权利基本稳定，而甚少注意到从宋至清中国妇女的财产

---

① Philip C. C. Huang. "County Archives and the Study of Local History: Report on a Year's Research in China", *Modern China*, Vol. 8 No. 1 (January 1982), pp. 133—143.

② Philip C. C. Huang. *Civil Justice in China: Representation and Practice in the Qing*, Calif.: Stanford University Press, 1996.（中译本见黄宗智：《清代的法律、社会与文化：民法的表达与实践》，上海书店出版社 2001 年版）；Philip C. C. Huang. *Code, Custom, and Legal Practice in China: the Qing and the Republic Compared*, Calif.: Stanford University Press, 2001.（中译本见黄宗智：《法典、习俗与司法实践：清代与民国的比较》，上海书店出版社 2003 年版）。

权利其实发生了极为重要的变化。而达致这一洞见的关键，就在于区分财产继承制度中分家（适用于男子有亲生子嗣的情况）与承祧（适用于男子无亲生子嗣的情况）这两个不同的过程与概念体系。借助于人口史的研究成果（它们表明当时的中国约有 1/5 的家庭没有长大成人的儿子），她指出，从宋至清，更为常见的分家制度固然相对静止，但绝非无关紧要的承祧制度发生了重大变化（先后经历了 3 种截然不同的承祧制度），而这尤为明显地体现在妇女——无论是女儿还是寡妻——的财产继承权利方面。该书关于民国时期妇女财产权利变化的论述，更是涉及一个至今为学界瞩目的重要论域——法律移植。白凯生动地揭示了民国以来立法原意与法律实效的背离：国民党的立法者试图通过对旧的继承制度进行毁灭性打击，从而使得妇女得到与男子一样的平等权利，事实却是，寡妻的确可以得到一份其亡夫的遗产，却丧失了对亡夫所有财产的监护权；不仅如此，寡妾与寡媳所受的负面影响更为深远，连首次在立法中确立的女儿的继承权也极其脆弱。总言之，民国时期的妇女在财产继承权利上，可以说虽有所得，亦大有所失。为了确证这些新的论断，白凯使用了大量的司法档案材料，包括 68 件清代关于财产继承案件的司法档案（分别来自山东曲阜县、四川巴县、顺天府宝坻县、台湾淡水分府新竹县和江苏太湖厅），以及 370 件民国时期继承案件的原始法庭档案（其中，96 件来自 20 世纪 10 年代至 20 世纪 20 年代的大理院，134 件是同一时期上诉到京师高等审判厅的案件，140 件属于 20 世纪 10 年代至 20 世纪 40 年代京师地方审判厅及其后继者北京地方法院审理的案件），此外还有大量的判词、地方官员日记和传记。①

苏成捷的专著《帝制中国后期的性、法律与社会》所研究的主题，是自唐代直至清代，国家对性（强奸、通奸、卖淫、同性恋）的法律规制及其对普通百姓的影响。他指出，尽管从唐至清，在国家对性的法律规制中都使用"奸"这同一词语来指称性犯罪，但实际上，其背后的看法和标准经历了微妙的变化。首先，国家法律对潜在的性侵犯者与被侵犯者的形象预设正在改变。在唐代，他/她们往往分别被视为是精英家庭的男性奴仆和其主人的妻女，而延至清代，这类形象预设则分别为光棍和良家妇女及正经人家的男童所取代。其次，国家法律对性的规制标准发生了一种苏成捷所称的"从身份表现到性别表现"（from status performance to gender performance）的渐进变化。在雍正元年（1723）下旨废除贱民身份的改革之后，原先仅适用于良民、关于性道德和刑事责任的一般标准，在法律上被逐渐扩展至各个阶层，其要求人们普遍按照正统观念，各自依其性别尽职地扮演在社会和家庭中的角色。苏成捷的这些洞见，正是建立在对司法档案进行扎实研究的基础之上的。他同时使用了地方和中央的司法档案，尽管在该书中其坦言并未对所搜集的司法档案悉数引用，但构成这一研究背景的资料惊人的丰富：地方一级的案件记录，500件来自1758至1852年间的巴县档案、160件来自顺天府档案（几乎全部来自宝坻县），而中央一级的案件记录，则选自内阁刑科题本（苏成捷从中复制了600余件）与刑部现审案件档案（苏成捷从中复制了80件）。②

---

① Kathryn Bernhardt. *Women and Property in China*, 960 – 1949. Calif.: Stanford University Press, 1999. 中译本见白凯：《中国的妇女与财产：960—1949年》，上海书店出版社2003年版。

② Matthew H. Sommer. *Sex, Law, and Society in Late Imperial China*, Calif.: Stanford University Press, 2000.

白德瑞的专著《爪牙：清代县衙的书吏与差役》系统地探讨了清代地方政府运转中书吏与差役的真正角色，以及他们的组织和行为如何可能影响清代国家与地方的关系。在此之前（甚至于迄今还是如此），囿于儒家精英话语的表达，几乎所有研究清代地方政府的论著在提到差役和书吏时，都漫画式地将其视为一心只追求一己利益的腐败无能之辈，认为他们远远超出正规官方标准而大量存在的事实，乃是帝国行政失序的一大表现。白德瑞的研究却向我们展示了书史和差役与前述惯常形象截然有别的真实图景。清代巴县的差役和书吏，在其事实上已然职业化的行为中，创造并奉行着一套非常精密的惯例、规则与程序，以之来规范包括招募新人、晋级升迁和包括分配各种有利可图的机会在内的各种举措，同时在一定程度上自我约束，并通过内部制裁对那些腐败和滥权的极端个案进行处理，以防范官方的审查。它们也往往被县官们所认可（县官在解决差役和书吏内部的争端时，常常会发布指示对这些惯例、规则与程序予以维护），但是，这些事实上发挥着行政法律制度之功用的惯例、规则与程序，并不被正式法律所承认，其中的一些甚至一直被国家法律视为非法（如陋规的收取）。白德瑞因此将之称为"法外制度"（extrastatutory system）：它们不为官方法律所正式承认，但具有一定的合理性，弥补着因为缺乏正式规则所造成的空隙。为了保证这些"法外制度"能够运转顺利，书吏与差役以各种方式将其"非法"的行为/地位合法化（legitimizing the illicit）。总而言之，白德瑞所展示的，迥异于马克斯·韦伯所描画的现代西方理性化官僚行政，毋宁说，这是韦伯模式所无法概括但值得学者认真对待的另一种行政行为模式。白德瑞对学界旧见的有力颠覆，所依据的，正是就巴县档案中涉及行政、司法的数百件文书所为的极为细致的研究。①

仅就这 5 本专著观之,其中所使用的司法档案数量之多与所讨论的内容之广,已令人叹为观止。同样重要的还有,与传统的中国法律史研究不同,这 5 本专著均不同程度地援引了当代社会科学的研究成果,或以其为学术奥援,或将之作为对话对象。这在黄宗智的两本专著中体现得尤其明显。他的前一本著作设置专章(第九章)与马克斯·韦伯的观点进行对话,重新检视了清代法律及政治制度。借助于韦伯理论的启发,同时纠正了其偏见,黄宗智赋予韦伯曾经使用过的"实体理性""世袭君主官僚制"等概念以新的内容,从而使其在解释清代法律文化方面重新焕发出新的活力。例如,韦伯曾经提出过一个尝试性的命题——"实体理性",但惜乎未做充分发挥,而黄宗智则对此予以借用并进行推展,以形容实体主义和理性主义、官方审判和民间调解在清代民事法律中的矛盾结合。黄氏的后一本专著则吸收了格尔茨(Clifford Geertz)、布尔迪厄(Pierre Bourdieu)、萨义德(Edward Said)等当代重要的社会科学理论家之成果中的精华部分,同时将之综合以形成自己的新看法〔例如该书在分析习俗之时,就强调重构"(习俗的)实践逻辑",而这显然是受到布尔迪厄的相关理论之启发后再做发挥〕。

这些著作的上述鲜明特点,自其出版以来就已不同程度地为

---

① Bradly W. Reed, Talons and Teeth. *County Clerks and Runners in the Qing Dynasty*. Calif.: Stanford University Press, 2000.

众多评论者所注意①,如今在《从诉讼档案出发》论文集中更是体现无遗。② 以其中使用到的司法档案来说,就来自四川省巴县、顺天府宝坻县、台湾省淡水厅新竹县、伯都纳副都统衙门、河北获鹿县、奉天省海城县、辽宁省新民县等地区,以及京师刑部、中央内阁、盛京户部及内务府、北京地方法院、四川高等法院、四川省民政厅、河北省高等法院、江苏省高等法院、上海第一特区地方法院等机构,全部档案加起来,所涉及的时间从清代直至民国,此外还有来自当代华北、江南各一县与南方 R 县的诉讼案卷。而援引作为学术资源并以各自的实证研究对其进行检讨修正的社会科学理论,至少包括市民社会/公共领域、国家与社会、社会权力来源、文化的权力网络等理论,包括韦伯、布尔迪厄、哈贝马斯(Jürge Habermas)、艾森施塔特(S. N. Eisenstadt)、孔飞力、迈克尔·曼(Michael Mann)、斯科特(James C. Scott)、杜赞奇(Prasenjit Duara)、韩南(Patrick Hanan)、滋贺秀三以及瞿同祖、萧公权在内的诸多近代、当代学术名家,更是频频被作为对话对象。

UCLA 中国法律史研究群所共同标举的这种沟通经验与理

---

① 关于这套丛书的更多评论,可参见 Neil J. Diamant,"Book Review: Sex, Law and Society in Late Imperial China",*American Historical Review*,106(2),2001,pp. 546—547;彭慕兰:《转变中的帝国:中华帝国末期的法律、社会、商业化和国家形成》,载刘东:《中国学术》(总第 15 辑),商务印书馆 2003 年版,第 214~239 页;步德茂:《司法档案以及清代中国的法律、经济与社会研究》,邱澎生译,载《法制史研究》,2003 年第 4 期,第 220~225 页;马钊:《清代法律史:民事审判与司法实践——1990 年以来以英语发表的清史著作综述之七》,载《清史译丛》(第四辑),中国人民大学出版社 2005 年版,第 255~262 页;杨柳:《历史研究与法律的现代性问题——评"中国的法律、社会与文化"丛书》,载黄宗智:《中国乡村研究》(第四辑),社会科学文献出版社 2006 年版,第 393~442 页。其中黄宗智的两本专著引起的单独评论更是不计其数,此不赘举。

② 黄宗智、尤陈俊:《从诉讼档案出发:中国的法律、社会与文化》,法律出版社 2009 年版。

论的研究风格,不仅在相当程度上纠正了西方学界对于中国法律——传统、近代乃至当代的诸多偏见和颠覆了一些所谓的权威定论(那些先前的偏见与"定论",至少包括认为清代中国并无"真正的"民法可言,清代衙门甚少正式依法处理民事案件,以及将从清代法律向模仿西方的国民党法律的转变,视为由非理性向理性、由实体主义/工具主义者的"卡迪法"向所谓现代法的转变),并且大大拓展了中国法律史研究的广度与深度,进而逐渐逼近中国法律与社会的复杂面相。而且,或许也正是因为这些成果与以往研究的差异性,它们激起了经久不息的学术论辩,其中最为人们熟知的当属那场发生在美日学者之间的著名论争。

1996年9月21至23日,题为"后期帝制中国的法、社会与文化——美日学者之间的对话"(Law, Society, and Culture in Late Imperial China: A Dialogue between American and Japanese Scholars)的国际学术研讨会在日本的镰仓市召开。其中,美方学者由黄宗智领衔,而日方学者则以著名的中国法律史专家滋贺秀三为首。① 双方最初的交锋,其实可以追溯到3年前的1993年。正是从这一年开始,黄宗智发表了多篇文章,针对滋贺秀三的一些观点提出明确的批评。② 这一批评,激起了与滋贺秀三有着师徒之谊的寺田浩明的反批评,后者在1995年后发

---

① 此次会议的论文后被分作两辑,收入中国社会文化学会《中国—社会と文化》第12号、第13号。关于美日学者在这场会议中各自所持的论点介绍,可参见唐泽靖彦:《序论》,载中国社会文化学会《中国—社会と文化》第13号;寺田浩明:《后期帝制中国的法·社会·文化——日美研究者的对话》,载《中国图书》第9卷1号,1997年;易平:《日美学者关于清代民事审判制度的论争》,载《中外法学》1999年第3期。

② Philip. C. C. Huang. "Between Informal Mediation and Formal Adjudication: The Third Realm of Qing Justice", *Modern China*, 19-3, 1993; Philip. C. C. Huang, "Codified Law and Magistrial Adjudication in the Qing", in Kathryn Bernhardt and Philip C. C. Huang, ed., Civil Law in Qing and Republican China, Calif.: Stanford University Press, 1994.

表多篇文章予以反驳。① 寺田浩明虽谦称自己为这场争论的"半个当事人"②，但实际上，日本方面的应对几乎完全就是"有事弟子服其劳"，由他出面参与论战。因此，只有两相对照黄宗智和寺田浩明两位教授在这场争论中所持的不同立场和采用的不同方法，才能真正深刻地发现其中潜藏的一些问题及其真正意义。

按照寺田浩明的看法，双方争论的焦点，主要集中在"清代听讼是否属于依法分清是非、保护正当权利拥有者的审判"这一核心问题之上。在一份被视为权威的研究中，滋贺秀三借用 D. F. 亨达森的用语，将清代的民事审判性质称作"教谕式调停"（didactic conciliation）③。而黄宗智则通过对大量司法档案的实证研究指出，清代的州县官们在处理民事纠纷之时，事实上绝大多数都是严格按照清律的规定做出明确的胜负判决。④ 这场后来被概括为"调停说"VS"审判说"的学术争论，当年因为某些原因而未能促成双方的正面交锋，最终多少显得有些不欢而散，

---

① 寺田浩明：《権利と冤抑——清代聴訟世界の全体像》，载东北大学法学部《法学》第 61 卷第 5 号，1997 年 12 月，中译本见寺田浩明：《权利与冤抑——清代听诉和民众的民事法秩序》，收入王亚新、梁治平：《明清时期的民事审判与民间契约》，王亚新、范愉、陈少峰译，法律出版社 1998 年版；寺田浩明：《清代聴訟に見える"逆説"の現象の理解について——ホアン氏の"表象と実務"論に寄せて》，载中国社会文化学会《中国—社会と文化》第 13 号，1998 年 6 月，中译本见寺田浩明：《关于清代听讼制度所见"自相矛盾"现象的理解——对黄宗智教授的"表达与实践"理论的批评》，郑芙蓉译，载易继明：《私法》（第 4 辑第 2 卷），北京大学出版社 2004 年版。

② 寺田浩明：《清代民事审判：性质及意义——日美两国学者之间的争论》，王亚新译，载《北大法律评论》第 1 卷第 1 辑，法律出版社 1999 年版，第 604 页。

③ 滋贺秀三：《清代诉讼制度における民事的法源の概括的检讨》，载《东洋史研究》40 卷 1 号，1981 年，第 4~102 页，中译文见滋贺秀三：《清代诉讼制度之民事法源的概括性考察——情、理、法》，载王亚新、梁治平：《明清时期的民事审判与民间契约》，王亚新、范愉、陈少峰译，法律出版社 1998 年版，第 19~53 页。

④ 详见黄宗智：《清代的法律、社会与文化：民法的表达与实践》，上海书店出版社 2001 年版，第 73~106 页。

但其遗留下来的论题，至今中国法律史研究者涉足此一领域时仍无法绕过。①

倘若当年的与会者们今天重新回过头看昔日的那场争论，也许都不免会有物是人非之感，因为日方学者中的灵魂人物滋贺秀三业已于 2008 年 2 月 25 日离世。斯人已逝，然其书犹存。十几年后，面对当年的这场论争，晚辈如我从双方各自的论说中获益良多。黄宗智早已精辟地指出，美日双方学者的这场争论主要是由各自所持的历史观与方法的分歧所致（其中最为关键的区别或许在于：一方重视法律的实际运作和当事人的抉择，另一方则主要是探寻永恒不变的核心法理/思想）②，而我则更愿意提醒人们要注意颇为重要的另外一面：美、日这两派学者观点的差异，除视野不同，当与其采取不同的研究素材有莫大关系。

在相当大程度上，黄宗智所赖以立论的是针对数量庞大的诉讼档案所做的实证分析，而这种立足新材料系统进行的扎实研究，可以洞察传统法律史研究所忽视的另一面，尤其是那些名不见经传的小民百姓在面对法律时的抉择。而相对而言，滋贺秀三等日本学者所使用的史料，则基本上属于传统史料（正史、政书、方志、律例等），多是一些县官的指导手册（如汪辉祖的

---

① 徐忠明曾经非常详细地介绍与这一系争论题相关的研究成果，参见徐忠明：《案例、故事与明清时期的司法文化》，法律出版社 2006 年版，第 57~58 页。

② 黄宗智对此的总结，大意是：（1）方法差异：A. 他的研究方法是首先区分不同层次的官方表达，再注意到官方表达和民间表达的不同，重要的是注意到两者之间的背离，但更关键的，还在于表达和实践之间的背离；B. 滋贺学派的日本学者在研究中国法律史时，往往倾向于抓住一个法律传统的甚至整个社会和文化的核心原理，而这种方法，实际上主要是受德国传统的法理学影响，滋贺秀三对情理法的研究，主要只是对官方表达的分析。（2）历史观：A. 他这些以社会史为研究对象的学者不仅注重研究环境结构，还更重视发掘不同当事人在此之下所做的能动抉择；B. 滋贺秀三基本上对后者不予考虑。参见黄宗智：《中国法律制度的经济史、社会史、文化史研究》，载《北大法律评论》第 2 卷第 1 辑，法律出版社 1999 年版，第 366~368 页。

《学治臆说》)、官员的判词判牍(如邱煌的《府判录存》),即便是偶尔利用到的原始诉讼档案,数量也往往极其有限,尽管他们能够在相当成熟的固有范式下将前述史料之功用发挥至最佳,从而做出非常出色的研究。或许是以偏概全,又或者是我孤陋寡闻,日本学者通常被认为是以资料翔实见长,其中同样不乏撰文介绍司法档案乃至强调司法档案研究的重要性之辈①,但似乎甚少有人能真正系统地利用某一类乃至几类诉讼档案进行实证研究。②即便是一些很优秀的著作,也往往多是围绕某一个或数量极其有限的几个案件,展开类似于格尔茨所说的"深描"(thick description),试图从中抓住所谓法律传统乃至于整个社会和文化的核心原理,而不大注重在研究中系统运用数量具有足够说服力的司法档案,至少从已被译成中文的论著来看是如此。③尽管在司法档案的利用方面,日本学者中更年轻的一辈已有所改观,例如中岛乐章的研究④,然就整体而言,似乎尚待加强。

不同方法自然各有其利弊,因此,我们也无须厚此薄彼地去苛责日本学界这种传统的中国法律史的研究方法。但正是各自利用的资料性质及处理手法的不同,在相当大程度上导致了美日学

---

① 例如寺田浩明:《宝テイ县档案と乾隆题本——中国第一歷史档案館見聞記》,载《東洋法制史研究会通信》第 4 号,1989 年 5 月;寺田浩明:《清代法制史研究と档案研究》,载《清代档案研究国際シンポジウム報告集》,東京外国語大学アジアアフリカ言語文化研究所。

② 但森田成满针对清代中国土地所有权及其纷争的司法解决所展开的研究,是我所见到的少数例外,参见森田成满:《清代中国土地法研究》,作者自刊,2008 年版。

③ 如寺田浩明:《中国清代民事訴訟と"法の構築"——"淡新档案"の一事例を素材にして》,载日本法社会学会:《法の構築》(年刊誌《法社会学》第 58 号),有斐閣 2003 年版,第 56~78 页。中译文见《中国清代的民事诉讼与"法之构筑"——以〈淡新档案〉的一个案例为素材》,李力译,载易继明:《私法》(第 3 辑第 2 卷),北京大学出版社 2004 年版,第 304~326 页。

④ 中岛乐章:《明代郷村の紛争と秩序——徽州文書を史料として》,汲古書院 2002 年版。

者之间的这场著名争论。其中的某些误会,或许正如黄宗智曾断言的那样,"将来使用档案的人多了,这问题会不了了之"①。

在一篇文章中,寺田浩明站在滋贺学派的立场之上,对黄宗智1996年的专著进行了绵里藏针式的批判性分析。他认为美日学者的分歧在于"观察途径或理论起始点的不同":

> 滋贺教授作为其立论基础的是中国法文化与西方法文化之间的类型对比。而黄教授始终关心的却是清代法秩序与中华民国法秩序,以至与改革开放、市场经济化以后的现代中国法秩序之间的历史继承关系……
>
> 滋贺教授论证的却是两种类型之间在规范性原理上的差异,从方法论的角度看,功能在事实上的相似并不能消除这种原理性差异。而在黄教授的讨论中,原理或类型上是否存在根本差异的问题却一直未被提及,就好像两种类型之间的原理性一致是不言而喻的事实似的。②

即便如此,他在另一篇文章的最后部分中,也承认黄宗智所指出的"官方表达和与其背离的实践"这种说服方法在总体上仍具有说服力,而其原因主要在于民国时期的法律实践上的连续性。③ 在笔者看来,寺田浩明这一批判性的分析,正好无意中带出了黄宗智所强调的"新法律史"的另一个重要特征。

在2001年出版的英文专著的序言部分,黄宗智曾明确交代

---

① 黄宗智:《中国法律制度的经济史、社会史、文化史研究》,载《北大法律评论》第2卷第1辑,法律出版社1999年版,第367页。
② 寺田浩明:《清代民事审判:性质及意义——日美两国学者之间的争论》,王亚新译,载《北大法律评论》第1卷第1辑,法律出版社1999年版,第611页,第614页。
③ 寺田浩明:《关于清代听讼制度所见"自相矛盾"现象的理解——对黄宗智教授的"表达与实践"理论的批评》,郑芙蓉译,载易继明:《私法》(第4辑第2卷),北京大学出版社2004年版,第458页。

了自己一项当时已实施过半的研究计划,那就是按时代次序——清代、民国和中华人民共和国——撰写三卷本的法律史著作。① 在我看来,支配黄氏这项雄心勃勃的研究计划的,乃是一种超越传统法律史学的深刻认识。黄宗智在多处反复强调,已经初步成形的现代中国法律,"其组成因素中既有清代遗留的成分,也有可以称为作为中国革命的(排除其全能主义政权而突出其'革命的现代性'的部分)传统,而在这两者之外,更有从西方移植(并经国民党政府修改)的成分"②。如果结合他一贯的研究风格稍做推衍,那么其言外之意可以是:由于并不存在没有历史的法律现实,中国法律史的研究必须做到贯通不同的时段,发掘潜藏其间的变与不变,以增进人们对现实的理解,而不应该仅仅满足于为历史而历史(实则反而是历史虚无主义)。③ 借用甘阳所标举的一个语词来说,这其实是在呼唤中国法律史研究中的"通三统"④。

笔者将这种理念称为中国法律史研究中的"历史感",而这构成了"新法律史"所应具备的三大特征中极其关键的一个。正是在这种"历史感"支配之下,黄宗智基于对清代、民国的扎实

---

① 黄宗智:《法典、习俗与司法实践:清代与民国的比较》,上海书店出版社2003年版,英文版序。三卷本中的前两卷已分别在1996年与2001年由斯坦福大学出版社出版英文版,中译本也随后在2001年与2003年由上海书店出版社推出,如今最后一卷——《过去和现在:中国民事法律实践的初步探索》——也即将在法律出版社出版,并且与前两卷不同的是,这次是以中文版首发。

② 黄宗智:《中国法律的现代性?》,载黄宗智:《经验与理论:中国社会、经济与法律的实践历史分析》,中国人民大学出版社2007年版,第393页。

③ 这样的理论关心,在黄宗智先后出版的中国法律史三卷本著作中,逐卷得到明显的表现。也可参见 Kathryn Bernhardt and Philip C. C. Huang, "Civil Law in Qing and Republican China: The Issues", in Kathryn Bernhardt and Philip C. C. Huang, ed., *Civil Law in Qing and Republican China*, Calif.: Stanford University Press, 1994.

④ 甘阳:《通三统》,生活·读书·新知三联书店2007年版。

研究,提炼出"表达与实践的背离""实用道德主义""集权的简约治理"等概念及其理论,使得人们即便在凝视现实之时,也能凭借其跨越时空的穿透力而洞悉背后隐藏的奥秘。易言之,只有在"历史感"的观照之下,连接经验(广泛利用极富学术价值的诉讼档案)与理论(从优秀社会科学理论中汲取灵感并与之真正对话),提炼自己具有启发性的新的中层概念,方有可能成就真正意义上的"新法律史"。道路坎坷,但前途无限,正如黄宗智很多年前就曾经指出的那样:

> 从经验研究的角度来说,它可以为我们发掘新的信息,而从理论研究的角度来说,它可能有助于我们为中国历史寻找符合它的实际的概念和理论。更重要的也许是新法制史有可能帮助我们跨过眼前学术界的代沟,也就是说"新"文化学与"旧"社会经济史以及"旧"法制史之间的代沟,也就是主观主义和客观主义之间的鸿沟。①

六、他山之石与居"危"思危

对于中国的学者而言,尤其是自20世纪90年代以来,移译而来的海外中国法律史研究成果早已构成了一种重要的学术资源。管见所及,即便不算为数不少的散见于各种期刊、文集中的单篇文章,在中国内地出版的中国法律史重要译著,除了前面提及的黄宗智、白凯、步德茂的专著外,至少还有《中华帝国的法律》《美国学者论中国法律传统》《明清时期的民事审判与民间契约》《中国法律形象的一面:外国人眼中的中国法》《中国家族法原理》《清代地方政府》《中国法制史考证·日本学者考证中国法

---

① 黄宗智:《中国法律制度的经济史、社会史、文化史研究》,载《北大法律评论》第2卷第1辑,法律出版社1999年版,第376页。

制史重要成果选译·丙编》（四卷）、《近代中国的犯罪、惩罚与监狱》等，其作者群不仅包括海外华人（华裔），还广及美国、日本、英国等地。① 其中的部分译著更是对中国法律史学界影响极其深远，甚至在很大程度上主导着当今中国学人对某些问题的看法，被后者当作权威性论断在论述之时频频引用。在这场声势日渐浩大的移译工程中，UCLA 中国法律史研究群的成果对于中国学界而言，其意义又何在？

在笔者看来，他们的研究，除了能够为中国的学者提供更为丰富的学术资源选择，从而可能使其在学术竞争中对先前的一些偏颇结论加以修正外，更为重要的还在于，这一学术群体共同体现的学术取向，对当今亟须居"危"思危的中国法律史学界来说有着十分重要的启示，而这与"新法律史"的三大特征密切相关。

先说诉讼档案在中国法律史研究中的利用。多少有些吊诡的是，在中国内地，迄今为止，中国法律史学界对诉讼档案的利用可谓非常不尽如人意，不仅相对于其他优秀的国际同行显得落后，即便与国内的其他历史学科——尤其是中国社会史、经济

---

① D. 布迪、C. 莫里斯：《中华帝国的法律》，朱勇译，江苏人民出版社 1993 年版；高道蕴、高鸿钧、贺卫方：《美国学者论中国法律传统》，中国政法大学出版社 1994 年版，清华大学出版社 2004 年增订版；王亚新、梁治平：《明清时期的民事审判与民间契约》，王亚新、范愉、陈少峰译，法律出版社 1998 年版；张中秋：《中国法律形象的一面：外国人眼中的中国法》，法律出版社 2002 年版；滋贺秀三：《中国家族法原理》，张建国、李力译，法律出版社 2003 年版；瞿同祖：《清代地方政府》，范忠信、晏锋译，法律出版社 2003 年版；杨一凡总：《中国法制史考证·日本学者考证中国法制史重要成果选译·丙编》（四卷），中国社会科学出版社 2003 年版，四卷分别由籾山明、冈野诚、川村康和寺田浩明担任主编；冯客（Frank Dikötter）：《近代中国的犯罪、惩罚与监狱》，徐有威译，江苏人民出版社 2008 年版。

史——相比,也远远不及。① 数十年前,当中国法律史研究者们和西方绝大部分同行一样,还几乎都只会依靠律例、会典等传统文献之时,从事中国社会史、经济史研究的学者们,如李文治、刘永成、冯尔康、周远廉,就早已经开始注意利用《刑科题本》这一珍贵档案,自此在本学科内形成相延至今的使用刑科题本的学术传统。② 公平地讲,这或许与中国法律史学科当年基础的薄弱有关。但是,除了已故的郑秦先生曾经主持整理了部分《刑科题本》出版这一例外③,时至今日,中国法律史学界几乎仍未有人对这类档案予以系统运用,至多是星星点点地零散使用极小部分。因此,如果再想以先前的理由搪塞,则未免有些自欺欺人。

---

① 客观地说,国内史学界的近况也不乐观。在一篇文章中,中国一位资深的史学家曾不无感慨地提到,最近20年来,前往中国第一历史档案馆"阅档的人数在减少,平时很少见有专业工作者,每到寒、暑两假,外国人(尤其是日本人)经常多于中国人","在这20年中,清朝历史的专业人员在增加,每年毕业的硕士、博士更是成倍增长,而来此查阅清朝档案的人数却是以同样的速度在减少"。参见茅海建:《史实重建》,载《历史研究》2004年第4期,第21页。相比而言,对于中国法律史学界而言,这迄今都还是尚未得到正视的问题。

② 仅是在20世纪90年代以前,中国社会史、经济史学界对《刑科题本》的相关内容进行整理或研究的出版品至少就有:李文治:《中国近代农业史资料》第一辑,生活·读书·新知三联书店1957年版;中国人民大学清史研究所档案系、中国政治制度史教研室:《康雍乾时期城乡人民反抗斗争资料》,中华书局1979年版;中国第一历史档案馆、中国社会科学院历史研究所:《清代地租剥削形态》,中华书局1982年版;中国第一历史档案馆、中国社会科学院历史研究所:《清代的土地占有关系与佃农抗租斗争》,中华书局1988年版;周远廉、谢肇华:《清代租佃制研究》,辽宁人民出版社1986年版。20世纪90年代至今,社会史学界系统利用《刑科题本》做出研究的优秀著作有王跃生:《十八世纪中国婚姻家庭研究:建立在1781—1791年个案基础上的分析》,法律出版社2000年版(该书极为系统地利用了清乾隆四十六年至五十六年这11年间的2000余件刑科题本婚姻家庭类档案);郭松义:《伦理与生活:清代的婚姻关系》,商务印书馆2000年版(除《刑科题本》之外,该书还同时使用了中国第一历史档案馆和辽宁省档案馆收藏的大量档案);王跃生:《清代中期婚姻冲突透析》,社会科学文献出版社2003年版。

③ 郑秦、赵雄:《清代服制命案——刑科题本档案选编》,中国政法大学出版社1999年版。

非独《刑科题本》在中国法律史学界罕见有人系统利用,其他诉讼档案也是如此。笔者曾经不止一次地听人说起,在四川省档案馆的巴县档案查阅登记簿上,国外学者的名字时常可见,却几乎没有发现如今内地中国法律史学界的那些"鼎鼎大名"。说者未必无心,听者更是有意。自1985年以来,中国第一历史档案馆每隔10年就会召开一次以明清档案与历史研究为主题的国际研讨会,令人遗憾的是,在事后出版的每套论文集中,都几乎看不到中国法律史学界的身影。① 而2005年4—6月笔者在台湾地区游学之时,恰逢"中央"研究院历史语言研究所将在该年10月召开"明清司法运作中的权力与文化学术研讨会",一位协助确定会议邀请人选的教授向笔者询问大陆的中国法律史学界有哪些学者曾系统地利用过明清司法档案做过研究,或许是笔者孤陋寡闻,一时间竟无言以对。

直到近年来,随着大陆新一代研究者的成长,学界才开始逐渐真正重视诉讼档案的研究价值,并做出一些初步但令人欣喜的研究。例如,俞江利用宝坻县刑房档案对财产继承问题所做的系列研究,邓建鹏利用黄岩诉讼档案所做的清代诉讼制度系列研究,赵娓妮和吴佩林利用四川南部县档案分别对清代婚姻讼案审理与代书制度所做的研究,洪佳期利用上海档案馆所藏的上海公

---

① 中国第一历史档案馆:《明清档案与历史研究:中国第一历史档案馆六十周年纪念论文集》(上、下册),中华书局1988年版;中国第一历史档案馆:《明清档案与历史研究论文集》(上、下册),中国友谊出版公司2000年版;中国第一历史档案馆:《明清档案与历史研究论文集》(上、下册),新华出版社2008年版。

共租界会审公廨档案所做的研究。① 但与中国大陆每年出版著作、发表论文数量成百上千的庞大规模相比,这类研究所占的数字比例实在是微不足道。近年来,中国法律史学界热衷于"中国传统司法是否具有确定性"的讨论,但坦率地说,参与这些论战的中国学者中,甚少有人真正利用到司法档案(回答这一问题时,建立在对司法档案进行深入研究后得出的结论其实才最具说服力),而多是喜好于法律文化的名义下悬空踏虚,泛泛而谈。② 放眼华语世界,中国大陆学者对司法档案的利用,与台湾学界相

---

① 俞江:《清代的立继规则与州县审理——以宝坻县刑房档为线索》,载《政法论坛》2007年第5期;俞江:《论清代的继子孙责任——以顺天府宝坻县刑房档为线索》,载《现代法学》2007年第6期;邓建鹏:《讼师秘本与清代诉状的风格——以"黄岩诉讼档案"为考察中心》,载《浙江社会科学》2005年第4期;邓建鹏:《清代州县讼案的裁判方式研究——以"黄岩诉讼档案"为考察对象》,载《江苏社会科学》2007年第3期;邓建鹏:《清代州县讼案和基层的司法运作——以黄岩诉讼档案为研究中心》,载《法治研究》2007年第5期;邓建鹏:《清代民事起诉的方式——以黄岩诉讼档案为考察中心》,载中国法律史学会:《中国文化与法治》,社会科学文献出版社2007年版,第295~297页;赵娓妮:《晚清知县对婚姻讼案之审断——晚清四川南部县档案与〈樊山政书〉的互考》,载《中国法学》2007年第6期;吴佩林:《法律社会学视野下的清代官代书研究》,载《法学研究》2008年第2期;洪佳期:《上海公共租界会审公廨研究》,华东政法大学2005年博士学位论文。

② 据我所知,近年来与这一论题密切相关的研讨会,值得关注的就至少有两次。其一为2006年11月11日在清华大学法学院召开的"传统中国座谈会",其二为2008年4月12日在华东政法大学召开的"中国古代法律的确定性"学术研讨会。

比仍存在差距。①

次说从优秀社会科学理论中汲取灵感并与之真正对话,梁治平早已指出,大陆今天的中国法律史研究——"以教科书为核心的主流范式虽然尚无资源匮乏之虞,却早已面临规范意义上的危机。这部分是因为其本身已经足够成熟,部分是因为这种范式所具有的特别抑制反思的性质。拒绝反思造成了理论的教条化,它在抑制研究者理论兴趣的同时,也损害了他们的思想能力"②。

而在笔者看来,在某种意义上,与其说是"理论的教条化",还不如说是"理论的点缀化"。自20世纪90年代以来,中西法律文化比较研究蔚为风潮。经过梁治平、张中秋、范忠信等学者的辛勤开拓,已经产生了不少为学界关注的成果。这一新范式的贡献之一在于,它使得史学之外的一些社会科学理论开始进入中

---

① 中国台湾地区的中国法律史学者,如黄源盛、赖惠敏、邱澎生等,在研究中对原始司法档案颇为重视,而这与相当部分的档案资料在台湾地区都比较容易得到利用有关。在其中的一些司法档案利用上,台湾学者固然拥有近水楼台之优势,如台湾大学图书馆珍藏的《淡新档案》原件、"中央"研究院历史语言研究所法律史研究室收藏的《淡新档案》复印件、"中央"研究院傅斯年图书馆和台湾史研究所收藏的《淡新档案》微卷,"中央"研究院历史语言研究所收藏的《内阁大库档案》以及中山博物院珍藏的清朝司法档案,但相当大一部分司法档案都是台湾学者通过多番努力搜集而来的,如在"中央"研究院近代史研究所郭廷以图书馆可以看到从中国大陆购买的《巴县档案》《内阁汉文题本专题档案:刑科婚姻类(1732—1762年)》《内阁汉文黄册》等微卷及《北京审判制度研究档案资料选编》,这些资料的获得,与包括该所研究员赖惠敏在内的相关学者的付出密切相关。黄源盛除了以对民初法律的精湛研究而闻名,他对民初司法档案的搜集与汇编更为学界瞩目,芒鞋踏破,千金散尽,终于汇编成《大理院民事判例全文汇编》27册、《大理院刑事判例全文汇编》17册、《大理院民事判决汇览》25册、《大理院刑事判决汇览》30册和《平政院裁决录存》1册,其中《平政院裁决录存》一书已于2007年在台湾出版,其余的民初法制档案汇编现典藏于政治大学基础法学中心。参见尤陈俊、范忠信:《中国法律史研究在台湾:一个学术史的述评》,载中南财经政法大学法律文化研究院:《中西法律传统》(第六卷),北京大学出版社1998年版,第29~31页、第39~42页。

② 梁治平:《法律史的视界:方法、旨趣与范式》,杨念群、黄兴涛、毛丹:《新史学:多学科对话的图景》(下),中国人民大学出版社2003年版,第592页。

国法律史研究的视野,例如社会学、人类学的个别理论。但是,在今天的中国法律史学界,更为主流的依然还是"重考据、轻义理"的路数,更多的论著仍是满足于"史料学派"意义上的史实考证(尽管其中也不乏非常优秀的作品),而并未从当今学界蓬勃发展的社会科学理论中受益(而与之相比,西方的史学如今正日益理论化,尽管未必便是优点),即便有之,也不过是零星的点缀而已,更不用说以本学科的研究与其他的社会科学理论真正对话,在巧妙连接历史经验与理论概念的基础上做出国际前沿的推进与创新。更有甚者,仅仅听到后现代主义之名便嗤之以鼻,全然无视其可能值得取法之处。迄今为止,在中国法律史学界有影响的概念与理论还极度贫乏(想一想,又能举出几个?),毋庸说对其他学科的外部贡献。总之,传统的主流范式倾向于简单的经验主义,对引入新的智识资源尚相对保守。①

对社会科学理论保持警惕自然有其必要②,但无视它们可能给历史学带来的助益,则必定会错失拓宽研究视野、提出重要问题并与本行之外的学者对话的良机,也自然更加不能借之以提炼自己的新的概念。傅斯年当年讲"史学只是史料学"③,这一论

---

① 相对而言,中国社会史界显得更为开放,大陆晚近出版的一些论著可以佐证,参见杨念群:《新史学》(第一卷,"感觉·图像·叙事"),中华书局2007年版;孙江:《新史学》(第二卷,"概念·文本·方法"),中华书局2008年版。而在台湾地区,20世纪80年代以来崛起了所谓"新史学",其掌旗手之一卢建荣强调以社会科学理论治史,主张史学革新应以"七分力量置于社会史,三分力量置于后现代主义史学",参见卢建荣:《后现代史学指南》,作为导读收入凯斯·詹京斯(Keith Jenkins):《历史的再思考》,贾士衡译,麦田出版社1996年版。

② 对于此点,早已有精彩的论述,参见黄宗智:《学术理论与中国近现代史研究——四个陷阱和一个问题》,强世功译,收入黄宗智:《中国研究的范式问题讨论》,社会科学文献出版社2003年版,第102~133页。

③ 参见傅斯年:《历史语言研究所工作之旨趣》,原载《中央研究院历史语言研究所集刊》第一本第一分,1928年,后收入傅斯年:《史料论略及其他》,辽宁教育出版社1997年版。

"新法律史"如何可能——美国的中国法律史研究新动向及其启示

断当然有其道理,但也对后人多有误导。即便是在历史学界,其狭隘之处也早已频遭诟病。对于今天的中国法律史研究而言,就更加不能将其当作不易之论甚至祖宗成法,而仅仅使自己满足于充当传统历史学的附庸。正是在这里,中国法律史学界或许应当听一听黄宗智的告诫:从经验研究出发,通过与理论的联系与对话,来构造我们自己的一些基于经验发现的中层概念。①

最后回到"历史感"上来。在如今的法学院中,中国法律史往往被目为"虚学",以至于其正被日益边缘化。② 面对此种境遇,忧心者们念兹在兹的,便是千方百计地试图去论说中国法律史如何对今日之法制建设有其助益。对于这种忧虑背后的根源,我辈早已感同身受。不过,那些苦口婆心的言说,或许可以诉诸民族情感的魔力,在人们心中激起一时的涟漪,却最终会因为失之空泛而缺乏说服力。在笔者看来,真正可行的做法,在于以贯通不同时段的扎实研究,借由历史之光,洞见现实问题。今天中国的法制建设,乃是中国古典法律传统(尤其是清代的旧法制)、社会主义法律传统(老解放区时代以来形成)和现代西方法律传统(产生于晚清以降、迄今未止的法律移植过程之中)三大传统相互撞击和彼此融合的产物,因此,至少对近现代中国法律史,就不能完全看作是列文森(Joseph R. Levenson)意义上的"博

---

① 杨念群曾非常精辟地总结美国中国学研究给我们的启示:"通过中层理论的概念化积累,来规范对史料的解读。一方面它用中层理论的概念转换不断引导着史料搜寻出新的惊喜发现,另一方面每个中层概念在知识积累方面形成相互衔接的递增特性,使问题的讨论和史料的搜集必须被限定在概念规定的范围之内,这样就防止了对主观直觉的随意滥用。"参见杨念群:《美国中国学研究的范式转变与中国史研究的现实处境》,载黄宗智:《中国研究的范式问题讨论》,社会科学文献出版社 2003 年版,第 300~301 页。

② 关于"实学""虚学"的区分,可参见黄源盛:《中国传统法制与思想》,五南图书出版公司 1998 年版,序。据黄氏在其他地方所言,这是他在日本京都大学访学期间,常听日本学者做如此区分,其标准为是否与实务有直接联系。

物馆的珍藏品"① 予以研究。黄宗智的三卷本著作正是值得重视的绝佳范例。

客观地说,今天法律史学界存在的这种种不足,也有其很难避免的现实原因。其中最棘手的也许要属司法档案在查阅和利用上的不便。罗志田曾经感慨地说,由于有着充足研究经费的支持,西方的中国史研究者在写作博士论文时,通常是在全世界范围内花一年以上的时间查阅和搜集资料,而我们中国的史学博士生可以用于查阅资料的经费通常不足千元,连在国内选一个地方看资料都只能限制在很短的时间之内。② 素重资料的历史系尚且如此,更不用说法学院中的中国法律史研究者了。据笔者所知,迄今为止,似乎还没有哪一所中国大陆的大学图书馆购买有巴县档案、淡新档案等司法档案的微卷。而当少数的有心者真的以一己财力,跑到收藏这些司法档案的档案馆查阅时,只能花较长时间老老实实地待在那里摘抄,一旦想复制一部分档案带回来再慢慢研究,往往马上就被要价极其高昂的复制费用打消念头(所谓的"保护性收费")。

尽管如此,也不意味着诉讼档案对于中国大陆的学者来说不可接近。至少对于身处北京、成都、上海、南京这些城市的中国法律史研究者而言,只要有足够的毅力,即使缺乏充足的经费进行复制,大多也可以直接在档案馆查阅档案。而且,包括巴县档

---

① "博物馆的珍藏品",是列文森在研究中国传统儒学的现代命运时提出的一个著名隐喻,他认为中国官方表面上看似复兴儒学,但其实只不过是将它作为博物馆的历史收藏品,其目的就是要把它从现实的文化中驱逐出去,取代它所拥有的文化作用,详见列文森:《儒教中国及其现代命运》,郑大华、任菁译,中国社会科学出版社 2000 年版,第 337~343 页。美国另一位研究中国思想史的大家史华兹(Benjamin Schwartz)曾经指出,对于非物质性的文化而言,用"图书馆"来比喻或许更为贴切。在笔者看来,两者的内涵其实大同小异。

② 罗志田:《〈山海经〉与近代中国史学》,载《中国社会科学》2001 年第 1 期。

案、淡新档案、刑科题本在内的一些司法档案,也早已由相关单位的人员整理出版了一部分。① 尽管其只是全部司法档案中的九牛一毛,但如果能选取恰当的研究题目,再辅以其他相关资料,也大致足矣。

在某种程度上,上述这番坦诚相见的言说,或许也是在提醒人们认清某种意义上的"皇帝的新衣",虽然在近年出版的年度学术综述中,总是会千篇一律地号称如何在深度、广度上不断地取得进展,似乎从来就是风光无限。因此,这番"盛世危言"或许会被视为妄自菲薄,进而遭到"牢骚太盛防肠断"之类的婉劝,更有可能会得罪某些人,难免会招致某些人的反感。但是,这绝非是要长他人志气,灭自己威风,笔者也知道"风物长宜放眼量"的重要;恰恰相反,我真正的意图是旨在借邻壁之光,照汉家故物。在新说高论层出不穷、理论范式更新日频的今天,优秀的研究者绝不应该只顾低头拉车而不抬首看路,他/她应该保持宽广开放的胸襟,能够看清自身的缺陷与不足,善于借鉴全世界范围内的优秀成果,从中获得灵感,并最终提升自己所致力奉献的那门学科,中国法律史也不例外。易言之,一流水平的研究,它应该既能脚踏实地地奠基于中国的历史经验,同时又对西

---

① 这些已经被整理出版的档案资料,至少包括:《淡新档案选录行政编初集》(四册),台湾银行经济研究室,1957—1971年;吴密察:《淡新档案》,台湾大学图书馆,1993—2007年间已出24册,其中第1册至第16册构成行政编全部,第17册至第24册为民事编的一部分,其余部分将陆续出版,2008年出版民事编第25册至第28册;四川省档案馆:《清代巴县档案汇编(乾隆朝)》,档案出版社1991年版;四川大学历史系、四川省档案馆:《清代乾嘉道巴县档案选编》(上),四川大学出版社1989年版;四川大学历史系、四川省档案馆:《清代乾嘉道巴县档案选编》(下),四川大学出版社1996年版;郑秦、赵雄:《清代服制命案——刑科题本档案选编》,中国政法大学出版社1999年版;杜家骥:《清嘉庆朝刑科题本社会史料辑刊》(全三册),天津古籍出版社2008年版;田涛、许传玺、王宏治:《黄岩诉讼档案及调查报告:传统与现实之间——寻法下乡》(上、下卷),法律出版社2004年版。不久之后,陕西省清代紫阳县档案也即将被部分出版。

方主流的社会科学理论开放。或许我们可以注意一下咫尺之隔的台湾地区学界同行。在那里，邱澎生等人已经取得了令人瞩目的成果。① 面对这一学术潮流，中国大陆的中国法律史研究者如果不能居"危"思危，而后奋起直追，乃至迎头赶上，很可能将在此一生机勃勃的领域沦为国际学界的边缘。倘若有朝一日竟至如斯境地，岂不痛哉！

七、结语

我们当然可以对 UCLA 中国法律史研究群的某些论断——比如某些特有的问题意识——有所保留，任何不加思索的盲目追随本就应该被拒斥，更何况众所周知的是，从来就不存在十全十美的学术研究；人们甚至可以就其提出批评，只要这种批评确实是持之有据，而不是连对方所言都未真正弄清，仅听其名就迫不及待地"横溢"才华。但即便如此，在时刻警醒保持阅读和思考的主动性的同时，也请记住长期主持海外中国学移译事业的刘东那一番满怀深情的告诫："任何人都不会仅仅因为生而为'中国人'，就足以确保获得对于'中国'的足够了解；恰恰相反，为了防范心智的僵化和老化，他必须让胸怀向有关中国的所有学术研究（包括汉学）尽量洞开，拥抱那个具有生命活力的变动不居的'中国'。"② "不识庐山真面目，只缘身在此山中。"③ 在笔者看来，这句众所周知的中国古诗，正好道出了当今跨文化学术交流中的另一面。而克服这一缺陷的最佳方法，或许就是培养 18

---

① 邱澎生最近的中国法律研究，在很大程度上正是自觉依从这种"新法律史"路数，既重视对司法档案的运用，又注意从其他学科汲取灵感，详见邱澎生：《当法律遇上经济：明清中国的商业法律》，五南图书出版公司 2008 年版。

② 刘东：《阅读中国序》，参见黄宗智：《中国研究的范式问题讨论》，社会科学文献出版社 2003 年版，丛书总序，第 2 页。

③ 苏轼：《题西林壁》。

世纪苏格兰诗人罗伯特·彭斯（Robert Bums）所称的"能像别人那样把自己看清"的本领。

　　对于学术的推进而言，关键在于每位真正有志于此的学者都能沉下心来，贡献出扎实的优秀研究成果，这至为重要。今天的中国法律史研究急需这样的努力。但在学术分工日趋细化的今天，同样重要的还有跨地区、跨国学术信息交流的通畅。至少对于笔者这一代中立志以中国法律史为业的很多人来说，语言已不再是主要的障碍，从而使他们得以摆脱完全受制于"翻译的政治"的困境，更多的问题或许还在于学术信息的及时获得乃至所指文本的可得性。后者的作用，不仅在于可以由此避免大量无谓的重复学术生产，将许多自鸣得意的人从自诩填补"空白"的美梦中敲醒，而且可以使后来者尽可能地吸取他人已经取得的丰硕成果，进而能够在先前不及的地方迎头赶上。

实用型司法：近代中国基层民事审判传统

刘昕杰

一、既有论争与问题

诚如日本著名学者岸本美绪所言，近来学界关于支撑传统中国司法的核心价值观问题已逐渐摆脱过去那种"法乎？情乎？"简单化约的二元对立分析模式，而倾向于对当时审判官员复杂抉择的心理过程进行更具体的描述和分析。① 她进而主张清代地方县官最主要是借由"权衡"以达成社会和谐，比起参照法律的规定，官员的裁断更受"保护弱者并惩罚恶徒"这种要求所引导。② 她的观点同其他日本学者类似，都强调法律外因素的作用。已逝著名中国法律史学者滋贺秀三将传统中国审判定义为"教谕式调解"③，他认为，"在判语中所引用的国法，大体上仅限于《大清律例》这唯一的一部法典；决不是所有或大多数案件中都引用国法，且引用国法也未必意味着法官严格受到法律条文

---

① 邱澎生、陈熙远：《明清法律运作中的权利与文化》，联经出版公司 2009 年版。
② 邱澎生、陈熙远：《明清法律运作中的权利与文化》，联经出版公司 2009 年版，第 388 页。
③ 滋贺秀三：《清代诉讼制度之民事法源的概括性考察》，载王亚新、梁治平：《明清时期的民事审判与民间契约》，王亚新、范愉、陈少峰译，法律出版社 1998 年版，第 21 页。

的拘束"①,因此,"所有判断都必须根据对国法的解释才能作出"这种思想方法,从根本上是不存在的②。其弟子寺田浩明则进一步指出,传统中国的民事审判,是以使当事人"合乎情理的解决(纷争)"为执行的目的,在情理的名义下实际进行的情形。不可能存在得以导出其解决方式的一贯性原则,故而,针对每次的个案,具体上该如何处理方合乎情理,必须在每个问题被提出的当下,由裁判者一一相出,再行论断③。黄宗智则根据淡新、宝坻、巴县等地的档案材料分析得出截然不同的观点。他认为,清代的"民事裁判"是以法律为依据的,"有大量的当事人,包括农民和普通城镇居民,为申辩和保护他们的权利而告到法庭",而"县官们事实上是按照法律在审判案件"④,清代的纠纷"要么让庭外的社区和亲族调解解决,要么就是法官听讼断案,依法办事"⑤。国内学者对此也论述颇多。明清时期特别是清代基层民事司法的情境如何,乃至如何对这样一种司法模式进行基本的概括,所引发的争论以及相关问题的讨论,逐渐上升到对传统中国司法文化的整体该如何认识这一问题上来。若将张伟仁、贺卫

---

① 滋贺秀三:《清代诉讼制度之民事法源的概括性考察》,载王亚新、梁治平:《明清时期的民事审判与民间契约》,王亚新、范愉、陈少峰译,法律出版社1998年版,第25~26页。
② 滋贺秀三:《清代诉讼制度之民事法源的概括性考察》,载王亚新、梁治平:《明清时期的民事审判与民间契约》,王亚新、范愉、陈少峰译,法律出版社1998年版,第29页。
③ 寺田浩明:《试探传统中国法之总体像》,载《法制史研究》,"中央"研究院历史语言研究所,2006年第9期。
④ 黄宗智:《清代的法律、社会与文化:民法的表达与实践》,上海书店出版社2001年版。
⑤ 黄宗智:《清代的法律、社会与文化:民法的表达与实践》,上海书店出版社2001年版。

方、高鸿钧等人的讨论也视作对这样一种争论的扩展①，那么这场争论不仅反映出法律史学界对于中国传统司法文化乃至法文化的认识，也折射出不同学者研究此问题的不同进路和方法。在笔者看来，这样的讨论至少在两个方面是值得进一步探讨的。

在论证方面，大多数学者在讨论传统司法问题时，所援引的论据多是律例、经典文献、判牍汇编、官箴等材料，这些论据要么是传统法律文化中描绘的"理想图景"，要么是中央官厅希冀树立的"模范图景"，要么是经过当事人加工后希望流传于世的"加工图景"，却鲜有通过发掘整理占据传统法律实践最大多数的基层司法档案所反映出来的传统中国司法的真实面貌。试想，如果有着相同的研究材料，进而在这些司法档案的基础上进行直接的讨论，而不是以"法律文化的名义""悬空踏虚，泛泛而谈"②，我们对传统中国司法的认识可能会更加清晰，而争论也会更有所指。新近一些学者根据清代档案发现，在细事类案件审理中州县官并非完全依律而判，与黄宗智的研究相对比，这就显得更具讨论的意义。③

不仅如此，既有的研究对传统中国基层审判者的角色定位不明，并由此产生对传统司法与当下司法的区别重视不够，更多的

---

① 张伟仁：《中国传统的司法和法学》，载《现代法学》2006年第5期；高鸿钧：《无话可说与有话可说之间——评张伟仁先生的〈中国传统的司法和法学〉》，载《政法论坛》2006年第5期。

② 尤陈俊：《"新法律史"如何可能》，载黄宗智、尤陈俊：《从诉讼档案出发：中国的法律、社会和文化》，法律出版社2009年版。

③ 苏成捷与黄宗智的观点不尽相同，他将基层司法一分为二，认为在类似民事审判的细事部分，审判的决定性因素是特定案件引发呈控的具体原因，在这类决定里官员为了解决实际问题表现得很有弹性与权宜性。参见苏成捷：《清代县衙的卖妻案件审判：以272件巴县、南部与宝坻县案子为例证》。邱澎生、陈熙远：《明清法律运作中的权利与文化》，联经出版公司2009年版，第391页。另见赵娓妮：《晚清知县对婚姻讼案之审断——晚清四川南部县档案与〈樊山政书〉的互考》，载《中国法学》2007年第6期。

是将司法行为从其整体性职掌中抽离出来分析，从而或多或少地产生后入为主的体会。虽然在方法论上看似不可避免，但少有学者全面系统地从传统基层司法官的整体角色中考察其司法行为，毕竟在"靡所不综"的地方治理活动中，基层州县官为平息纠纷维护地方治理而进行的"狱讼"与西方话语下以法律适用为基础的"司法"有着较大的区别，而一旦脱离这样一个背景来讨论传统中国的司法特点则很难"具了解之同情"地触及司法官员的实际状况。

二、近代中国司法模式的连续性

从清代到民国再到中华人民共和国长达数百年的社会变革之中，社会政治大背景发生了巨大的变化——从帝制中国到西方"民主"形式再到苏联式和后改革时代。政治变革所带来的法制变革也如疾风骤雨般进行，从传统中国的法律制度，到清末修律引入西方法律制度，到民初共和肇始移植六法全书，再到废除旧法统，推崇法律虚无和法律工具论，又到改革开放再次学习西方，各色各样的法律形态都在近代中国的历史上轮番上演。然而这样一系列历史巨变到底在多大程度上影响基层社会老百姓的日常生活，到底在多大范围内影响不同民族不同风俗不同社会经济条件下的基层司法实践，学界许多大而化之的结论似也并未能描述出一个较为清晰的形象。

因此，在这样一个对传统中国司法模式有争议的学术评说下，笔者并非要独立阐释传统中国的司法模式到底如何，而是希望借助一种"历史连续性"的考察方式，将近代中国的基层司法作为一个整体性的研究对象，并据以描绘中华人民共和国成立之前在西方法制大规模引入的背景下从清代到民国基层司法所体现出的一以贯之的特征。这种对基层司法的考察，在笔者看来，可能会借由清代与民国不同时期的司法档案来相互印证出更清晰的基层司法面貌,而民国时期所保留的传统司法因素也能增加我们对传统中国司法特征的理解。笔者借助四川南部县清代档案和新繁县民国档案得出的结论是:近代中国基层民事审判中体现出来的,既不单纯是滋贺秀三所称的"教谕式调停",也不仅仅是黄宗智所认为的依法审理,而是一种基于中国特有基层社会背景的实用型司法模式。①

从清代到民国的基层司法官的民事审判中的确存在一种历史的连续性,而这种连续性并未在根本上受到国家政治大环境的影响,传统中国司法中一些元素直到民国末年仍然存在,但这种连续性的重点并不在于所谓"依法"或"不依法"审判,也不仅仅是清代与民国在维护当事人权利方面有着一致性。②因为判决中展现的毕竟只是案件的最终结果和官方认定,并不能以此来涵盖纠纷处理的整个过程。正如寺田浩明所说:"讨论传统中国法与审判之际,与西洋的法和审判进行对比是必要而且有益的,然而,若是拘泥于'依法/不依法'这种具有局限性、表面性的现象,又将传统中国的审判求证于得以用'依法/不依法'来说明

---

① 本文依据清代与民国基层司法档案的实证分析得出的某些个案性的结论可参见刘昕杰:《"引情入法":清代诉讼中习惯如何影响审断》,《山东大学学报》(哲学社会科学版) 2009 年第 1 期;《民国民法中的佃:传统制度的现代法律实践——以新繁县民国司法档案为佐证》,《南京大学法律评论》2010(春);《民国民法中离婚权利的司法实践——以新繁县司法档案案例为线索》,《北方法学》2010 年第 3 期;《法律与习惯的并存:民国财产继承与分家承嗣的法律实践——以新繁县民国司法档案为例》,《民间法》2010 年总第 9 卷。

② 寺田浩明曾批评黄宗智的立论基础在于,清代社会已经存在接受西洋法律制度的土壤,才使得清末民初引进西洋法成为可能。而寺田自己也承认在财产法领域的实际操作方面,民国与清代有着明显的连续性,对于民事纠纷的处理只是改变了使用的概念,而实际上无多大区别。寺田浩明、王亚新:《清代民事审判:性质及意义——日美两国学者之间的争论》,载《北大法律评论》,1998 年第 3 期;寺田浩明、郑芙蓉:《关于清代听讼制度所见"自相矛盾"现象的理解——对黄宗智教授的"表达与实践"理论的评判》,载《私法》2004 年第 3 期。

的事实，这个讨论就会显得太过狭隘了。"① 因此，笔者所探寻的近代中国基层民事审判的连续性是在纠纷解决的过程之中，司法官以何种姿态参与、以何种方式解决纠纷，以及相关当事人对这种纠纷处理的认同感源于何处的司法过程中所体现出来的连续性。

要说明这个问题，首先必须重新审视地方司法官所处的场景。与中央政府的立法者和司法者的高高在上不同，地方司法官直接面对基层的百姓，直接参与地方社会关系，虽然从清代开始就有籍贯回避的规定，但地方熟人社会秩序使得即使是数年任职的地方司法官也不可能完全脱离于地方社会关系，也就不可能超然于社会纠纷之外来进行法律的严格适用。除此之外，在近代中国的大部分时间里，地方司法官员的职责都不是单一的，从清代司法官的"决讼断辟，劝农赈贫，讨猾除奸，兴养立教。凡贡士、读法、养老、祀神，靡所不综"②，到民国的行政兼理司法，甚至到新中国基层社会的党政司法一元化，地方司法官所要承担的，绝不仅仅是一个法官的职责，他需要考量的是，作为地方社会治理背景下的纠纷如何能够尽快地解决。清代司法官对纠纷的审断实则为其地方政务的一部分③，民国基层社会处在行政兼理司法的政策及其不可能实现司法独立的地方权力结构下，地方司法官自然也没能摆脱这样一种情境。因此，鉴于司法官所处的环境、身份和承担的职责，近代中国的基层社会不可能出现类似于西方社会那种由独立行使司法权的法官适用法律来界定当事人权利义务归属的民事审判模式。

---

① 寺田浩明：《试探传统中国法之总体像》，载《法制史研究》，"中央"研究院历史语言研究所2006年第9期。
② 赵尔巽：《清史稿》，中华书局2003年版，第3357页。
③ 里赞：《司法或政务：清代州县诉讼中的审断问题》，载《法学研究》2009年第5期。

不仅如此，清代和民国的司法官都面临着类似的法律适用难题。清代的法律延续中国历代法典的特点，并不对属于"细事"的民事制度进行详尽的规定，而民国法律虽然有着细致的民事权利规则，但如前所述，这些规则或多或少地与传统地方社会的习惯有着概念和规范上的冲突。因此，民国基层司法官至少面临两个层面的问题：第一是如何在中西概念不对称的法律规则下，实现对西方民法概念和规则的适用；第二是如何在尚维持着熟人社会传统关系的地方社会实现西方式民法制度的定纷止争。① 由前述可见，这两个问题的解决主要依靠的都不是法律的力量，而恰恰是法律外的因素，如司法官对概念误用的默认、对既有习惯的尊重、对不符合法律但得到地方社会认同行为的放任等。在司法过程中，司法官更讲求纠纷解决的实效，即只要是有利于纠纷解决的，无论是强调调解还是运用批词，无论是仰仗法律抑或是习惯，司法官在既有的程序规则下，只需在表面上维持一种"貌似合法性"，在实际处理中则更多地运用个人的智慧和官位的权威对纠纷进行个案处理。在这个意义上，"实用"无疑是司法过程的最佳解释。

三、基层地方官的全权与全责

清人谓"万事胚胎，皆由州县"②。汪辉祖也说："自州县而上，至督抚大吏，为国家布治者，职孔庶矣。然亲民之治，实惟州县，州县而上，皆以整饬州县之治为治而已。"③ 传统中国政

---

① 刘昕杰：《民国民法中的佃：传统制度的现代法律实践——以新繁县民国司法档案为佐证》，载《南京大学法律评论》，2010 年（春）。
② 王又槐：《办案要略·论详案》，载《官箴书集成》，黄山书社 1997 年版，第 772 页。
③ 汪辉祖：《学治臆说·自序》，载《官箴书集成》，黄山书社 1997 年版，第 267 页。

治体制中，基层州县处于一个十分重要的位置，州县官就是国家政治权力在基层的集中表象，也是中央政府和皇帝本人在基层的分身，因此在制度设计上，中央层级和地方层级同有权力集中的特征。如果以今日权力分离理论来看，州县官集行政和司法权于一身，全权处理地方事务，而"国家首要目标是确保社会治安的维持和国家的财政需求得以满足。只要能满足这些要求，国家就感觉并无必要去干涉地方治理的运作"①。因此，基层地方官往往被称作"父母官"，辖区百姓均是其子民，县官对百姓，似同父母对孩子，自家孩子事无巨细，都在父母官的管理范围，而父母官对子民的管理则可采取其认为最为合理有效的手段，他人并无权干涉指责。

一县除县官外，尚有属官、胥吏、衙役和幕友等，他们由于身份差异而与州县官的关系亲疏不一，如属官位列州县之下，却并非州县任命，可谓同朝为官；胥吏和差役在衙门中人数众多且职能广泛，均不属于职官之列，全由州县任用，其虽为州县官政务实施之必需，但因其作为常有逸衙门和州县之清誉，多受州县官的严格管制；幕友及长随为州县官私人聘请，多受州县官的重视，因此在州县事务方面往往发挥其他属官力所不逮的作用。宋元时期之后，特别是明清时期以来，由于律例知识并未成为地方官员的铨选考核内容，"读书不读律"造成科举制度下地方官员律例知识的缺乏，而法律职业群体的主体也逐渐从"明法科"的仕途之士，转变为辅佐地方官员进行案件审理的幕友和帮助百姓呈控的讼师。许多研究业已表明，在清代社会，虽不是朝廷的正式官员，刑名幕友在地方诉讼中仍发挥着极大的作用，他们操持

---

① 李怀印：《传统中国的"实体治理"——以获鹿县的田赋征收为例》，载黄宗智、尤陈俊：《从诉讼档案出发：中国的法律、社会与文化》，法律出版社 2009 年版。

着处理具体案件的法律技艺,甚至在很多情况下替州县官代拟案件判词,在实际上影响着案件的审断结果。但按照清律,如果属官受理词讼,将会被贬官,县官如果指派幕僚审理案件,自己也会被免职。① 故而非正印官对案件处理的影响只能是制度外的,而且其完全取决于州县官的意志。毕竟,在清代基层政府机构的制度规则中,只有县官才能受理诉讼,即"官非正印者,不得受民词"②。因此只有州县官才是一个地方诉讼纠纷的唯一裁决者,或者是唯一的官方裁判者。县官还负担着县衙的财政收支以及非正式官员的俸禄,县衙的开销也即县官个人的开销,在掌握着人事和财政的基础上,县官在地方政府中当然享有说一不二的权威。这样一种清代的地方政府曾被瞿同祖形象地称之为"一人政府"③,县官的下属们只扮演着无关紧要的角色。

在民国初年的基层政权中,1914 年开始实施的县知事兼理司法及其之后的各种行政兼理司法的机制,实际上是传统中国知县刑名职责的延续。1917 年颁行的《县知事公署组织章程》中有关审判独立的条文也因实践过程中的阻力而被修改。1927 年 8 月,《修正县知事兼理司法事务暂行条例》规定"县知事在承审员助理下完成司法事务",实际上是再一次从制度上赋予了县知事对司法事务的绝对权力。法权调查委员会曾描述,"县知事衙门之设,由来已久,垂数百年","中国最大部分之讼事,仍在

---

① 吏部则例卷四十二;六部处分则例卷四十七。清代州县父母官审判与其人事与经费的关联性,可参见里赞:《远离中心的开放:晚清州县审断自主性研究》,四川大学出版社 2008 年版。

② 刘鹏九、王家恒、余诺奇:《清代县官制度述论》,载《清史研究》1995 年第 3 期。

③ 瞿同祖:《清代地方政府》,法律出版社 2003 年版,第 334 页。

县知事衙门之手"。① 1936年，南京政府颁布的《县司法组织条例》规定在县政府内附设司法处，其虽然也强调"审判官独立审判案件"，但该条例明确由县长与审判员共同掌理司法事务，县长依然控制着地方的司法审判。法令尚且如此，实际情况就更为明显。根据20世纪30年代李景汉所做的定县调查，定县承审处是民国17年8月成立的："承审处可以说是掌管司法的，不应当附属在现政府系统之内，可是司法还没有完全与内政分开。承审官是由县长任用的，但是多半是由高等法院委派的。就是县长任用，也得呈请高等法院批准委用。看起来，司法好像是独立的，但是承审官判决一件案子，自己单独盖章不行，必得通过县长，县长通过盖章以后，才能实行。虽然提倡了多少年司法独立，但是，总也未能完全实现。"②

晏阳初在批评民国县政时也说："（民国）县政机构只有两种作用：一是'催科'，管人民的纳粮上税，县政府成了收税机关；二是'听讼'，为人民判案折狱，县政府成了司法机关。"③ 与传统中国的州县官类似，县长依然手握司法事务的大权，这与民国时期社会对县长的认知和期待是息息相关的。县长作为一县之长，对地方事务有着统筹一体的管理之责，而从传统中国到民国时期，司法审判都是县长用以"惩奸除恶""定纷止争"并教育百姓的重要方式。如果剥夺了县长对司法审判的控制，则"县长一方面丧失了劝惩的工具，得不到人民的父母之爱，而另一方面凡关于筹集经费增加人民负担的命令，又都要他负责去执行，于

---

① 法权调查委员会：《法权会议报告书》，《东方杂志》1927年第2期。该调查报告也曾刊载在1926年的《法律评论》，但二者对新式法院和兼理法院的统计不完全一致；刘昕杰：《政治选择与实践回应：民国县级行政兼理司法制度述评》，载《西南民族大学学报》（人文社科版）2009年第4期。

② 李景汉：《定县社会概况调查》，中华平民教育促进会1933年版，第81页。

③ 晏阳初：《晏阳初农村建设要义》，载《晏阳初全集（2）》，湖南教育出版社1992年版，第49页。

是县长变成了民间怨恨的对象。信仰日低，威信日减，行政权力不易发挥"①。

同清代一样，民国的县长仍然有着靡所不综的职责，清代乾隆时名臣陈宏谋罗列知县职掌近 30 项②，王奇生据湖北省档案统计，民国县长的具体职责更是巨细靡遗，其中民政 31 大项、财政 28 大项、建设 48 大项、教育 17 大项、卫生 27 大项、司法 21 大项，林林总总计 172 大项，每一大项中又分许多小项③。民国内政部编订的《县长须知》中，规定县长在民政方面，要接近民众、宣传政令、防治匪患、严禁烟赌、预防灾害、办理救济、改良恶习、编查户口；在财政方面，要整顿税收、清查官产、办理公债；在建设方面，要保护农工、筹办工厂、维持商业、兴修水利、修筑道路。此外，还要求县长在教育、卫生、司法等方面齐头并举，不可偏废。④ 故而时称"县长力量可抵一万兵"⑤。

这样一种地方权力结构的设计或运行，致使在清代至民国的近代基层社会中，一县之长成为一个地方州县的大家长。虽然国家权力影响日益加深，但在位于远离政治中心的最基层，有着更贴近社会生活稳定性的实际需求。

四、无讼追求与解纷的灵活性

无讼常被视为儒家的理想社会场景，孔子曾言："听讼，吾犹人也，必也使无讼乎。"（《论语·颜渊》）但"我们的知识分子

---

① 《浙江地方政治之回顾与前瞻》，载《浙江民政》1935 年第 5 期，第 1 页。
② 陈宏谋：《咨询民情土俗论》，载《清经世文编》卷一六。
③ 王奇生：《民国时期县长的群体构成与人事嬗递——以 1927 年至 1949 年长江流域省份为中心》，载《历史研究》1999 年第 2 期。
④ 蔡鸿源：《民国法规集成》第 39 册，黄山书社 1999 年版，第 103~144 页。
⑤ 《申报》，1932 年 7 月 14 日。

更多地倚重于儒家提供的图景，而这一图景与中国传统社会中朝廷与民间社会的远距离，是有密切关系的"①。有学者通过整理司法档案和地方志等材料，对息讼的理想图景进行了反驳，认为事实上在帝制中国的基层社会，息讼的教化并未降低诉至官府的纠纷数量。徐忠明认为，尽管传统中国社会存在"无讼与教化的社会"理想，却面临"好讼与健讼的社会"现实②。"即使州县衙门以'息讼'为理由拒绝受理案件，也非仅仅出于道德与无讼方面的考量，更有可能是因为司法资源的匮乏，乃至司法官员的懈怠。"③

民国的许多著名地方人物依然提倡无讼和息讼，作为民国乡村建设"村本政治"④ 模范的山西省省长阎锡山，他在告诫全省基层百姓的《山西省息讼会办法》中开门见山地说"世上吃亏的事情，没有比打官司更厉害的"，所以"人民遇事自己和解，万不要轻易进衙门"⑤。然而以新繁县的司法档案来看，将纠纷讼至官府似乎已成为百姓的习惯性行为。在 1935 到 1940 年的 6 年间，仅民事案件便达到了近千件，每个月平均有 14 件案件，考虑到一个 10 万余人的县⑥的其他刑事和行政案件，以及女性诉讼案件的增加（集中于婚姻类），无讼和息讼的儒家理想离基

---

① 王铭铭：《"法"与民间权威》，载《走在乡土上：历史人类学札记》，中国人民大学出版社 2009 年版，第 170 页。

② 徐忠明：《明清诉讼：官方的态度与民间的策略》，载《社会科学论坛》2004 年第 10 期。

③ 徐忠明：《娱乐与讽刺：明清时期民间法律意识的另类叙事——以〈笑林广记〉为中心的考察》，载《法制与社会发展》，2006 年第 5 期。

④ 柳诒征：《中国文化史》，上海三联书店 2007 年版，第 830 页。

⑤ 陈刚：《中国民事诉讼法制百年进程（民国初期·第一卷）》，中国法制出版社 2009 年版，第 177 页。

⑥ 据曹树基统计，新繁县人口 1953 年为 12 万左右，计入战乱后的人口增长，估计 20 世纪 30 年代为 10 万人左右，进一步数据待查。参见曹树基：《清代中期四川分府人口——以 1812 年数据为中心》，载《中国经济史研究》2003 年第 1 期。

层司法的现实似乎更加遥远。

当然，息讼和无讼的观念在民国（乃至今天）仍受到重视，而且息讼不仅仅包括没有诉讼，更意味着一旦产生诉讼，就要尽快地结束。这表现在诉讼开始之后，司法官仍会在法定的诉讼程序之外，劝谕双方和解，要求亲族介入调解等，以非诉讼程序终止诉讼。因而在司法程序的过程中，司法官并不拘泥于既有规则的约束，而是始终将司法程序看作是对实体问题解决的一种过程，诉讼程序本身不具有独立的价值，而是附着于实体问题的最终解决之上。在实体问题的解决中，司法官也并不拘泥于判决依据的问题，而是将所有能够解决纠纷的方法都作为可以应用的手段。当然，这种应用并不像清代州县官的随心所欲，而是受到了法律形式的约束，但在规范性的判决书之外，细观诉状、批词、庭审记录，所有诉讼参与主体均是以纠纷的解决为其中心话语，极少有人正确并真心地应用法律。从清代至民国，这种以最有效的纠纷解决而非正当适用法律规则为目标的司法程序仍然存在。

李怀印将这种"与近代西方以合理化和法治程序为基础的正式行政体制对非正式因素和非标准做法的排斥有所不同"的治理模式称之为"实体治理"①，将此论述嫁接到司法模式之中，从清代至民国的中国近代基层民事司法，也许正是在以"纠纷解决"而非法律适用的这样一种实用型司法模式下得以延续的。

清代基层审判当事人诉诸天理人情，希望青天解决"冤抑"，州县便以情理审判，而遇重责的案件，即以"愚民贫民不可遽责以圣贤之道"的理由从轻处置，秉承"不可细拘文法，当有法外之精义"②的理念。民国初年，近代输入西学最力的严复还认

---

① 李怀印：《传统中国的"实体治理"——以获鹿县的田赋征收为例》，载黄宗智、尤陈俊：《从诉讼档案出发：中国的法律、社会与文化》，法律出版社 2009 年版。

② 郑端：《政学录》卷五（"奸情"条），商务印书馆 1936 年版。

为，通晓律法是法官和律师的事，一般"编户齐民，固不必深谙科律。使得舞文相遁，或缘法作奸，以为利己损人之事"。那些"风俗敦庞之国，其民以离法甚远之故，于法律每不分明"。若老百姓成了"锥刀堂争之民，其国恒难治，其民德亦必不厚"①。曾任民国大总统的徐世昌，在《将吏法言》中，倡导地方官不可拘泥于法令，而应尽速平息纠纷结案："今制司法独立，狱讼固非知事专责。特以各省限于经费，各县审检两厅多未完全成立，知事仍多兼理。……今刑律虽新，而各处旧习亦未尽洗涤大约，狱讼办法不能尽同。重大者宜详为研鞫，疑难者宜格外矜慎。至于寻常词讼仍以旧制速讯速结为主。今制又分民事、刑事。……民事内如债务等则又往往以传证不齐彼此翻诉，延而不结，徒为奸宄之利，而贻良善之害，是非良有司之明察善断不为功。总之，早结一案即民减少一分痛苦，又或有拘泥法令致讼者有所忿激，以轻事而化重案，以细故而成巨狱，此又非准酌法意、审习惯、权事理、平情以处之，毋使因结讼而生讼，又不可不知者也。……民间讼事，宜随到随讯，随讯随结，即偶失断不平，民亦不至受无期之累。"他认为"官贤则讼者多，亦惟官贤则讼者少"，因为"贤则求直者相踵而来，无情者闻风而去"，"一县之人只有此数，无情者既不敢讼，而求直者到则必讯，讯则必结，久之则讼无可讼。虽处繁剧之区，亦可鸣琴而治矣"②。居庙堂之高的国家总统对县治尚如此评论，遑论更加在乎所辖区域百姓的安居乐业的地方官员了。

五、自主的界限

灵活并不意味着县级司法官可以想当然地审判，准确地说，

---

① 严复：《"民可使由之不可使知之"讲义（1913）》，载王栻《严复集》，中华书局1986年版，第326~329页。

② 徐世昌：《将吏法言》，文海出版社有限公司1975年版。

近代中国基层民事司法中有的界限依然是存在的，只是并非严格地存在于今日所谓实体法或程序法意义上的律例规定之中，而更多的是法外因素作用的结果。赵娓妮博士曾形象地借用余英时"盘之走丸"一词来描述清代州县婚姻案件的审理。① 此处不妨再将此语推用至民事司法，即虽然审判的灵活度较大，而且其轨迹看似并无规律，却有实际存在的边沿控制着审判的基本范围和走向，或者说审判的灵活性不可能完全脱离原则性而存在。

传统中国的基层司法官并没有经过严格的法律训练，科举虽曾设有明法科，但其重要性远远不及儒家经义，对基层官员审判能力的考察一般都包含在对儒家经义的考试之中。这种背景下，研究法律具体应用的律学也自然成为经学的一个部分，更不可能发展为类似西方法学研究法与正义的独立学科。但也正是如此，儒家经义成为"大经大法"贯彻于官员的知识结构之中。清末变法开启的西方法律文化输入，更多地集中于学界和中央司法部门，现代法学教育机制的建立和现代法学人才的培养并未完全地深入基层司法系统。② 从清末修律至民国六法形成的总计50来年，知识结构未能彻底地更新换代，传统"治道合一"的儒家政治思想仍主动或被动地存留在近代基层司法官的知识结构之中。这既是传统知识结构对司法官自主性的支持，也是对其自主性的约束。传统政治文化中的"为政以德""德教为先"都强调官员要"有所本"，修身、齐家是儒家官员实施政治抱负的前提，在彼时，圣君、贤相、清官的政治理想图景对每一个司法官的内心

---

① 赵娓妮：《晚清知县对婚姻讼案之审断——晚清四川南部县档案与〈樊山政书〉的互考》，载《中国法学》2007年第6期。

② 关于清末民国的法学教育情况，可参见王健：《中国近代的法律教育》，中国政法大学出版社2001年版；关于一个地方性的描述，参见里赞、刘昕杰：《四川法政学校——中国近代法学专门教育的地方实践（1906—1926）》，载《华东政法大学学报》，2009年第1期。

仍有着或多或少的触动。如果将类似"为官一任、造福一方"的思想视为近代基层司法官作为"读书人"的政治信仰,那么这种政治信仰在更高层次指导着司法官的政治和纠纷解决活动,自主的民事审断也自然不得逾越"天理""国法""人情"共同构成的听讼的基本依据。司法官虽不一定在制定法范围内处理纠纷,却不能超出情理的范围,一旦逾矩,其面临的不光是官僚制结构下上级对他的负面评价,更重要的是失去地方社会的支持,而这一支持是基层司法官能够实现其对地方的治理的基础。如果地方社会对其纠纷解决的方式和结果不认同,就必然影响其官誉官威从而对其治理地方产生负面影响。

六、小结

综上,近代中国基层民事审判的"实用型司法",源于传统中国基层官僚型司法官的职责和处境,并以地方官员的全能型权力为基础,以最有效地纠纷解决为目标,以不违背官僚追责和道德操守为限,在远离国家政治权力的基层政府有效地完成着维持地方社会关系的运行和重建熟人社会的人际关系的使命。在近代中国的地方基层司法中,或许这样一种围绕纠纷解决而非法律适用的实用型司法模式,才是从清代到民国甚至到当下的中国基层一以贯之的司法的核心。

主导传统中国的儒家政治文化,实际上也是一种实践智慧[①],在大而化之的理想政治图景之下,它更讲求政治管理的具体成效。其反映到传统中国的法律文化之中,便是纠纷处理的结果和目的远比手段和方法重要得多。借用谢晖教授的论述,这种

---

① 关于儒家文化的实用性或实践性的论述较多,可参见李泽厚:《实用理性与乐感文化》,生活·读书·新知三联书店2005年版;李泽厚:《论语今读》,天津社会科学院出版社2007年版。

实用性的实现具体地体现为，以"情理交融"来实现不可言说的良心判决；借"实用理性"来寻求法律解释的可接受性；通过"妥协意向"追求法律解释中的实践互动。① 因此，在模糊化和工具论的传统中国政治法律术语中寻求中西概念的互通，进而以西方法律术语解释中国传统法文化，势必会出现"橘逾淮而北为枳"的情况。例如，我们以西方的"司法"一词概括传统中国的纠纷审判，所司之"法"却受限于中西之间时间和空间的不同。近代中国（在一定程度上也可指整个帝制中国）的司法之法，远不止于国家成文法律，广而言之，是纠纷解决之法。但凡儒家经典、成文律例、风俗习惯、人情世故，只要有利于纠纷的尽快解决，就是基层司法官运用的对象，而这种司法模式和运行方式，远不是格式化的几页判决书或是官方发布的标准司法模本可以完全展现的。这种司法呈现于从纠纷开始直至纠纷解决的整个过程而不受限于法定的程序。司法官的作用，也不仅体现在判决的文字表面，更体现于整个纠纷的解决过程之中。因此，没有概括的描述，就无法认知中国法律文化的整体特征；而没有细致的描述，也就无法探寻中国法律文化的多元面貌。因此，笔者的学术旨趣在于一方面发掘一些法律文化的细节，包括基于县级司法档案所还原的法律实践的地方性片段②，一方面也希望借由这些片段去描绘抑或是想象一个较为合理的近代法律文化的整体性图景③。法学界应关注中国法律史，特别是近代法律史研究的细致化和连续性。细致化意味着我们研究对象应当进一步面向基层，

---

① 参见谢晖：《中国古典法律解释中的目的智慧——追求法律的实用性》，载《法学论坛》2005年第4期。

② 见里赞、刘昕杰等：《民国基层社会纠纷及其裁断——以新繁档案为依据》，四川大学出版社2009年版。

③ 见刘昕杰：《"中国法的历史"还是"西方法在中国的历史"——中国法律史研究的再思考》，载《社会科学研究》2009年第4期。

面向法律实践的具体形态，运用的研究素材也应当进一步拓展，进一步贴近法律实践的真实面貌。连续性使我们能够在浩繁的个体研究中寻求到法律文化的一些核心价值，这些核心价值支撑着中国近代法律文化在急剧的社会变迁中不至于基因突变，维系着基层社会在渐进性变革中的稳定性。当然，细致化不意味着"无所指"地简单还原历史细节，连续性也不是要忽略各时代的特殊意义。中国法律史特别是近代法律史给予我们的，不仅仅是一种对法律文化的历史溯源，更是理解当下中国的必要背景。就基层民事司法所处的社会结构和其权力设计来看，近代以来的情况并未随着数次革命与改革而发生根本性的改变，而这样一种实用性的司法取向，也在可预见的未来主导着基层民事司法[①]，只有承认这样一种历史的现实，才能够让我们更清晰地去认识、理解乃至改变历史与当下中国在不同程度上存在的以纠纷解决而非法律适用为核心的基层民事司法。

[①] 近年来，法学界和司法实务部门对中国司法改革的认识也发生了变化，从一致倾向于引进国外模式逐渐转变为开始认真思考司法改革中的"中国因素"。如在司法理论上从立论到方法都更注重对中国司法实际状况的进一步认识，在司法实践中推进以"大调解""能动司法"为代表的传统中国纠纷解决机制。

司法档案、史料与中国法律史研究
——以傅斯年"史料学"思想为基本视角的略述

王有粮

（一）

"史料学"为傅斯年所重视。他主张对史料的"来源""先后""价值"乃至"一切花样"进行比较，强调欲得"深切著明"之见，几于每一历史事件均需"用一种特别的手段"。① 在"见诸事实"的意义上，其"史学便是史料学"的著名论断倒也未显绝对。若将史学研究的对象定义为史料，那么史料即是史学的基础，而史料的发现、整理、比较和应用就是史学研究进步的推动力量。近年来，中国法律史的研究也明显受到了"史料学"的影响。从法律制度史的研究视角看，一方面随着史料的不断考订，促成了对某些重要法律典籍的辑佚与复原；② 另一方面，随着对既有主要法律史料"律"文的理解之加深，有学者认为中国法律史研究的史料"不能局限于'律'"。③

---

① 傅斯年：《史料论略》，雷颐点校，载《史学方法导论》，中国人民大学出版社 2004 年版，第 2~3 页。
② 张春海：《高丽律辑佚与复原及其所反映之时代》，载《南京大学法律评论》2010 年秋季卷。
③ 高珣：《"法"的辨析——兼谈中国法律史的研究范畴》，载《东方法学》2008 年第 4 期。

司法档案、史料与中国法律史研究——以傅斯年"史料学"思想为基本视角的略述

也有学者在挖掘、整理和运用法律史料上做出了有益尝试。黄宗智及其领导的学术团队利用以巴县档案为代表的清代档案进行了意义深远的研究。① 上述一大批研究成果的出现,除研究者自己的深刻着力,尚有中国从中央(包括宫藏档案)至地方(巴县、宝坻、淡新以及南部县等)各级司法档案的公开作为时节因缘。这的确为大量国外汉学研究者涉足中国法律史研究提供了条件,也就难怪有学者将之称为"天赐良机"。② 在国内学界,里赞率先运用清代南部县档案展开法律史研究。③ 此外还有学者提出,法律史研究的对象应"不仅仅限于法庭案卷和地方档案等官方文本"④,徐忠明则着眼于对更加丰富多样的法律史料进行挖掘、整理与研究。⑤

既有成果极大地体现了各种法律史料特别是司法档案的整理运用对法律史学研究的推动作用,但也在史料学的意义上引起了相关论争。例如,就中国法律史研究中"史"与"论"的关系

---

① 黄宗智法律史研究的代表作为:《法典、习俗与司法实践:清代与民国的比较》,上海书店出版社 2003 年版,《清代的法律、社会与文化:民法的表达与实践》,上海书店出版社 2001 年版。

② 尤陈俊:《"新法律史"如何可能——美国的中国法律史研究新动向及其启示》,载《开放时代》2008 年第 6 期。

③ 参见里赞:《晚清州县诉讼中的审断问题:侧重四川南部县的实践》,法律出版社 2010 年版。该书系国内第一部系统利用清代南部县档案研究中国法律史的专著。此外其尚有系列论文,如《司法或政务:清代州县诉讼中的审断问题》,《法学研究》2009 年第 6 期;《晚清州县审断中的"社会":基于南部县档案的考察》,《社会科学研究》2008 年第 5 期。

④ 曾代伟:《反思与转向——〈英国庄园生活〉对中国法律史学研究方法的启示》,载《现代法学》2007 年第 5 期。

⑤ 参见徐忠明:《包公故事:一个考察中国法律文化的视角》,中国政法大学出版社 2002 年版;《众声喧哗:明清法律文化的复调叙事》,清华大学出版社 2007 年版。相关论文:《雅俗之间:清代竹枝词的法律文化解读》,《法律科学》2007 年第 1 期;《杨乃武冤案平反的背后:经济、文化、社会资本的分析》(与杜金合作),《法商研究》2006 年第 3 期;《娱乐与讽刺:明清时期民间法律意识的另类叙事——以〈笑林广记〉为中心的考察》,《法制与社会发展》2006 年第 5 期。

问题,曾有学者指出:"法史学者不仅要注重理论探索方面的评论,而且要注重史料引证方面的评论,特别要注意对著者原作史料引证特点的追问。"① 这就是说,法律史研究当重视"史""论"结合,且倾向于以"史料"为基础。然而颇有意思的是,该学者又强调史料引证及其运用的逻辑前提并非基于对"史"的强调,而是直接将法史学定位为"相当于法哲学"。这大致仍是从法学内部视野观照的结果。

虽然对以司法档案为代表的史料加以运用业已成为中国法律史研究的一种学术典范,但法律史学界对史料问题的共识尚在建立之中。除此之外,亦有前辈学者因史料的真伪问题产生了分歧。② 综合看来,史料问题已经成为制约"中国近代法律史"研究的瓶颈。③ 结合学界对司法档案及其他史料的运用,就中国法律史研究中的史料问题进行一个基础性的思考和梳理则尤显必要。傅斯年曾为研究史料提供了"直接"与"间接"、"官家"与"民间"、"本国"与"外国"、"近人"与"远人"、"经意"与"不经意"、"本事"与"旁涉"、"直说"与"隐喻"、"口说"与"著文"等观察视角。④ 今日以之审视司法档案的运用,除了感到上述视角之"深切著明"外,亦有重重兴味。

---

① 刘广安:《法史学评论的范式问题——徐忠明〈思考与批评〉读后》,载《法律史学研究》第一辑,中国法制出版社2004年版。
② 参见田涛:《虚假的材料与结论的虚假——从〈崇德会典〉到〈户部则例〉》,载倪正茂:《批判与重建:中国法律史研究反拨》,法律出版社2002年版,203页以下。
③ 侯欣一:《关于中国近现代法律史史料使用中的几点体会》,载《环球法律评论》2005年第2期。
④ 傅斯年:《史料论略》,雷颐点校,载《史学方法导论》,中国人民大学出版社2009年版,第3~51页。

（二）

从直接与间接的角度看，法律史研究中的司法档案大抵均属直接史料。以司法档案研究法律史、特别是法律运行的具体面相在某种意义上属实证研究，史料对问题的"直接"切中本身就是其有效性的保障。而在傅斯年看来，是否"经中间人手修改或省略或转写"才是判别直接与间接史料的标准。① 此标准原本清晰，但结合法律史研究中的司法档案看，仍有值得注意之处。在司法档案中，有相当比例的内容经代书者、书吏甚至审判者本人"修改或省略或转写"，当事人的真实意图则难免隐没于削足适履的"官样"文书之中。故其对通过司法档案对当事人诉讼心态等问题进行的研究而言又只是间接史料。这些自间接史料得出的结论，大致尚属"做个轮廓，做个界落"的阶段，不能因其"直接"源自司法档案就简单断定其当然正确。因为即使"假定中间人并无成见，并无恶意，已可以使这材料全变一番面目；何况人人都免不了他自己时代的精神：即免不了他不自觉而实在深远的改动"②。由此看来，判断法律史料的"直接"与"间接"，既要看史料的来源，亦要兼顾所研究的具体问题。就法律史关心的某些问题而言，有许多史料是间接的，这就要求研究者"不能一概论断，要随时随地地分别着看"。在法律史研究之外，也有因对象的广阔，以及资料搜集中可能遭遇的困难而以司法档案之"镜"观察经济、社会、文化乃至思想等问题的研究③，则更是

---

① 傅斯年：《史料论略》，雷颐点校，载《史学方法导论》，中国人民大学出版社2009年版，第3页。

② 傅斯年：《史料论略》，雷颐点校，载《史学方法导论》，中国人民大学出版社2009年版，第5页。

③ 陈兆肆：《法律视野下的经济变迁和社会冲突：以清代刑科题本为主要分析对象——评〈过失杀人、市场与道德经济〉一书》，载《内蒙古师范大学学报》（哲学社会科学版）2008年第5期。

要注意司法档案作为间接史料的特性。

因司法档案的形成、搜集、整理与保存大都由官方进行,研究者容易将其视为"官家记载",而在运用时亦预设其确实可靠。然而,实际上司法档案所记载的审判过程可被解读为官方与民间共同参与的纠纷解决活动,其中来自民间的因素不可小觑。例如,诉状虽经官代书,但其基本意思特别是实质性诉求大致不会偏离当事人的主观意图;又如,民事法律程序虽是"官家"制定,但若无民间兴告之举,何来司法档案的记载?因而司法档案中的"官家"更多是提供"形式",其"内容"尚需"民间"填充。故将法律史研究中的司法档案视为"官家"与"民间"的共同记载似更合适。傅斯年曾提示说,"官家的记载时而失之讳"而"民间的记载时而失之诬"。① 具体到司法档案的记载而言,审判者对纠纷解决的希求、因其"父母官"身份而产生的某种"教谕"或"作圣"的心态、对地方势力的妥协、对自身仕途的考量乃至对整个官箴文化的习得,和法律规范对审判者形式或实质(柔性或刚性)的制约,大致均属其"讳";而民众的"厌讼""惧讼"或"好讼""缠讼"乃至具体案件中当事人为"打赢官司"而采取的种种谋略或手段,亦难逃"诬"的嫌疑。前者,尚可以"间接的方法""风闻一二";② 后者,则需要研究者在重述史事的时候在"同情"的基础上认真对待了。

如此看来,司法档案均是"经意"做成。审判者"经意"于纠纷的解决,也"经意"于审断过程中的说理或"教谕";③ 而

---

① 傅斯年:《史料论略》,雷颐点校,载《史学方法导论》,中国人民大学出版社 2009 年版,第 34 页。

② 傅斯年:《史料论略》,雷颐点校,载《史学方法导论》,中国人民大学出版社 2009 年版,第 34 页。

③ 里赞:《司法或政务:清代州县诉讼中的审断问题》,载《法学研究》2009年第 5 期。

当事人则更多"经意"于诉讼目的的实现。然而,司法过程中确有"不经意"的重要处值得注意,民国新繁县司法档案所载离婚案件中就有例证。22岁的夏陈氏状告只有17岁的丈夫夏福廷:希望丈夫不要与自己离婚。审判官邓载坤问夏福廷,"你现在还要她不哟?"夏答道:"家还是想要她,愿意领她回去。"① 在另一起涉嫌家庭暴力的离婚诉讼中,双方和解了案,审判者王鸣阳批"被告既自愿领回和好为初,当以和解宣次志"②,亦用了一个"领"字。在姜吉发离婚案中,审判者王鸣阳就直接问作为被告的丈夫:"你今天愿意将原告领回家吗?"被告答:"愿领她回去。"③ 不同的审判者,前后8年的时间差距,不同的案情,人们却共同使用了"领"字。在民国,"新"制赋予离婚诉讼中双方当事人以平等的主体资格,而"领"字这一"不经意"的习惯表达却抖搂出一个真相:至少司法过程中妇女的主体资格是受到怀疑甚至限制的。

　　曾有研究尝试从"口述史""法律人类学"的意义上解读和研究司法档案,④ 在丰富学术向度的意义上,这对司法档案的整理和研究乃至整个中国法律史的研究都不无裨益。然从口述史的概念的角度分析,似有问题值得注意。我们在口述史史料的选取上,虽不完全排斥档案材料或其他未正式出版的图书资料,但历史事件亲历者于事后之"口说"则更为习见。笔者推测,经过时间对记忆的侵蚀,亲历者多年后的"口述历史"与其在经历事件

---

① "笔录","夏福廷案",民国二十九年,目录号3,案卷号145,新繁县司法处档案,成都市新都区档案馆藏。
② "笔录","周成美案",民国三十七年,目录号3,案卷号140,新繁县司法处档案,成都市新都区档案馆藏。
③ "笔录","姜吉发案",民国三十七年,目录号3,案卷号366,新繁县司法处档案,成都市新都区档案馆藏。
④ 张佩国:《口述史、社会记忆与乡村社会研究——浅谈民事诉讼档案的解读》,载《史学月刊》2004年第12期。

时的所见难免有所差别；更为重要的是，"口述"者描述的"所见"中含藏的"所思所想"则定与事件肇始时大有区别，此种区别既是亲历者随人生阅历的逐渐丰富和对历史事件不断反思而"创造"的，也不排除其是亲历者经年后因"分享光荣"的心理需要而"流露"出的。这正是口述史的特点，亦是其魅力所在。与口述史史料相比，司法档案的情况则有所不同。从档案记载的内容来看，其来源大致可以包含"口说"和"著文"两大类。前者源于审判活动参与者的口说，如庭审对话、辩论等；后者则更多源于审判活动中的程序性、规范性内容，如各种"状""票"，乃至存于档案中的法律文书的格式安排等均在此列。从档案产生的具体过程来看，不仅来源于著文的档案史料有其严格且普通人不能掌握的格式要求，就连来源自口说的记载亦是"经意"而为。而司法档案中"口说者"的"经意"大抵攸关讼争胜败，与口述史史料产生中"创造"和"流露"的情形似有较大差别。此外，口述史史料的采集者与司法档案的研究者也存在一定差别。目前进入学术界视野的司法档案大都早已做成，其格式、内容乃至编排体例不会随法律史研究者的不同而变化。而口述史史料的采集者，却会因其专业素养、知识背景乃至价值关怀影响甚至创造出所采集史料的形式、内容。不仅如此，口述史史料的采集者有相当比例可能会参与同一批史料的研究，法律史研究者却没有机会参与到史料的"创造"过程中，更多是"被动地"运用司法档案。故而在中国法律史研究过程中，笔者大致倾向于在兼顾部分材料"口说"来源之特征的同时，将司法档案视为"著文"的史料。

(三)

在中国法律史研究的理论视野内，严格考量乃至区分作为史料之司法档案的"直接"与"间接"、"官家"与"民间"、"经

司法档案、史料与中国法律史研究——以傅斯年"史料学"思想为基本视角的略述

意"与"不经意"和"口说"与"著文"虽已显复杂,但其经研究者细致耐心的努力确有完善之可能。而若论及司法档案记载中"本国"与"外国"、"近人"与"远人"的关系,因中国法律史研究所涉之价值立场或"史观",已无法使相关学术讨论在纯粹"史料学"的范畴内展开,使问题似乎又复杂许多。

若将 1840 年以降中国社会的变革从表面上或形式上简括为从传统中国到"现代"中国的转型,那么在这个传统文化极其深厚的社会产生"今古之争"的思想现象就不足为奇。然需注意的是,由于从"古"至"今"的社会转型在很大程度上受到"西方"的影响或为以"西方"影响为诱因①,"今古论争"则常带有"中西之辨"的意味。因法律概念大多是在被翻译的意义上被输入或引进中国的,故而在法律史论域内,此种"代换"尤易发生。有研究就指出:"法律近代化的中西冲突已由中国内部与外部(西方)的冲突逐渐演化为中国内部之间中央法律与地方司法的冲突。"② "中央法律"大致是民国政府制定的"现代"法典,而"地方司法"则更多代表了"传统力量"。颇有意思的是,即便主张与外国文化"抱而与之接吻"以"振起吾国文化"的张君劢,③ 亦只将读外国书视为了知国之"旧事"的途径,未有学

---

① 关于解释中国近现代法律转型(乃至社会转型)动因的学术典范,在类型划分的意义上大致有二:将之归于外因,即外来影响的,习惯上称为"冲击—回应"理论;将之归于中国社会内部动力的,被称作"中国中心观"。参见柯文:《在中国发现历史——中国中心观在美国的兴起》,林同奇译,中华书局 2002 年版。就此种类型划分对中国法律史研究的影响及反思,参见刘昕杰:《"中国法的历史"还是"西方法在中国的历史"——中国法律史研究的再思考》,载《社会科学研究》2009 年第 4 期。然而这种理论分野既非本文欲关注之主要话题,亦非影响本文论点的主要因素,故暂采存而不论的办法悬置之。

② 刘昕杰:《民法典如何实现:民国新繁县司法实践中的权利与习惯(1935—1949)》,中国政法大学出版社 2011 年版,第 9 页。

③ 张君劢:《中外思想之沟通》,载《民族复兴之学术基础》,中国人民大学出版社 2006 年版,第 114 页。

"西"以致"今"之意,更遑论将"西"等同于"今"。若在"具了解之同情"的意义上审视,今日所谈之"西"亦并非"铁板一块"。法律史学家伯尔曼就曾慨叹"西方"是一个无法用罗盘定位的概念①,作为中国近代法学最早的标志性人物,梁启超亦有比较明显的"社会进步"思想,降至"五四",社会"进步"的理念更是蔚为大观。但梁启超敏锐地提出,"经济史与文化史不能完全'随政治史的时代'进行分期,而应据各自的'实际情况'具体分析"之见解。②此种见解之于中国法律史研究亦复如是。在观照司法档案及其他史料中的"远人"与"近人"时,不能简单依据时代"远近"判断其"进步"与否。

民国基层司法档案绝大多数出自中国人的手笔,因而将之视为"本国的记载"并无不可。若将问题追溯至何谓"本国"、何谓"外国"时,答案却不甚清晰。近代以来关于"中""西"之间关系的讨论不绝于史,其原因在于外来文化对本国文化的巨大冲击与深刻影响。就中国法学史而言,无论是借传统史学开启中国近代法学的梁启超,还是在一定程度上承袭西方学术传统的陶希圣、瞿同祖,都深受"西学"影响。梁启超虽曾言:"我之法系,其最足以自豪于世界也"③,但他也不得不承认"逮于今日,万国比邻,物竞逾剧,非于内部有整齐严肃之治,万不能一其力以对外。法治主义,为今日救时唯一之主义。立法事业,为今日存国最急之事业"④。不仅是思想,就连法律术语亦由西方辗转

---

① 参见伯尔曼:《法律与革命——西方法律传统的形成》,贺卫方、高鸿钧等铭,夏勇译,中国大百科全书出版社1993年版,第1~3页。
② 刘泽华:《近九十年史学理论要籍提要》,书目文献出版社1991年版,第64页。
③ 梁启超:《梁启超法学文集》,范忠信选,中国政法大学出版社2000年版,第70页。
④ 梁启超:《梁启超法学文集》,范忠信选,中国政法大学出版社2000年版,第71页。

而来。如此一来，本国人记载的民国司法档案，实则是用外国的思想和工具谱就的；且外国的思想和工具尚不一定为如其所是的"本来面目"，而在很大程度上是本国人理解的外国人。傅斯年在讨论本国的记载与外国的记载时说："一个人的自记是断不客观的，一个民族的自记又何尝不然？本国人虽然能见其精要，然而外国人每每能见其纲领。显微镜固要紧，望远镜也要紧。测量精细固应在地面上，而一举得其概要，还是在空中便当些。"① 傅斯年对"本国"与"外国"的这个比喻，并非率性而为，大概与其希望"著史的事业""变做如生物学地质学等一般的事业"② 的初衷一脉相承。然而，中国人学习近代西方法律的过程，又何尝不是一个在"望远镜"中"得其概要"的过程？中国人学到手的乃是"望远镜"眼中的"望远镜"，它能否在本土特别是基层社会发挥"显微镜"的作用，实值得怀疑。民国基层司法档案的实际作者们，在使用这种"洋道具"的时候会否与"土办法"相结合，而在"洋道具"大行其道的时候，"土办法"会不会成为官方记载者之"讳"或民间记载者（或口述者）所行之"诬"，以及他们是如何这样做的，实际上考验着法律史研究者的眼光和素养。笔者并非意欲否认"中""西"交流的可能性，实际上也早有先驱在思想上窥得交流的门径。如严复曾注意到："西文'法'字，于中文有理、礼、法、制四者之异义。"③ 而张君劢也相信，"多通外国语多读外国书，其用途不徒可以多听外事，并可兼通本国旧事"④。在思想上读外国书而"兼通本国旧事"已

---

① 傅斯年：《史料论略》，雷颐点校，载《史学方法导论》，中国人民大学出版社 2009 年版，第 37 页。

② 傅斯年：《史料论略》，雷颐点校，载《史学方法导论》，中国人民大学出版社 2009 年版，第 2 页。

③ 孟德斯鸠：《孟德斯鸠法意》，严复译，商务印书馆 1981 年版，第 2~3 页。

④ 张君劢：《中外思想之沟通》，载《民族复兴之学术基础》，中国人民大学出版社 2006 年版，第 113 页。

属不易,在实践层面上,"中""西"交流在基层社会中、在普罗大众的日常生活中体现出的长期性和曲折性,以及这种长期性和曲折性对民国基层司法档案的形式和内容产生的影响,就更需要强调和注意。

(四)

从《历史语言研究所工作之旨趣》看,傅斯年因想超越中国学术系统而融入西方现代学术系统,而欲将凡可称"学"者视为甚至建成一种"科学",于是其"史料学"将史学的进步寄希望于放弃"人文的手段"。① 但通过上文的回顾不难看出,近世中国虽深受西方近现代学术的影响,却不应该也不可能脱离中国的传统。将"中""西"学术谱系通约为"人文"("诠释")与"实证",亦不免失之简单。

为达致对史料的了解,传统史学强调阅读者"虚其心",大致是研究中的"无我之境",而法律史研究者却必须进入"有我之境"。事实上,为了防止历史的研究成果变成"一堆杂乱无章的原始资料",学术研究有必要"预设和假定"。② 如果将法律史研究的内容简单概括为描述法律史实、评价法律现象两个基本范畴,那么前者意味着"实证"而后者意味着"阐释"。"阐释"或"评价"需要标准,而现代西方法律中自由、秩序、平等、公正等价值标准均是今日法律史研究者的基本依凭。由于"书不尽言,言不尽意",严格意义上能做到"了解"材料作者的主观意图已非易事。罗志田就曾发明杜诗"文章千古事,得失寸心知"之意,意指著文者的"旧心"似需等待千年才能得到真正可以理

---

① 傅斯年:《史料论略》,雷颐点校,载《史学方法导论》,中国人民大学出版社 2009 年版,第 2 页。

② 余英时:《中国思想史研究综述——中国思想史上四次突破》,载《人文·民主·思想》,海豚出版社 2011 年版,第 60~61 页。

解其本意的读者①，足见对史料"实证"研究之难。更为复杂的是，法律史研究尚有其"阐释"或"评价"的一面。仅用近人熟习之西方之法学标准"评价"某一传统"现象"就已颇显困难，遑论用之"评价"中国古人内心的"评价标准"！用康德式的话语设问，即中国法律史研究中的"阐释"如何可能？此外，在现代法律概念下，今人的主观标准往往也并不一致，这让法律史研究显得更具随意性。当然，这并不意味着应对中国法律史研究持虚无主义的观点，但着实向中国法律史研究者提出了更高的要求。余英时说："通过'实证'与'诠释'在不同层次上的交互为用，古人文字的'本意'在多数情况下是可以为后世之人所共见的。"② 笔者以为，"'实证'与'诠释'在不同层次上的交互为用"就意味着在中国法律史研究中使用司法档案或其他史料时，几乎时时处处均有需要"灵活处理"的地方。也难怪有学者指出："中国法律史的史料范围基本上取决于学者研究什么、怎么研究，以及如何理解法律。"③ 难怪庞德也曾注意到，化境中那种既能不悖法律发展之规律，又能为人们的"创造性能力"预留空间的"法律史解释"必须具有如下因素：一为"探寻并调适"法律史料的人，二为被处理的法律史料，三为"他们工作的各种情势"乃至"他们为之工作的各种目的"。④

单从逻辑上讲，"研究对象变了，史料会跟着变"⑤ 本无可

---

① 罗志田：《中国文化的特点与"上下左右读书"》，载罗志田、葛小佳：《东风与西风》，生活·读书·新知三联书店1998年版，第118～119页。
② 余英时：《中国文化的重建》，中信出版社2011年版，第224页。
③ 徐忠明：《关于中国法律史研究的几点省思》，载《现代法学》2001年第1期。
④ 罗斯科·庞德：《法律史解释》，邓正来译，中国法制出版社2002年版，第209页。
⑤ 徐忠明：《关于中国法律史研究的几点省思》，载《现代法学》2001年第1期。

厚非。然在"史料学"的意义上，如何根据研究对象的不同选择史料则是一个关乎研究成败的课题。近世以来各种史料已是汗牛充栋，若研究者预先设定"结论"或"价值追求"，那么几乎围绕每一命题（哪怕是全然矛盾的一对命题）都会获得丰富的史料。如果用如此得来的史料研究问题，恐陷循环论证而不察！这就提醒中国法律史研究者，"预设"或"阐释"似不宜轻易置于通盘搜集、了解史料之前，否则法律史研究的"实证"难与"阐释"互动，司法档案和其他史料的"本意"自不易见。穷尽史料中的"一切花样"原非易事，也难怪傅斯年解嘲并喟叹道："天地间的史事，可以直接证明者较少，而史学家的好事无穷，于是求证不能直接证明的，于是有聪明的考证，笨伯的考证。聪明的考证不必是，而是的考证必不是笨伯的。"①

（五）

在学术史的意义上，学界对以司法档案为代表的法律史料的"价值发现"以及由此引发的论争大致是对过去法律史研究典范的一种矫正②，亦是传统中国"见之于行事"的史学传统的回归③。然而一切"旧"的学术典范都曾是"新"的，当对司法档案的研究已为人常见之后，研究者则应关注此一典范所要求的研究方法以及其后更深远的问题。

傅斯年是近现代中国史学发展过程中"史料学派"的代表人物之一。经由他的分析典范和前文的简述，可以发现中国法律史

---

① 傅斯年：《史料论略》，雷颐点校，载《史学方法导论》，中国人民大学出版社2009年版，第39页。
② 陈景良：《反思法律史研究中的"类型学"方法——中国法律史研究的另一种思路》，载《法商研究》2004第5期。
③ 罗志田：《见之于行事：中国近代史研究的可能走向——兼及史料、理论和表述》，载《近代中国史学十论》，复旦大学出版社2003年版，21页以下。

研究不易似也不可绕开"史观"。在史学特别是中国法律史研究中,单纯强调"史料"或"史观"都难免偏颇。余英时就曾说:"史料学与史观根本是相辅相成,合则双美,离则两伤。"① 故兼美二者才能臻化境。当然,在将司法档案使用于中国法律史研究甫成风气之初,重提傅斯年的史料学及其所倡的对史料的严格拣择、考据和规范性使用无疑更具意义。这是因为,司法档案作为一种研究对象而出场,并不意味完全的"进步"。黄宗智在大量使用司法档案后曾注意到:"法律档案记录为我显示了表象的重要性,但是它也提醒我注意真实的证据和虚假的证据、真相和虚构之间的关键性差异。"② 这确属经验之谈。新的发现和研究,在带来新材料的同时往往也意味着新的研究方法和典范。至于具体运用档案的方法,大致属于"文无定法"之类,只有在长期的整理和研究过程中才能逐渐掌握需得之"法"。

---

① 余英时:《十字路口的中国史学》,李彤译,上海古籍出版社 2004 年版,第 77 页。

② 黄宗智:《学术理论与中国近现代史研究——四个陷阱和一个问题》,载贺照田:《学术思想评论》第五辑,辽宁大学出版社 1999 年版,第 269 页。

下篇

司法或政务：清代州县诉讼中的审断问题

里 赞

近年来，清代州县审断问题逐渐成为中国法律史研究的热点。① 晚清以降凸显的中西文化竞争，不仅使得州县问题的研究在具体的历史阐述上与宏大理论相关，也使原本抽象的法律文化解释在相当程度上增强了实证色彩，对清代州县审断问题的研究也因此获得了超越自身的意义。清代史料相对丰富，尤其是州县档案的发掘和整理，为学界对清代审断的实证研究奠定了坚实的基础，也使既有理论的重新解释成为可能。

早在 20 世纪 40 年代，瞿同祖的《中国法律与中国社会》一书即已论及清代州县的审断问题。② 此后他所写的《清代地方政府》一书则较为全面地阐述了包括司法在内的州县制度。③ 随后，陶希圣的《清代州县衙门刑事审判制度及程序》一书，对清代州县的审断做了生动的系统性描述。④ 20 世纪 80 年代，清代

---

① 在清代文献中，州县官常被简称为州县。为使叙述与引文融为一体，本文使用了这一习惯用法，仅在文义可能产生误解时表述为知县或州县官。

② 瞿同祖：《中国法律与中国社会》，商务印书馆 1947 年版（本文所引用为中华书局 2003 年版）。

③ 瞿同祖：《清代地方政府》，范忠信、晏锋译，何鹏校，法律出版社 2003 年版。该书英文版于 1962 年由哈佛大学出版社出版。

④ 陶希圣：《清代州县衙门刑事审判制度及程序》，食货出版社 1972 年版。陶父曾为晚清州县，故此文也参考了陶希圣儿时的经历。

州县审断问题再度引起国际学术界的关注,其中影响最大的是日本学者滋贺秀三和美国学者黄宗智。滋贺秀三指出,州县审断是"父母官诉讼"①,实质上是一种"教谕式的调解";②而黄宗智认为州县是严格按照清律审断,"他们是以法官而非调停者的身份来行事"③。他们之间的争论到目前为止仍是包括中国学者在内的各方关注的重点,很大程度上主导着法律史学界对清代州县审断问题的认识。

不过,对清代州县审断问题的既存研究成果(包括上述美日学者和多数中国法史学者的研究),都把清代州县审断视为一种司法行为。正是这种把负有地方全权职责的州县官视为法官的定位,才导致法史学界围绕州县诉讼产生了一系列从事实到理论的论争,包括从法源角度争辩审断是否依律以及如何依律等。

然而,这样一种司法定位,以及在此基础上按照现代法律思维来分析清代的州县审断问题,其实已陷入了黄宗智和寺田浩明在论战中都声称应当避免的"西洋中心主义"④。实际上,中国古代对于法这一基本概念的认识,以及法在社会中的地位和作用,都是需要重新思考的问题。作为审断当事人的州县官员的知识背景与此密切相关,而诉讼中告状一方的社会诉求,更是州县审断所因应的直接对象。所有这些,都是必须纳入思考的重要

---

① 滋贺秀三:《中国法文化的考察》,载王亚新、梁治平:《明清时期的民事审判与民间契约》,王亚新、范愉、陈少峰译,法律出版社1998年版,第3页,第13页。

② 滋贺秀三:《清代诉讼制度之民事法源的概括性考察》,载前引王亚新等编书,第21页。

③ 黄宗智:《民事审判与民间调解:清代的表达与实践》,中国社会科学出版社1998年版,第12页。

④ 黄宗智:《中国法律制度的经济史·社会史·文化史研究》,《比较法研究》2000年第1期;寺田浩明、王亚新:《清代民事审判:性质及意义——日美两国学者之间的争论》,载《北大法律评论》第1卷第2辑,法律出版社1999年版。

因素。

放弃先入为主的理论预设，回到历史情境中去思考问题，运用档案材料把当时的具体问题陈述清楚，可以更准确地呈现史事的真相，也是解决上述国际性争议乃至寻求解答清代州县审断问题的必要途径。本文即朝此方向努力，其立足于原始资料进行思考和提出问题，尽量不以现有概念曲解原有概念（甚至原来没有的概念）；主要以保存完整著称的四川南部县清代档案为依据，论证清代州县的审断主要是一项政务行为，而非司法行为及其具体的运作方式。

一、政务与司法的理论界定

政务与司法是两个不同的概念，它们分别与全权全责的体制和分权制衡的体制相联系。西方现代法治主义的理论设计是在体制上为防止国家权力的高度集中而实行分权。在三权分立理论下，不仅立法、司法与行政在权力结构上被有效区分，形成以权制权的制衡机制，而且享有特定权力的国家机关也被赋予以明确的职能分工。在此意义之上，司法机关——法院，发挥着解决社会纠纷的职能。不过，分权机制和法治主义的价值取向在强调组织分工的同时，在制度和价值上实际免除了司法机关的某些社会责任和社会义务。[①]

司法机关的社会责任免除之鲜明表现即"程序正义"超过"实体正义"的理念。而司法人员的职业养成以及执业人员的选拔也日益专业化，其关注点不仅在于提升专业化的知识和技能，而且要塑造专业化的思维和习惯。其履行职务是否适格重在运用

---

① 参见博登海默：《法理学——法律哲学和方法》，张智仁译，上海人民出版社 1992 年版，第 340 页；徐显明：《法理学》，中国政法大学出版社 2007 年版，第 142 页。

法律条文的正确与否,至于法律的适用是否会从根本上平息纠纷以及由此可能会给社会带来的影响,并非司法机关或法官的主要关怀所在。在此前提下,包括律师在内的所谓法律人主要关注的是法律的适用,在司法活动中排除一般社会规范和价值标准(如情理、道德),不仅具有理论和制度完善的意义,而且是顺理成章的事情。

反观包括清代在内的传统中国,既无西方现代意义的国家权力结构,也没有现代的法治体制。州县衙门以及州县官的实际身份和地位,与现代国家的司法机关及法官根本不同。其社会责任和义务不仅没被免除,反而成为州县审断中最重要的关怀。因此,审断是否适用法律便不是首先要考虑的问题。州县的关怀在于实际化解纠纷,其依据往往是多元的(即并非只是律例),并可以采用灵活的方式来达到这一目的,以维护地方的稳定。①

古代中国政治强调的更多是职责而不是权力。从上古的《周礼》开始,中国文献中就很少讲到权力,却对从各级官吏到一般民众的职责规定得不厌其详。而朝廷治理地方的基本政务,主要靠州县官推行和落实。如陶希圣所言:"清代行政系统最高的顶点是全权的君主,最低的基点是全权的州县官。"②

全权可能是后出的观念。在当年,全权至少同时意味着全责,恰表现为州县权与责的全面性。州县是所谓"牧民之官",迄今流行的"父母官"这一俗称,既是州县的自我认知和自我定位,也是他人对州县的认知及对其的社会定位,它直观而典型地

---

① 李怀印将其称为实体治理,并论及其与近代西方合理化和法治程序不同,国家的首要目标是确保社会治安的维持和国家的财政需求得以满足,只要能够满足这些要求,国家就感觉并无必要去干涉地方治理的运作。参见李怀印:《传统中国的实体治理——以获鹿县的天赋征收为例》,黄宗智、尤陈俊:《从诉讼档案出发·中国的法律、社会与文化》,法律出版社2009年版,第203页以下。

② 陶希圣:《清代州县衙门刑事审判制度及程序》,食货出版社1972年版,第23页。

表达出州县承担着教化、保护和扶助百姓的职责。所谓"知县掌一县治理,决讼断辟,劝农赈贫,讨猾除奸,兴养立教。凡贡士、读法、养老、祀神,靡所不综"①。作为治理地方的首脑,州县对其管辖界内的一切事情负有责任,当然也必须维持辖区的秩序。如瞿同祖指出的:"他是法官、税官和一般行政长官。他对邮驿、盐政、保甲、警察、公共工程、仓储、社会福利、教育、宗教和礼仪事务等等都负有责任。"②

法史学界一般称清代地方官的职责是"行政兼理司法"或"行政司法合而为一"。③ 实际上,决讼断狱可能是州县职掌中最为繁重的事务。从现有的一些四川县衙档案的内容看,以当下标准能归入司法类的档案,在整个县衙档案中占有绝对的多数。现存南部县全清档案和巴县清代档案中至少有三分之二可归入司法类,而未归入司法类的,也有相当部分可以归入法律类别。④

清人汪辉祖曾说:"自州县而上,至督抚大吏,为国家布治者,职孔庶矣。然亲民之治,实惟州县,州县而上,皆以整饬州

---

① 《清史稿·职官三》。
② 瞿同祖:《中国法律与中国社会》,中华书局 2003 年版,第 31 页。
③ 清末法制改革时,官方表述中就有"以行政官而兼有司法权"和"州县行政司法混合为一"等语。参见张从容:《晚清官员的司法独立观》,《比较法研究》2003 年第 4 期;吴吉远:《清代地方政府的司法职能研究》,中国社会科学出版社 1998 年版,第 46 页。
④ 四川省南充市档案馆所存南部县档案有目录 23 本,共有 1873 盒,18070 卷。案卷时间从顺治到宣统跨越整个清代,各房档案为:吏房 341 卷、兵房 1250 卷、刑房 2094 卷、户房 4126 卷、工房 4029 卷、礼房 4718 卷、盐房 1512 卷。四川省档案馆存有清代巴县档案 113020 卷,案卷时间从清乾隆元年到宣统三年共七朝 175 年历史。其中司法档案有 99601 卷,分总类 487 卷、其他 9503 卷、地租 8775 卷、租佃 2942 卷、家庭 1639 卷、房屋 1551 卷、继承 517 卷、命案 5221 卷、凶殴 7535 卷、盗窃 16035 卷、欺诈 12659 卷、赌博 1286 卷、妇女 6516 卷、商贸 4897 卷、水运 247 卷、工矿 594 卷、烟泥 492 卷、移关 7728 卷、契税 589 卷、宗教 332 卷。

县之治为治而已。"① 换言之，中央到省的职责大体不过是"治官"，真正"治民"的是州县一级。而州县的治理责任也相当的节制收敛，很多具体事务又实际委诸地方士绅。实际上，由于古代自上而下的管理取向是"无为而无不为"②，老百姓和官府最直接的接触，主要也是诉讼。

简言之，州县是统管一方的牧民之官，其审断职责不过是其全权或全责的一个方面。县衙不同于现代意义上的法院，州县也不同于现代意义上的法官。这种不同不仅仅是概念和内容的不同，而且也决定其审断的价值取向的不同。由于州县的职责集中体现在对地方社会稳定的维护上，因此，州县的所有作为，包括审断行为，都应当看作是其对地方治理所采取的行动。

二、不以司法为重点的州县知识背景

将州县的审断不视为司法而视为政务，可从州县的出身和知识背景方面去判断。清代的州县来源主要有两个途径：通过科举考试的正途和通过捐纳等异途。"定制，由科甲及恩、拔、副、岁、优贡生、荫生出身者为正途，余为异途。"③ 简言之，科举出身者为正途，其余异途之中，捐纳在当时和后来都颇受诟病。实际上捐纳所获更多是虚衔，通过此途径任实职者不多，任州县的比例远没有想象中那么大。

根据瞿同祖的统计，在清代知县中，有正式功名者的数量远远大于捐官者，"1745 年是 74.4∶16.5%；1850 年是 69.5∶

---

① 汪辉祖：《学治臆说·自序》，载官箴书集成编纂委员会：《官箴书集成》第5册，黄山书社1997年版，第267页。
② 参见罗志田：《中国文化体系之中的传统政治统治》，《战略与管理》1996年第3期。
③ 《清史稿·选举五》。

19.4％"①。在李国祁等人的研究中,清代知县中正途出身的比例在60％～80％间徘徊,多数时候维持在75％以上的高位;而捐官者则在17％～36％间徘徊,多数时间与瞿同祖的统计数接近,然亦时有更高的比例。②而从四川南部县历任知县情况看,正途出身的比例略高于上述两项研究的统计,超过了80％,其中进士和举人占三分之二。③

州县既然多自科举出,而科举以识拔通才为目的,并不以律例为考试内容④,这样的目标和追求意味着科举考试不那么重视各类专业知识,包括法律知识。道光十五年,御史易镜清奏三场试策请改用律例,就遭到礼部的反对。理由是:"国家设科取士,责以报称者甚多,不独在理刑一端。若于进身之始,先责以名法之学,无论剿说雷同,无裨实用;即真心讲贯者,亦必荒其本业,旁及专家。"⑤重要的是这会造成"以法律为诗书"的后果,给"揣摩求合之士"以"因缘为奸"的可能,导致士习不端,所以不能采纳。

可以说,整个科举考试及教育体制,都以儒家经典为核心内容。通过科举考试选拔出来的士子,其知识结构的主要部分是一些人文经典知识,并不具备法律方面的技术知识。章太炎所谓"律者,在官之人所当共知,不必以之教士",代表了很多人的看

---

① 瞿同祖:《中国法律与中国社会》,中华书局2003年版,第39页。
② 参详李国祁、周天生、许弘义:《清代基层地方官人事嬗递现象之量化分析》,第一册,台湾科学委员会1975年印行,第26页。
③ 根据《道光南部县志》(徐畅达等撰,王瑞庆等修,道光二十九年刻本)和《南部县志》(四川省南部县志编纂委员会编纂,四川人民出版社1994年版)所列清代南部县历任知县情况统计。
④ 康熙四十年制定的命题规则明确提出:"议准五经取士,务得通才。"乾隆皇帝也曾说过类似的话。均见《钦定大清会典事例》(嘉庆朝)卷266,《礼部·贡举》。
⑤ 《清实录·宣宗实录》(五)卷276,道光十五年十二月辛未。

法。① 在这种社会背景下，即使那些以"异途"得官者，也不致远离科举制度下的教育环境，而与通过正途入仕的官员有着大致相似的知识结构。这些人基本要到入仕以后，才通过教育体制外的途径逐渐获得多少不等的法律知识和相关技能。②

以今日的眼光来看，州县的这种知识背景显然难以胜任其繁重的决讼断狱职责。然而在当时，这样的文化训练足以使其通过考试获得朝廷对其治理能力的信任，也非常符合其负有全责的"牧民之官"的社会定位。因此，尽管律例明文规定"依律断案"，州县在审断实践中仍不时不严格依律而断，而是援引情理为依据，以贯彻经义体现的道，实现其"道统"高于"治统"的政治理念。在这方面，不同出身的州县可见明显不同的表现。某种程度上，越是正途出身的州县，断案时越敢疏离于律例③；而所谓"捐班知县"反倒表现出循规蹈矩式的谨慎，很少逾越律例。

由于未曾受过系统的听讼断狱方面的训练，在涉及案件实质的分析和裁断时，州县往往表现出把握法理甚于固守法条的倾

---

① 章太炎：《国学讲演录》，华东师范大学出版社1995年版，第47页。
② 如雍正三年的《御制大清律集解序略》即要求"凡士之注名吏部，将膺民社之责者，讲明有素，则临民治事不假于幕客书吏，而判决有余"。《钦颁州县事宜》也专列"读律"一条，强调即使聘有熟谙律例的幕宾，州县仍须自己读律，才不算尸位素餐。两皆转引自张小也的《儒者之刑名——清代地方官员与法律教育》一文，载《法律史学研究》第1辑，参见汪辉祖：《学治说赘》，"律例不可不读"条，《官箴书集成》第5册，黄山书社1997年版，第311页；张集馨：《道咸宦海见闻录》，中华书局1981年版，第42页。
③ 如清代以能员著称的樊增祥，其所著《樊山政书》（宣统庚戌刊本）中选出的判例，大多逾越律例条规，凸显出官员自身断案的主体性。另参见前引陶希圣书，第50页；蔡申之：《清代州县四种》，文史哲出版社1975年版，第76页以下。

向,其考虑地方治理的现实需求,更胜过注重律例的严格适用。① 在词状的受理、案情的问询、文书的制作等具体诉讼流程中,州县基本依靠具有专门技艺的刑名幕友来处理应对。然而作为负责一方全面事务的父母官,即使在审断程序上,州县也展现出开放灵活的特点。

三、开放灵活的审断程序

过去很多学者都依据清人刘衡在"理讼十条"中所说的"状不轻准,准则必审。审则断,不许和息"这一描述来说明清代州县审断的过程。② 但南部县档案反映的情形则相当不同。虽然各种不同的成立制度对州县的审断有所规定,但这些规定并未形成一套严格的制度体系。③ 负有地方治理全责的州县,在案件审理时虽有规可循,但在具体的办案过程中则并非一丝不苟地照章办事,而是依照其个人对案件的判断和理解便宜行事。如同州县全权处理其他政务一样,州县在处理案件时同样有着极大的自主权。

根据南部县档案所反映出来的情况,州县的审断过程可以简单地概括为:告则理,理不一定准;准则审,审不一定断。

所谓"理",是指州县衙门对告诉人词状的接受,即接受状纸的行为。这和现代司法制度中的受理有很大区别,现在所谓受

---

① 汪辉祖曾区分官与幕在断案时的差别,即"幕据理法"而"官兼情势"。前者即《牧令书》所谓"公式之刑名",其"有章可守,按法考律";后者则是"儒者之刑名",必"准情酌理,辨别疑难,通乎法外之意"。两皆转引自张小也的《儒者之刑名——清代地方官员与法律教育》一文中,载《法律史学研究》第1辑。

② 刘衡:《州县须知一卷附居官一卷·理讼十条》,《官箴书集成》第6册,黄山书社1997年版,第109页以下。

③ 关于清代州县审断制度的体系,参见前引陶希圣书,第29页以下;那思陆:《清代州县衙门审判制度》,范忠信、尤陈俊译,中国政法大学出版社2006年版,第39页以下。

理是指案件将进入下一步的审理程序,而清代州县接受词讼即为"理",只有当州县通过批词"准"之后,案件才能进入下一步的审断过程。"告则理"更多表现出对下辖子民所有诉求都予以关怀的父母官形象。

但作为地方的父母官,州县的政务繁杂,不可能对每一个案件都进行审理。迫于"告则理"的要求,州县往往收下诉状后通过迅速浏览案情,判断出哪些案件应当进入下一步的审理程序,哪些案件没有必要进行审断;前者在诉状上批"准",后者批"不准"。在具体个案中,州县有时还会针对案情,说明准或不准的理由。若当事人对"不准"的处理不服,可以在满足州县批词所述的程序性要件后重新告诉,或者通过反复呈控取得州县的重视,以获批准。

由于清律未对州县批词进行具体的规范,所以虽有所谓"不准十四条"①,但这些规则未对州县进行严格的约束,州县是否直接批示"不准",仍有相当程度的伸缩余地。州县直接批示"不准",多针对当事人"捏词妄告"或系当事人滋讼等情形。从南部县档案看,如同治十二年批何均朝等案:"显系撞索不遂,捏词妄告。不准。"② 道光十四年批杨廷仪等案:"事外之人具控,疑告者图索,不准。"③ 咸丰十一年批宋汪氏案:"夫为妻纲,应即找回严加管教,毋得率行存案。不准。"光绪十年批汪

---

① 南部县清代档案的状式中列有"不准十四条",从告状的事由、书写方式、被告和干证的人数到证据的提供等方面做出了具体的规定。此类状式可见诸大量案卷中,例如《为藐断霸撤恳查唤追事赖文喜、吴茂学、谢得升》告状状式,光绪六年二月二十二日,目录号8,案卷号81,南部县正堂清全宗档案,四川省南充市档案馆(以下再引此档案时,为免烦冗,略去档案馆名)。
② 《为具告黄玉昆子拐遗妻被获事》,同治十二年,目录号6,案卷号397,南部县正堂清全宗档案。
③ 《为具告杨先贵等无故休卖民妻事》,道光十四年,目录号4,案卷号276,南部县正堂清全宗档案。

何氏案："咎由自取。不准。"① 光绪十九年批宋三鼎案："词与档案不合，实属刁健。不准。"②

对于有些告诉，州县虽未直接批示不准，却以息讼等类似用语终止案件的进一步发展。如光绪五年，批罗正坤案："毋庸复讼滋累。"③ 光绪十一年批杨邦遂等案："着凭两族邻证妥理寻归诫束，息事勿讼。"④ 光绪二十六年批王永铺案："农忙期内，非控买卖之时。应各凭理成交，毋庸砌词捏伤兴讼。"⑤

此外，知县对案件准与不准的态度和判断并非一成不变。在南部县档案中，先告不准而再告即准的情况时有发生。如光绪元年批敬冯氏案："毋以买卖滋讼，致受讼累。不准。"其坚持再告时，知县却改批"姑准唤讯"⑥。可见，准与不准、不准后是否再准，要看案件发展的具体情形或当事人的态度，以及州县的拿捏，似无一定之规。另外，州县也可能基于对当事人品质的判断，同意本不应获准的案件进入审理程序。如光绪三十四年批谯氏案："邓友漠既非好人，该氏即不应开门揭盗。现因反目，来案控诉，本难准理。惟访闻邓友漠确系莠民，姑准唤案讯究。"⑦ 似乎可以看出，总体而言，不准的案件在整个州县所受理的案件

---

① 《为汪氏免逃粮家事》，光绪十年，目录号5，案卷号210，南部县正堂清全宗档案。

② 《为具告汪大才等吊拷凶殴撞许钱文事》，光绪十九年，目录号8，案卷号1033，南部县正堂清全宗档案。

③ 《为具告罗天禄积欠当钱又卡掯不买卖事》，光绪五年，目录号7，案卷号784，南部县正堂清全宗档案。

④ 《为具告石朝祥女等与民子婚配在先嗣后嫌民家贫子幼唆伊女抗教逆姑久住娘家事》，光绪十一年，目录号9，案卷号243，南部县正堂清全宗档案。

⑤ 《为具告宋保元买田地乘驳捎殴窥抗贿压事》，光绪二十六年，目录号15，案卷号460，南部县正堂清全宗档案。

⑥ 《为具诉敬冯氏等买房铺元染唆恃妄控事》，光绪元年，目录号7，案卷号159，南部县正堂清全宗档案。

⑦ 《为具告邓友漠套谋家产逞霸凶殴事》，光绪三十四年，目录号18，案卷号1321，南部县正堂清全宗档案。

中是少部分,且如果当事人一再告诉,州县的态度也可能从不准到准,最终进入审理程序。

但审理也不一定表示州县要最终做出裁断。南部县档案反映出来的情况是,许多案件进入了正式审理程序,但最终并未以判词的方式正式结案。这些大量没有判词的案件,除了档案本身不完整的原因,其中一部分是由于州县对案件进行调解息讼,最终以批词结案;另一部分则可能是州县劝谕两造和息,或通过族人乡邻等社会力量介入等方式了结案件,故而其未进入官方记录。需要指出的是,州县的"批词"与"判词",分别代表着审理程序的不同阶段,需要加以注意并区分对待。

整体而言,在审断过程中,州县并不以是否完成整个审断程序或给出判决结果作为首要考虑,而是以解决纠纷为审断的目标。涉诉双方如果能够终结纠纷,只要不是涉及重情、人伦等大是大非问题,州县不会太在意以何种方式或何种理由结案。州县不会像现代司法人员那样强调程序,而可能为追求化解纠纷而"不择程序"。因此,在整个审断过程中,没有现代司法意义上的严密的程序性规则,更不会为了程序性的价值追求而牺牲实体问题的解决。这才是清代州县审断的真实过程。

四、平息纠纷而非适用法律的审断取向

传统中国州县平息纠纷的审断取向,是一个需要专门讨论的问题。但不管采用何种取向,其首要目的皆在维护所辖区内的社会稳定,其所有作为,包括审断行为,都应当看作是其对地方全权治理所采取的行动。州县审断时考虑的主要不是援用律例还是情理,他们关注的是如何以最便捷、最有效也最能为当事人接受的方式了结纠纷。究竟是否严格依照当时的律例来审断纠纷,并不是州县的主要关怀所在。只要有利于个案的处理并说服两造接受审断结果,州县就会采用他认为最合理或最适当的依据和方法

来审断纠纷。这样,前述滋贺秀三和黄宗智等人围绕州县审断案件的是否依律的争论,就显得不那么重要了。

黄宗智曾按照土地、债务、婚姻、继承等分类在巴县等地基层司法档案中分别选取了若干案例进行分析。他认为"没有一件是依据法律外的原则判决的",故"清代审判制度是根据法律而频繁地并且有规则地处理民事纠纷的"①。笔者搜集了四川南部县档案中113个有明确判词的案件②,其中仅三案的判词能够在《大清律例》中找到明确的依据,此外的案件均未严格依《大清律例》裁断。③从这些案件看,州县在审断纠纷时并未以《大清律例》作为首要的考虑,而常囿于地方习俗和人伦亲情,考虑更多的是律例之外的因素。

---

① 黄宗智:《民事审判与民间调解:清代的表达与实践》,中国社会科学出版社1998年版,第96、107页。

② 限于篇幅,这里仅简单列出这一百余案例的档案目录号和案卷号(形式为:目录号—案卷号),分别是:6-352,6-352,6-356,6-359,7-21,7-45,7-101,7-227,7-228,7-840,8-970,9-34,9-35,9-47,9-51,9-64,9-118,9-171,9-194,9-195,9-245,9-248,9-322,9-332,9-340,9-351,9-359,9-368,9-411,9-420,9-432,9-447,9-455,9-505,9-544,9-686,9-616,9-651,9-655,9-660,9-666,9-677,9-683,9-707,9-727,9-751,9-755;9-758,9-760,9-761,9-764,9-765,9-774,9-782,9-787,9791,9793,9-861,9-900,9-936,9-945,9-930,11-46,11-31,11-197,11-201,11-885,11-889,12-283,12-288,12-295,12-301,12-929,12-936,12-939,12-944,12-957,12-958,12-963,13-366,13-463,13-971,13-973,13-976,13-979,13-983,14-435,14-440,14-449,14-453,14-869,14-873,15-80,15-144,16-126,16-410,16-954,16-958,17-412,18-132,18-159,18-231,17-581,17-600,17-896,18-27,18-28,18-227,18-229,18-246,18-356,18-1384,20-103,20-106。以下涉及判词的讨论,除特殊注明者外,也都据此一百余有明确判词的案卷。

③ 这三件案件分别是12-939,13-979,16-954,此三案都属于婚姻类案件。未依律的案件,部分是在《大清律例》中未找到明确依据的,主要是田土、钱债类案件;另一部分是明显违反《大清律例》的规定进行的审断,主要是婚姻、继承类案件。

首先，清代地方的习惯对州县审断有着很强的影响。习惯影响审断的这一基本论断早已为学界公认。① 事实上，地方习惯发挥作用并不局限于律例留白之处，还可以让州县在律例有明文规范的情况下"违律"而断。南部县案例中，转房类的案件就凸显出地方习惯对州县审断所具有的类似影响和约束。转房即兄弟之间若有身故，则生者可娶兄嫂或弟媳为妻。此习惯在明清时期的川陕两省极盛。对此行为，律例明文禁止②，而南部县衙也多次张贴晓谕严禁转房③。虽然官方反复强调要按律例惩办转房"恶俗"，但在已知南部县知县的审断中，无一例外都以不同方式违背了律例和自己的文告，对转房案件进行了从轻处理。④

案例一：张杨氏曾抱夫家胞侄张安孝承嗣，并为其娶妻王氏。后张安孝亡故，张杨氏再抱张安幸的堂兄张安平承嗣，继与王氏婚配。光绪二十一年四月南部县知县堂谕结案："张杨氏既抱张安平承嗣，不应与伊寡媳王氏成配。况张安平兄霸弟妇，实属乱伦颠配，大干例禁，即予笞责，以做其非。"而张家各亲属，"不惟不劝阻，胆敢从中作媒，于例不合"，"本应照律究办，姑念乡愚无知，均免深究"。实际处理不过取消张安平的抱养资格，让张杨氏"另选昭穆相应之人承嗣"，而"王氏听其另嫁，免生

---

① 对于习惯及习惯法的研究，参见谢晖：《民间法》（第1—7卷），山东人民出版社2001—2008年。
② 这在《大清律例》中定为"亲属相奸"，犯者处重至绞刑的处罚。
③ 如光绪九年，南部县衙就曾明示严禁转房，见《为具禀请示禁同姓名为婚以正伦常事》，光绪九年，目录号8，案卷号832，南部县正堂清全宗档案；光绪十三年，四川省总督和按察使亦曾札开省内各属禁止"转房"习俗，目录号9，案卷号952；宣统元年，南部县知县再次晓谕民间，强调转房恶俗是要办死罪的，宣统元年，目录号20，案卷号1007。
④ 有学者考察，南部县自道光二年至光绪三十四年的二十一宗涉及转房的案件均未依律而断。参见赵娓妮：《晚清知县对婚姻讼案之审断——晚清四川南部县档案与〈樊山政书〉的互考》，载《中国法学》2007年第6期。

事端"。①

案例二：马应龙儿子身故，留妻李氏，同族堂侄马维刚凭媒说娶李氏为婚。经知县审断，判道："同族转房，卖者买者均应有罪。姑念乡愚无知，饬令马维刚仍照中议，敷补应龙老衣钱四串。余概免究，各结完案。"②

上述两案若要依律而断，当事人都要判处重至极刑的惩罚，但州县往往以"姑念乡愚无知"为由，给予较轻的笞责处罚，这显然违反了律例的规定。如果从司法的角度看，不严格适用法律的州县是不合格的法官，甚至破坏了国家法律的统一性。但若将案件的审断作为其治理地方事务的一个部分，州县就要考虑到审断结果在当地百姓中的可接受性。国法高高在上，习惯却近在身边；律例对基层社会的影响并不确定，习惯却常存于百姓之中。州县的"父母官"定位，使其主动选择违律而断，这在一定程度上等于其默认了已深植于老百姓生活中的习俗。

其次，同样因为"父母官"的定位，从轻处断的关怀往往充斥州县的审断过程。南部县档案的判词中，经常出现"例应分别责惩枷号，姑从宽免"；③ "姑着从宽亦着从宽不办"；④ "本应照例究办，姑念乡愚，宽免深究"；⑤ "姑念愚妇无知，免其探究"⑥

---

① 《为具诉杨通金等套娶遗媳借撞伙诬事》，光绪二十一年，目录号 12，档案号 963，南部县正堂清全宗档案。
② 《为差唤马应龙具告马维刚等霸配子媳行凶案内人证赴县候讯事》，光绪二十五年，目录号 15，档案号 144，南部县正堂清全宗档案。
③ 《为问询陈文星具告陈玉俸等串卖生妻事》，咸丰四年，目录号 5，案卷号 154，南部县正堂清全宗档案。
④ 《为具告赵治邦等纠众凶殴恃横叠搕事》，宣统元年，目录号 20，案卷号 991，南部县正堂清全宗档案。
⑤ 《为具诉杨通金等套娶遗媳借撞伙诬事》，光绪二十一年，目录号 12，案卷号 936，南部县正堂清全宗档案。
⑥ 《为具告李含贵乘死悔卖估还井房事》，光绪二十四年，目录号 14，案卷号 433，南部县正堂清全宗档案。

等语。以上仅举数例,根据南部县档案中 100 余个有明确判词的案件看,判词中使用频率最高的就是"本应""姑念""免究""宽免"这些法外施恩的语言。

  从现代司法角度看,州县在判词中大量使用这类语言,是法官的个人感情因素影响到法律的适用的体现;但作为一县子民的父母官,其慈母严父、德主刑辅的角色正要通过个案的审理来体现。由于处理的是地方政务,几乎在所有不涉及"重情"的判词中,州县都表现出其爱民、怜民、宽民的态度;虽对两造处以刑罚,但仍心存悲悯教化之意。"本应依律"之说,显示出律例更多成为州县说服告诉人接受审断结果的工具,故律例常常是选择性地出现于审断之中。与其说审断是为了适用律例,不如说是为了了结审断而援引律例。

  最后,在某些案件中,当事人虽未触犯律例,州县可能会因为其行为不符合礼法而从重处理。如陈黄氏改嫁后夫死再行改嫁一案。改嫁本为律例所不禁,但南部知县在审断时,认为陈黄氏"年逾六旬有余,夫故再醮,实为不顾名义已极","着将陈黄氏荆责示惩",并命"以后陈黄氏不准再行妄滋事端"①。判词中州县对其行为的厌恶显而易见,原因不在于其行为违背了律例,而在于其行为已经冲击到了州县认知中的社会道德底线。

  在《大清律例》涉及私人关系的规范中,婚姻类的规范相对详尽,依律而断的压力最大,故此类案件中州县不依律而断就有着更为典型的代表性。而许多民众呈递到官府的案件,并无明确的律例条文与之对应,州县在审理这些案件时也没有明确的律例可以严格依照。对这类案件的处理,占据着州县日常审断工作的

---

  ① 《为具告侯大友等逼嫁押搭钱文事》,光绪三十五年,目录号 14,案卷号 453,南部县正堂清全宗档案。

主要部分。① 在档案中无法找到判词而以批词或其他方式结案的案件，大都属于这种情况。即使在有明确判词的案件中，此类情况也不少见。假如审断本身无律可依②，则州县对大量的案件未曾依律而断，也应算是一个正确的选择。

樊增祥曾说："州县终年听讼，其按律例详办之案，至多不过十余起。"③ 这话已为多人引用。樊氏长期担任州县官员，既是当事人，也是观察者，其本人经验和观察虽未必精确，大体上仍可表明"按律例详办之案"不多（通常属"重情"者就不能疏离于律例条文太远）。当然，即使对于执行政务者而言，审断也不能不依律，但依法审断不是州县的第一考虑。同时，告状者和百姓的诉求原也不一定在此。

五、申冤而非维权的社会诉求与审断的针对性

清代社会乃至中国古代社会并非所谓法治的社会，律例自然也未必构成人们日常的行为准则。而且，律例不纳入科考内容，一些为官的读书人也只能依靠刑名佐杂处理案件。官员既不必要依律审断，一般老百姓更未必依法生活——他们的日常生活中恐怕没有多少所谓的"法律意识"。传统中国社会不特别强调法在治理中的作用，很多时候也不像现代社会那样主张"普及"法律

---

① 学界对基层社会纠纷的既往研究中，多强调绅首邻保等社会力量的调处功能，以及百姓多厌讼而不愿赴衙告状。南部县档案却反映出，清代基层社会的民众常因琐细纠纷而诉至衙门。详情参见里赞：《晚清州县审断中的"社会"：基于南部县档案的考察》，载《社会科学研究》2008 年第 5 期。

② 清律乃至中国传统法典、律例多采取对违法事例逐一罗列的方式，按照对各种情况的"行为处罚"形式进行规定，而不像西方法律那样给出原则性的概括规定。法律规则是有限的，而社会生活则总是超越立法预期的，发生于百姓日常生活中大量鸡毛蒜皮的琐细纠纷无法纳入律例之中，是此种"无律可依"状况发生的原因之一。

③ 《樊山政书·批拣选知县马象雍等禀》卷 20，宣统庚戌刊本。

知识。从孔子说出"听讼,吾犹人也,必也使无讼乎"以来,以"无讼"为目标的儒家,向来不那么强调法条的存在。① 章太炎曾指出,上古涉"刑"条文号称数千条,"当时必著简册,然孔子不编入六经,至今无只字之遗"。他显然观察到孔子是有意淡化法律条文的存在。其实不止孔子,类似观念其他人也有。春秋时郑国大臣子产将法律条文铸在金属器上向社会公布,史称"铸刑书"。晋国的叔向写信给子产说:"先王议事以制,不为刑辟,惧民之有争心也。"② 按照叔向的想法,法律不能没有,但更成功的是让一般人忘掉法律的存在。有成法而不公布,即不强调其存在,是不希望助长一般人的"争心"。晚清律法专家沈家本注意到,《路史》论神农氏之治,以为治民不能弃法,"法诚立矣,然刑罚不施于人而俗善。是神农时非无制令,特设而不用耳"③。《路史》是晚出之书,但其说法条基本"设而不用",大致符合上述先秦的基本精神。直到民国初年,近代引入西学最力的严复还认为,通晓律法是法官和律师的事,一般"编户齐民,固不必深谙科律。使得舞文相遁,或缘法作奸,以为利己损人之事"。那些"风俗敦庞之国,其民以离法甚远之故,于法律每不分明",若老百姓成了"锥刀堂争之民,其国恒难治,其民德亦必不厚"④。民众法律知识多了就可能"缘法作奸",与前引礼部认为科举考律例可能使一些读书人"因缘为奸"是同一个思路;其基本仍是在复述叔向的立意,也可见类似观念在中国社会的确是源远流长。

正因此,老百姓不知律法成为相对普遍而持续的现象。清代

---

① 语出《论语・颜渊》,而《大戴礼记・礼察》申论这一"无讼"意旨颇详。
② 《左传・昭公六年》。
③ 沈家本:《历代刑法考・律令一》,"黄帝李法条"。
④ 严复:《"民可使由之不可使知之"讲义》(1913年),载王栻:《严复集》第2册,中华书局1986年版,第326页以下。

顺治、康熙年间的郑端在论及民间实际存在的"兄收弟妻，弟收兄嫂"等转房习俗时说，这类行为"于法合死，愚民皆不知也"。论其根源，乃是"上无教化，则下无见闻"。不知者不宜罪，故当"先将律法遍晓愚民，有改正离异者，免究；勿听诘告之言，轻成大狱"①。

针对百姓对律法的无知，另一取向是通过宣示律令来达到"息讼"的目的。如雍正帝为《大清律》所作序文即说："先王立法定制，将以明示朝野，俾官习之而能断，民知之而不犯。"他强调，不仅在位之官对《大清律》要"精思熟习"，就是那些候补官员也当"讲明有素，则临民治事，不假手幕客青吏而判决有余"。同时，各州县还要仿《周礼》读法之制，"时为解说，令父老子弟递相告戒，知畏法而重自爱"。如此则"听断明于上，牒讼息于下，风俗可正，礼让可兴"，最终达到"息争化俗"而使刑罚搁置不用的目的。②

与叔向之言比较，这段话显然是有反其道而行之的意思。但雍正帝如此强调读律的必要性，恰表明当时在位和候补的官员对修习《大清律》尚未形成习惯；要让这样的地方官对民众"时为解说"，显然更困难。前述南部县衙多次张贴晓谕严禁转房，或许就是贯彻这一精神的有意努力。但对于识字不多的百姓来说，晓谕的作用恐怕有限。实际情形远没有达到"民知之而不犯"的程度，所以州县才像上文所述那样多对转房从轻处理。

有意思的是，南部知县史九龙也曾以晓谕的形式劝导民众息讼，并以刑罚相威胁。他说，很多诉讼都是因"讼师教唆"而起，最后导致"废业失时，甚至倾家破产"。他要县属民众知悉：

---

① 郑端：《政学录》，转引自瞿同祖：《中国法律与中国社会》，中华书局2003年版，第106页。
② 《大清律例》序。

"健讼法所必惩,诬告律应加等。如人直而我曲,亦可凭情理论;切勿听唆妄告,卒致身蹈刑章。倘再执迷不悟,一经查访得实,如轻事告诬,笞杖立加;重事审虚,反坐即至。"①

史九龙的晓谕表明当时的老百姓并不了解"健讼法所必惩,诬告律应加等",与前述"愚民"不知转房"于法合死"是同类现象。在这样的社会背景下,告状者本身具有多少"法律知识"虽然很难判断,但其对律例并不熟悉是可以肯定的。很多时候,诉讼的产生恐怕不一定是因为被告方违法,而可能是因为其违背了作为常规的社会伦理;而告诉一方也多是感觉自己受到不公正的对待,才希望通过官府来评理。简言之,告状者主要是想要"申冤",而不是"维权",社会对官府的期待亦同。

因此,州县在实际审断中并不严格依律而断,也是由当时的社会特点决定的。在社会并非"依法"运行的情况下,人们对律例一类的法条就不会有普遍性的认知,律例也就难以成为人们日常生活的行为准则。在清代,人们的生活和行为往往建立在一种对约束自我和他人的道德与习俗的共识之上,而不是以律例规则表现的合法性作为标准。当老百姓对官府的诉求并不是"依法维护合法权利"而是"讲理"时,与之对应的州县审断也就不可能仅靠引用律例来达到平息双方争执的目的,作为"父母官"的州县始终要考虑地方社会的反响。②

通过诉讼两造以及相关人的词状考察州县诉讼中涉案人员的诉求,并投射到更为广泛的民间老百姓对州县审断的态度中,对

---

① 《史久龙颁布晓谕》,目录号 18,案卷号 311,南部县正堂清全宗档案。
② 寺田浩明已经注意到:"所谓听讼,被理解为就是受理为冤抑所苦的民众之诉、惩治欺压良善之辈、为民申冤,从而实现社会中'向隅之人'的理想的作业。"其间作为诉讼之直接主题而提出的,与其说是自己利益的正当性,不如说是对方的不当行为或蛮横无理的态度。故"实际上左右着审判结果的判断妥当与否的基准,在多数情况下也同样是从当事人所在的社会中汲取而来的"。见寺田浩明:《关于清代的民事法》,载《学人》第 15 辑,江苏文艺出版社 2000 年版,第 14 页。

于认识和解释州县在审断中"断不一定依律"是有重要意义的。在南部县档案中,诉讼的缘起多为受到恶人欺辱、被逼无奈,或希图摆脱麻烦,或了断羁绊。即便是有所谓契约者,也多未以约为据诉诸官府。出于情理或习惯考虑者居多,基于"维权"而诉诸官府者,则尚未发现。

例如刘绍芳告刘成业一案。刘绍芳在告状中陈述:"民与堂侄刘成业分居同院,伊屡恃强生事搕害,动辄逆凶,民均忍待。"后刘成业欲强卖刘绍芳房屋一间未果,又因强向刘绍芳借钱,竟"抓民发辫行凶,无端叫骂"。刘绍芳试图以"相邀讲理"的方式私了,但刘成业"抗不拢场"。其"情实横逆,大干伦纪。为此赴案,首唤究刁"。① 刘绍芳强调他对堂侄的行为一向容忍,且也曾尝试以讲理方式了结纠纷;而被告作为晚辈竟然叫骂行凶又拒绝调解,"情实横逆,大干伦纪"。事情的背后当然是钱财方面的纠葛,若从因律诉讼的角度看,这才是诉讼的核心。但刘绍芳在词状中并未从这方面按律维权,反而特别强调被告一方的行为"大干伦纪",要求知县"究刁"。

类似的情形在相当多的案例中都有所表现。如欧阳泽全告欧阳春一案及林何氏告张应喜、何树海一案,告诉人均表述出类似的诉求。② 告诉人如此,被告或相关涉案人的诉状、禀状和恳状也都基本不涉及是否违反律例规定等问题,也无维护合法权益的辩护诉求。如在何朝宗禀张应开等一案中,何朝宗提出的是:若"由伊一面之语狡朦〔蒙〕勒买,民心何甘"?③ 又如在邓均受、

---

① 《刘绍芳告堂侄刘成业逞凶案》,光绪三年,目录号7,案卷号290,南部县正堂清全宗档案。

② 欧阳泽全告欧阳春一案见《为拎刁骗叩搕勘唤究事》,光绪十九年,目录号11,案卷号617,南部县正堂清全宗档案;林何氏告张应喜、何树海一案见《为套保欺撒叩唤究追事》,光绪二十二年,目录号11,案卷号81,南部县正堂清全宗档案。

③ 《为下情申明恳添调究事》,光绪三十年,目录号11,案卷号671,南部县正堂清全宗档案。

邓正绣告邓正万一案中,邓正万的恳状一方面强调对方"连年逞刁,借端叠索,寻衅不休",同时提出愿将涉争议的钱财"充入书院"添补膏火,以"脱祸息讼"。① 后一举措在当年并不少见,一则可增强自身的正当性,二则可据此影响州县的判决。②

这样一种实际的生活状态在州县诉讼中的反映,即当事人对纠纷的告诉,不一定是因为被告方"违律",而更可能是因为其违背了作为常规的社会伦理,使告诉人需要到官府"讨一个说法"。换言之,纠纷不一定因"法"(律)而起,告状者所寻求的也就未必是依"法"(律)而断。因此,州县对纠纷的审断,一般不依据诉讼当事人既不熟悉也不能完全理解的律例,而更多地依靠大家都懂的"道理"来说服当事人。在公开堂断的情形下,即便州县考虑到要援引律例,也未必将具体的律例条文作为审断依据在判词中反映出来,而是变通为老百姓可以理解的表达方式来取得当事人的认同。

晚清州县不严格依律审断不仅是对两造诉求的回应,而且也与州县政绩的考核相关。地方社会的稳定状况是上司考察州县任职的重要考量因素。以彼时之眼光,判定地方稳定的标准之一就是"无讼",则"息讼"自然是州县努力的一个重要方向。既然解决纠纷是在处理地方政务,州县对案件的审断必然要考虑到审断结果不仅要让两造接受,更要为其所辖地方的民意接受。基层民众通晓律例者不多,但"通情达理"者不少。不论从当时的社会诉求看,还是从堂断的效果看,州县似无须严格"依律而断";若真严格依律,恐怕效果还不一定好。由于地方民意也可能影响

---

① 《为借当叠搕愿充脱祸事》,光绪二年,目录号7,案卷号217,南部县正堂清全宗档案。

② 如王浦氏告王廷喜一案中,告状方王浦氏因疲于应付,主动提出愿将涉案钱财"充入书院,以作膏火"。知县即顺水推舟,批"如恳准"。见《为愿施杜恳恩赏准》,光绪二年,目录号7,案卷号215,南部县正堂清全宗档案。

州县的升迁，为了地方安宁，也为自己的仕途考虑，州县处理纠纷时，严格诉诸律例并非其首要的选择，"动之以情、晓之以理"反而成为审断的常态。

六、传统社会中的法与清代州县审断

本文想要呈现的清代州县审断的图景是：州县在审断中秉持解决纠纷的目的，将两造的告诉当作自己实现一方之治的政务进行处理。在这个处理的过程中，州县不会拘泥于制度规则，而是灵活掌握审断程序，综合运用情、理、律来了结纠纷。四川的一个县不能代表全国，具体时空之中的州县审断会更加多样化，其不仅体现审断者主观上的灵活性，还受到州县个人出身和周围环境等各种因素的影响，甚至不排除例外个案的存在。但可以肯定，州县审断过程的本质不是现代三权分立下的司法行为，而是全权父母官政务处理的一部分。①

因此，州县审断的过程不同于现代法官的审案，后者是一个明确的司法过程，而前者更多的是一个政务过程。由于州县的全权职责在于维护地方社会稳定，这就决定了其关怀所在是采取任何可能的方式达成讼争的平息，而不是现代职业法官考虑的法律条文的正确适用与否。州县在审断中会选择其认为最便捷的方式了结纠纷，从而维护地方社会的安宁。只有当适用律例有利于纠纷解决的时候，州县才会依照律例办理，否则就以其他方式解决纠纷。

在我国古代著名的曹刿论战的故事中，鲁庄公关于鲁国可以

---

① 苏力和赵晓力等人的研究表明，即便在历经巨大社会变革的当下中国基层社会，法律行动依然受到地方文化的某种抵触，因而在地方社会的纠纷解决之中，基层司法甚至表现出了某些"反司法"的特点。参见苏力：《送法下乡——中国基层司法制度研究》，中国政法大学出版社 2000 年版；赵晓力：《基层司法的反司法理论？——评苏力〈送法下乡〉》，《社会学研究》2005 年第 2 期。

一战的理由就包括"听狱虽不能察,必以情断之"①。可知以情断狱有着悠久的传统,但这也并不意味着断案不依法。今日所谓的法,在中国传统社会里具有多层次的意义,而非单指狭义的律例条文。② 在较宽泛的意义上,可以说情也是法,理也是法。故依律例也好,依情理也罢,都符合清代纠纷裁断的制度规则,情、理、法三者皆为"法的渊源",不存在依律就合法,而依情理就不合法的问题。在多元的中国法传统下,律例也不可能具有现代法律所具有的规范社会的强大功能。

在晚清以至民初的公文中,"于之中……已含之意"是很常见的用语,基本都表示严中含宽一类意思。这表明很多规则本身,在确立时就带有可以通融的一面,这也给执行者预留了灵活的空间。强调程序公正是后出的现代司法的概念,中国传统所提倡的,恰是让规则的执行者以荣誉和公心来调整规则,并承担调整的责任,以最大限度地实现制定规则的目的。

正是在这样的思路下,樊增祥等人才会在给他人示范的案例中,多选那些判决并不严格依律的案子。樊氏曾归纳成为一名优秀审判者的条件:"大抵审判之事,一要天分,二要学问,三要阅历,四要存心公恕,不贪不酷不偏,然后可为折狱之良吏。"值得注意的是,通晓律例并不在其中。在他看来,若没有这些因素,则虽为"治律专家"也可能任官而"不了一案"③。樊增祥的看法,特别鲜明地体现了州县审判侧重"通乎法外之意"的倾向性。

---

① 《国语·鲁语上》。《左传·庄公十年》的记载是:"小大之狱,虽不能察,必以情。"

② 寺田浩明在新近的研究中,将传统中国特别是清代的中国法称之为"非规则型法",进而说明了在没有立法和法的适用的作用分化的情形下,传统中国的审判制度是如何获得社会性的正当性的。参见寺田浩明:《"非规则型法"之概念——以清代中国法为素材》,载《法制史研究》2007年卷,第81页以下。

③ 《樊山政书·批拣选知县马象雍等禀》卷二十,宣统庚戌刊本。

若以当下的司法原则而言,未严格依律的判词当然是不合法的。但在清代地方治理的图景中和州县的知识背景之下,正是这种不严格依律的审断过程,在某种程度上才体现出了州县的真正角色。对案件的审理仅仅是州县全权职能之一,州县对案件的审断不过是其实现地方治理中的"明德慎刑"和维护礼教秩序的一个方面甚或一个手段而已。州县在案件中所表现出来的貌似"法官"的角色,其实也仅仅是其全权父母官角色的一个侧面。

需要指出的是,县衙档案所记录的纠纷不可能是对整个时代社会诉讼的完整概括,加之已有档案已经明显地表明,社会力量对记录在案的纠纷的解决发挥了重要作用。因此,欲凭有限的档案材料和州县的审断记录来发现清代基层社会的完整面貌,并据以归纳出中国传统法的类型,应该是十分困难的。从这个意义上讲,套用滋贺秀三的话,州县审断只是解决社会纠纷那"大海上时而可见的飘浮的冰山"[①],而依律审断的情况最多不过是这座冰山的一角。

在思考州县审断的相关问题时,当然要参考从西方传入的现代法学的概念和法理,但研究者自身需要明确的是,这些概念和法理虽有助于思考和认识晚清州县审断的历史,其本身却并不存在于晚清州县审断的进程之中,当时的州县官也不会从这类视角思考和处理问题。只有回到州县审断的是政务而非司法的原初语境,才能真正体会到其中的是非、优劣与得失。

---

① 滋贺秀三:《清代诉讼制度之民事法源的概括性考察》,载前引王亚新等编书,第21页。

刑民之分与重情细故：清代法研究中的法及案件分类问题

里 赞

当今的中国法学，沿袭了清末以来以西方法为模本研究中国传统法的范式，形成了在法律体系和案件分类上看似规范实则相距实情甚远的理论表述，如中国古代刑法、中国古代民法、中国古代刑事诉讼法、中国古代民事诉讼法等。① 迄今为止，研究中国法律史的作品，大多陷此窠臼。这种在理论思维上的"趋新崇西"和研究方法上的"倒放电影"②，忽视了这样一个基本的也十分重要的事实，即中国古代社会及其法律与西方相比是完全不同的类型。目前法史学界对中国传统法律体系以及案件分类问题

---

① 此类论著有李志敏：《中国古代民法》，法律出版社1988年版；叶孝信：《中国民法史》，上海人民出版社1993年版；孔庆明、胡留元、孙季平：《中国民法史》，吉林人民出版社1996年版；徐朝阳：《中国古代诉讼法》，商务印书馆1927年版；蒲坚：《中国古代行政立法》，北京大学出版社2007年版；李交发：《中国诉讼法史》，中国检察出版社2002年版；张世明：《中国经济法历史渊源原论》，中国民主法制出版社2002年版等。此类论文更是不计其数，故不赘举。

② 罗志田教授就曾在《民国史研究的"倒放电影"倾向》一文中指出对历史研究的"倒放电影"问题。他认为，这样"倒放电影"虽有助于史家认识往昔，但也有副作用，即无意中可能会剪辑掉一些看上去与结局关系不大的枝节，而且还容易导致以今情测古意，即在有意无意中以后起的观念和价值尺度去评说和判断昔人，结果往往是得出超越于时代的判断和脱离当时当地的结论。参见罗志田：《民国史研究的"倒放电影"倾向》，《社会科学研究》1999年第4期；罗志田：《近代中国史学十论》，复旦大学出版社2003年版，第259页。

的讨论，比较有影响的可大致分为"套用派"和"古已有之派"（所谓"西方源出于中国"）。

"套用派"通过现代的法律术语和法律体制概括中国传统的法律制度，或以现代的法学原理解释以往的法律现象和问题。如将原本一部内在有机的《唐律》或《大清律例》分割为民法、刑法等现代的部门法，将《唐六典》比附为"行政法"，甚至以现代法律体系的理论立场和标准将中国古代成文法的特点评价为"诸法合体"或"诸法并存"等。① 而"古已有之派"，则通常在暗自承认西方或现代标准合理的前提下反以文化自信的姿态出世，强调西方或现代的东西在中国古已有之。如认为法律之分民、刑，非西法独有，在中国则古已有之。② 另有相当一些反对"中国古代法重刑轻民"论的学者在申辩中国古代不仅有民法且发达时，所持立场多靠此派。

必须肯定的是，所有这些研究无论存在何种可以商榷的余地，就其成果而言，在大大丰富了我们对法律史的认识的基础上，对传统法律研究都不失为有意义的探索和开拓。在这个前提下，又应当加以注意的是，按照现有的法律体系对如清季的法律或案件进行六法全书式的划分，也许方便了我们的"知识检索"，却是在根据现在的需要去"使用"历史事实，难免会割裂中国传统法律和文化本应有的整体性，用如民、刑来二元归类也会忽略掉法律中的某些难以用现代标准归类的模糊领域，正如李启成在

---

① 持此论者如张晋藩（《中国法律的传统与近代转型》，法律出版社 2005 年版）。法律史学界对中国传统法律存在形式的原有概括为"诸法合体，民刑不分"，后逐渐修正为"诸法并存，民刑有分"，但无论结论如何变化，其所依据的对中国法律史的认识都是建立在将西方概念"套用"在中国史实的基础之上的。

② 持此论者如徐朝阳：《中国古代诉讼法》，商务印书馆 1927 年版。他在论述中国所谓刑事诉讼法的历史时就论道："诉讼之区别刑事、民事，本各国最早通行之思想，于我国古代盖有微征……因《郑注》有云：'讼谓以财货相告'，'刑谓相告以罪名者。'可知民事与刑事诉讼，在古代之司法机关，已有划然之区分。"

对《各级审判厅判牍》的分类进行论述时谈到的，旧律分户婚、田宅、钱债、人命、族制、市厘、盗窃、斗殴、诉讼、赃私、诈伪、奸拐、杂犯、禁烟十四门。若按刑事（确定罪之有无）和民事（确定理之曲直）的分类重新编排，户婚、田宅、钱债、族制诸门大致可归入民事范畴，人命、斗殴、盗窃等或可归入刑事，而诉讼、市厘、杂犯中的案件则很难简单纳入该二元标准下的体系，需要具体问题具体分析。①

以滋贺秀三为代表的日本学者已注意到这个问题。滋贺氏在评价戴炎辉对清代淡新档案进行民刑划分时就说：

> 档案中可以看到，刑事类中将及一半的案件，虽然基本上与某些民事案件类型相同，却因着眼于其暴力面而被归入了刑事类，它们的"刑事性"是值得推敲的。对案件进行分类的工作，包括在刑事民事的大类方面和各自的细目方面，虽然在某些程度上是可能与有意义的，但如果想要在一切细节上都分得没有异议，则相当困难。②

同样，对审断上的刑事与民事诉讼的区分，寺田浩明也提出了质疑。他承认，清代司法制度并不存在现代所谓的"民事审判程序"和"刑事审判程序"之类的按程序性质的区分。③

尽管日本学者意识到了这一问题，但是，他们在研究中仍不知不觉地回到了他们已然意识到的、需要克服的思路上。就现有的研究来看，几乎所有学者都还以民刑之分作为论述和分析清代法律和州县审断问题的基本立论点。

---

① 李启成：《晚清各级审判厅研究》，北京大学出版社 2004 年版，第 160 页。
② 滋贺秀三：《清代州县衙门诉讼的若干研究心得》，姚荣涛译，载刘俊文《日本学者研究中国史论著选译（第 8 卷）》，中华书局 1993 年版，第 525 页。
③ 寺田浩明：《日本的清代司法制度研究与对"法"的理解》，载王亚新、梁治平：《明清时期的民事审判与民间契约》，王亚新、范愉、陈少峰译，法律出版社 1998 年版，第 115 页。

刑民之分与重情细故：清代法研究中的法及案件分类问题

民刑划分的依据，实为移植自西法所承袭的六法体系，即将法律按照若干部门进行划分，由此构成的法律体系。其渊源于罗马法，确立于近代的欧洲大陆国家，流行于大陆法系[①]国家，主要特点是将法律区隔为公法与私法，强调实体法和程序法之分，并按照法律的调整对象（即法律调整的社会关系及其性质）和法律的调整方法来区分刑、民法及其他法律制度。

清代没有现代体系化的部门法划分理论，而是以"重情"与"细故"这两个较为模糊的概念来区分案件种类并设计审级的。[②]按照清律规定，"州县自行审理一切户婚、田土等项"[③]，《清史稿·刑法志》也云："户婚、田土及笞杖轻罪由州县官完结，例称自理"[④]，即州县可自行审理户籍、继承、婚姻、土地、水利、债务案件，以及斗殴、轻伤、偷窃等处刑为"笞杖"的案件。这些自理案件州县即可定谳，因其不涉及人命奸盗等重情，称为"细故"。除此之外，处"徒"刑以上的案件，州县则只有初审权而无权做最后决断。由于这部分案件通常涉及人命奸盗等重大情节，因此称为"重"。

本文无意对现代的民刑划分和清代"细故""重情"的划分进行价值判断。事实上，因划分标准不清以及对中间地带的忽视，民刑之分在当代即已遭诟病，并有同属西方法律体制的英美法系未有六法之分而依然顺畅运行之例。故倘武断地以民刑划分

[①] 大陆法系的六法体系就是以宪法为根本法，民法为支柱，刑法、商法、民事诉讼法和刑事诉讼法为基本法律的成文法体系。

[②] "重情"与"细故"并未形成明文的制度规范。在《大清律例》中有"重情"和"细事"概念，在大量的官箴书中，对重情和细故的区分较为常见。本文界定重情和细故不在于说明清代有着两类完全不同的法律体系（事实上二者的区分往往在州县的自我把握之中），而是为了与现代民刑之分进行比较研究。

[③] 《大清律例》，"告状不受理"。

[④] 赵尔巽等：《清史稿（卷一一四，刑法志）》，中华书局2003年版，第3357页。

清代法律及案件，甚至给予价值判断①，并不一定允当。而且"重情"与"细故"之分与民刑之分本身所涵盖的案件范围也不可等同。如前所述，"细故"中有涉伤害和盗窃的案件，就民刑划分而言当属刑事而非民事，故而长期以来盛行于法学界的将"细故"等同于民，"重情"等同于刑的说法，并由此产生的将清代审断程序划分为民事诉讼和刑事诉讼的论述，都有混淆二者概念而产生关公斗秦琼式的时空错乱之虞。

案件和法律体系的划分，是和其所存在的社会历史环境相关联的。"重情"与"细故"之分和民刑之分各有其所存在的文化背景乃至时代背景。在社会知识不断细化和专门化的今天，划分民刑乃至六法，或可适应当代中国的成文法体制并为法官找法、严格援引法律提供方便；在承袭前朝法律文化的清代社会，以"细"和"重"为据将案件概括归类并给予州县相当程度的自主权，体现的恰恰是清人的法律认识以及法律在清代的存在方式。

据此，本文未按民事和刑事来划分案件，也未按民事诉讼和刑事诉讼来划分审断过程。因为实际上，州县在处理"重情"和"细故"时，除"重情"需报上级定谳，两类案件的审断过程和州县所行使的权力范围都是一样的，并不存在两套不同的法律制度和审断程序。简言之，州县以其所享有的事实上的裁断全权，结合个案的具体情形，以纠纷化解为目的灵活主动地运用法律、选择程序，其并不因案件之民刑归属而受影响。

虽然清代州县在审断案件中不存在所谓的民刑之分，但并不意味着重情与细故两类案件在审断中没有制度设计上的差别。这种差别在管辖、受理和结案等环节中都有体现。

在管辖问题上，清代法律中州县的管辖权是以细故与重情来

---

① 法史学界多以六法体系的严格划分作为判断法律文明的标志，由此以民刑不分作为抨击清代法律制度"落后"的论据。

确定的。常例而论，清代州县对其管辖境内所有纠纷俱有管辖权，其中，细故纠纷为"自理词讼"，州县衙门但可自行审结，州县对其辖区内的"自理词讼"有终审判决权。对于人命、强盗（抢劫）、邪教、光棍、逃人等严重犯罪案件和其他应处徒刑以上的案件，如强奸、拐骗、窝赌、私盐、衙蠹等，州县虽无权做出最终判决，但仍需负侦查、缉捕、采取强制措施、初审并做出判决（时称"看语"或"拟律"，即法律意见）的职责。

清代法律对"告诉"（相当于现代司法程序中的"起诉"）有时间上的限制。每年农历四月初一至七月三十日为农忙时期，细故之案是不准受理的。此等事件须在八月初一以后，始可听断。但命盗案以及谋反、叛逆、贪赃枉法等重情之案仍照常受理。这种在特定时期不予受理词讼的制度，亦称"放告"。按此制度，若在农忙期内受理细故之案，则要受督抚指名题参。① 在案件审结后的处理上，细故与重情也有不同。细故之案，即州县自理之案，应逐件登记，每月造册，申送府道、司及督抚查考。巡道巡历州县所至，即提州县衙词讼号簿，逐一稽查，如有未完之案，未经记入号簿，先责书吏，并将州县官揭报督抚，分别题参。其已结之案，如巡道认为判断不公，或情节可疑，须立即提案审查核正。若有吏役讼棍舞弊等情，亦应亲提究治。② 重情之案，即罪至徒刑及流刑之案，州县官审理结案之后，如有听断不公，民人得将抑实情，赴该上司衙门呈诉上司得提案卷查核改正。命案及盗案，州县官得报，即行勘验，并通详上司。通详之后，破获犯人，取得供词，应将各供详报。命盗案审结后，应解府审转。审转官认为情节尚有可疑，或犯人翻供，即派员复审。至督抚审

---

① 《大清律例》卷三〇，《钦定大清会典事例》卷八一七。
② 陶希圣：《清代州县衙门刑事审判制度及程序》，食货出版社1972年版，第31页。

勘具题。若有应专折具奏者,督抚接到详文,即提案至省城,率同司道亲鞫。① 罪至死刑之案,须经三法司秋审朝审,始可定谳。②

虽然细故与重情的处理规定在审前和审后均有许多不同,但需要特别强调的是,在州县的审理过程中,并无重情与细故的程序性的严格区分,即没有许多学者所谓"刑事诉讼"和"民事诉讼"之别。重情案件和细故案件均由州县全权自理,对于重情案件,清代州县的初审同样是正式的审断,并且州县要根据《大清律例》的条款提出判决意见,即"看语",亦称"拟律",这是州县针对重情案件所做的书面裁断。州县初审完毕,应将包括"看语"在内的全部案卷报送上司,所谓"牧令为执法之官,用法至枷杖而止,枷杖之外,不得自专"③。

州县对辖区内的重情和细故均有审断之责,因此即便是重情案件,也只有州县衙门不予受理或百姓认为审判不公时,才允许其被申诉于上级衙门。按清代法律,"军民人等遇有冤抑之事,应先赴州县衙门具控。如审断不公,再赴该管上司呈明;若再有屈抑,方准来京呈诉"④。如果不先到州县告诉而直接到上级衙门,就是清律所严令禁止的"越诉"行为。

对于州县自理之案,即户婚、田土、钱债、斗殴、赌博等"细故",应向事犯地方的州县官衙门告理,若向上司衙门控告者,上司官应将原告发还,听其在州县官衙门告理,仍治以越诉之罪。州县官不受理或审断不公者,得向府道官控告,即由府道官听断归结。"重情"已经州县衙门控理的,如有冤抑审断不公,须于状内将控过州县衙门及其审过情节注明,上司官方得受理。

---

① 《钦定大清会典事例》卷七五〇《吏部处分例》"应奏不奏"条。
② 《大清会典》卷五五。
③ 刘衡:《庸吏庸言·州县须知一卷》(附居官一卷),宦海指南本。
④ 《大清律例》"越诉"条。

若府道官仍不准理或批断失当，方可赴抚按告理。按察司及督抚衙门仍不准理或判断失当，又或未经在督抚处控告而所控案情重大，事属有据者，方可赴京控诉（即"京控"）。违反上述程序者，均按越诉治罪。

由于清代的州县衙门并不存在今天地方政府的职能设置和分工，州县享有全权，州县受理案件就不似今天的司法机关在制度上依职能分工管辖。州县受理案件不以民刑之分来决定是否受理，所有案件都归州县受理。① 因此民刑之分造成的法律上的差别以及诉讼介入的机构的不同和程序的差别在清代的州县并无太大的意义。不仅如此，清代州县在判断案件性质时有相当大的自由裁量权，这种自由裁量权既来自清代立法的特点，也来自清代州县所扮演的政治角色，即州县得到皇帝的充分授权，以全权的职责管理地方的全部政务，而州县的这种全权意味着他不仅仅是现代意义上的法官，而且扮演着集现代检察官、政府官员甚至立法者于一身的多重角色，实质上州县就是父母官。父母官的角色决定了州县在审断中的全权和其对纠纷的态度以及对案件分类的自由裁量和对案件处理的自由裁量。无论是对案件进行分类还是处理，州县所依据的都是案件本身的轻重而不是现代法律所谓的民刑之分。因为对地方的政务而言，所谓的民事案件并不一定与地方治安关系不大，而所谓的刑事案件尽管依据法律处刑很重，却并不必然与地方治安和社会管理关系就大。因此，清代州县对民间细故案件也多付诸相当的精力。

州县在审断某些重情案件时并未依律处以刑罚而往往将其按细故的方式了结，如果以民刑之分而论，刑事案件以民事方式结案是不可思议的，但由于重情与细故的区分仅取决于州县主观上

---

① 旗人、军人等特殊管辖的情况除外，参见那思陆：《清代州县衙门审判制度》，中国政法大学出版社2006年版。

对案件的轻重把握,而非民刑之间的严格区分,加之州县在此环节上的自由裁量权,故而州县对案件是按细故或重情处理有较大的自主性这一现象便可获得制度上的解释。

例如,光绪二十三年事涉敬大静与敬存喜同胞弟兄一案。哥哥敬存喜与已成寡妇的嫡堂嫂敬刘氏通奸。得知刘氏欲改嫁他人,敬存喜潜至刘氏卧室,执持切刀,自行抹喉身死。胞弟敬大静得知哥哥死讯后具报至州县。五月初三州县讯断堂谕:"敬存喜既系恋奸滋事,畏罪自抹身死,与人无尤。着当堂各结完案。此判。"①

此案所涉"犯奸"历来被视为重情,《大清律例》"犯奸"条规定:

> 凡和奸,杖八十;有夫者,杖九十。刁奸者,[无夫、有夫]杖一百。……其和奸、刁奸者,男女同罪。奸生男女,责付奸夫收养。奸妇从夫嫁卖,其夫愿留者,听。若嫁卖与奸夫者,奸夫、本夫各杖八十;妇人离异归宗,财礼入官。

而与"和奸"案件相比,本案中的"亲属相奸"于纲常伦理悖逆更甚,其处罚亦应更重。除上述《大清律例》律文的规范外,清代还沿用明代"亲属相奸"的条例:"凡奸内外缌麻以上亲,及缌麻以上亲之妻,若妻前夫之女,同母异父姊妹者,依律拟罪,奸夫发附近地方充军。"② 乾隆年间又定例:"凡奸同宗无服之亲,及无服亲之妻者,各枷号四十日,杖一百。"③

---

① 《为计开敬大静具报伊胞兄被敬大友等砍伤身死案内人证候讯事》,光绪二十三年,目录号13,案卷号636,南部县正堂清全宗档案,四川省南充市档案馆藏。

② 薛允升:《读例存疑重刊本》(五),黄静嘉校编,成文出版社1970年版,第1088页。据薛允升注:此条例为"前明旧例"。

③ 薛允升:《读例存疑重刊本(五)》,黄静嘉校编,成文出版社1970年版,第1089页。

因此，如果严格按照律例审断，本案应为重情案件，刘氏与敬存喜属"小功"亲，州县应对刘氏处"杖一百，徒三年"。但在审断过程中，州县并未深究刘氏与嫡堂侄通奸之事，刘氏也并未因此受到处罚。

州县"大事化小"，以细故方式处理甚至不做处理的案件，在南部县档案中并不鲜见。① 州县如此处理案件，体现了其在审断中自由裁量的权力，而这种自由裁量的前提恰恰是以案情轻重为标准划分重情与细故的自由判断的空间。重情和细故的认定标准是处罚结果而不是案件本身的构成要素，州县面对一个具体案件，大多数情况下很难一开始就准确地界定其为重情还是细故，而告诉人也往往利用重情与细故之间的模糊将"小事闹大"，以谋求州县对案件尽快处理，州县只能在审断过程中加以甄别，甚至一桩案件究竟是重情还是细故往往要待州县做出最终处理时方能表现出来。

其实，民刑之分是一个法律体系上的划分，是一个立法上的标准，而重情与细故则不存在于清代的立法之中，仅存在于州县审断过程之中。这也就是许多案件无法纳入民刑体系的原因。正因如此，如果按照现代法律的民刑之分来理解和评价清代州县的审断，不仅会对州县审断的史实产生误解，而且对于通过审断认识州县的职责及其角色也会产生重大的误导。

---

① 参见里赞：《晚清州县诉讼中的审断问题——侧重四川南部县的实践》，四川大学 2008 年博士学位论文。

引"情"入法：清代州县诉讼中习惯如何影响审断

刘昕杰

一

清代州县乃至传统中国地方的纠纷解决中，民间与官方各自扮演着不同的角色，二者在化解纠纷的方法、程序和裁判的执行等许多方面都存在许多差别，这些差别可以被简单地归结为官方是通过国家正式法律和严格的诉讼程序来平息讼争，民间则是由宗族、乡邻、绅首等地方权威依凭地方习惯调解纷争。但这样的一些差别并不代表在解决纠纷上民间和官方是非此即彼的关系，地方社会纠纷的解决，往往是多方势力的共同作用的结果，其中民间调解可能动用国家律例，尽管这种使用威胁性的成分居多，而州县官也会在官方诉讼过程中广采其自认为可以更便捷地平息讼争的任何方法和依据，甚至会对进入官方诉讼程序的纠纷依照《大清律例》以外的理由作出最终的判决。

这样的一种多元而非单一的审断依据至今仍是法史学界争议的问题，以滋贺秀三和寺田浩明为代表的日本学者普遍认为，在清代州县审断中，国家法律并不是那么重要，反而是"情理"在审断中发挥的作用更大。他们认为清代州县官的审断是一种"教谕式的调解"，清代州县的审断过程要"竭尽全力争取获得当事人的认可"，因此国家的法律不过是"情理的大海上时而可见的飘浮的冰山"①。黄宗智则通过对清代州县司法档案的查阅得出截然不同的结论:清代的纠纷"要么让庭外的社区和亲族调解解决,要么就是法官听讼断案,依法办事","县官们事实上是按照法律在审判案件"。②无论是滋贺秀三还是黄宗智都不得不承认律例之外的"情"对清代州县官审断有着重要的意义。但律例之外的"情"到底包含哪些内容,更取决于州县官的内心确认而并无明确的规则限制。

滋贺秀三认为"情"有"作为事实的案情"和"人情"的双重含义,"情"本来是"心"的意思(心情),所以"人情"也指活生生的平凡人之心,是人们可以估计对方如何思考与行动,如何相互期待与体谅的条件,违反了就是"不近人情"。"情"字在像"情谊"那样的场合,还有人与人之间的友好关系的含义。③林端认为,"情"字不但牵涉法律上的价值判断,即一种"规范上的情",而且也牵涉规范背后的具体关联的社会文化背景,即一种"事实上的情"。"事实上的情"指称的是"事情","规范上的情"指的是"人情"。④张晋藩认为,中国古代的人情是以浓厚的血缘伦理亲情为基础的,表现为亲族之间根据伦理原则而形成的权利义务关系,人情具有伦理性、社会性、时代性,它不是个人的爱或少数人的趋向。⑤概言之,情有多层意义,情既然与

---

① 滋贺秀三等:《清代诉讼制度之民事法源的概括性考察——情、理、法》,载王亚新、梁治平:《明清时期的民事审判和民间契约》,法律出版社1998年版,第36页。
② 黄宗智:《清代的法律、社会与文化:民法的表达与实践》,上海书店出版社2001年版,第90、189页,"序言"。
③ 参见王亚新、梁治平:《明清时期的民事审判与民间契约》,王亚新、范愉、陈少峰译,法律出版社1998年版,第37~38页。
④ 林端:《韦伯论中国传统法律——韦伯比较社会学的批判》,三民书局2003年版,第87页。
⑤ 张晋藩:《中国法律的传统与近代转型》,法律出版社1997年版,第41页。

州县官自身的认知、当时当地的社会环境有关,就不会有完全一致的情,而只有符合当时当地的情。此地合情未必彼地合情,此族合情未必彼族合情。清代为中国历史上疆域极辽阔之朝代,民族杂居,州县过千数,各地风俗习惯不一,州县官依情断案自然要考虑地域风情之理。① 正如汪辉祖所言:"幕之为学,读律尚已。其运用之妙,尤在善体人情。盖各处风俗往往不同,必须虚心体问,就其俗尚所宜随时调剂。"② 他认为州县官审断案件时,最好在"堂下稠人广众中,择传老成数人,体问风俗,然后折中剖断"③。故而在影响州县官审断纠纷的"情"之中,包含许多地方性的习惯和风俗,这些地方性的习惯和风俗以"情"的方式融入州县官审断之中。加之州县官在审断时除了考量"治统"的规范外,还需考量"道统"的约束、社会力量的作用以及治理一方的地方现实需求。④ 因此,当州县官在援引情理平息讼争之时,地方习惯就往往成为其审断的依据。

现藏于四川省南充市档案馆的南部县正堂全清档案,是迄今为止发现的时间跨度最长,内容最完整、系统的清代县级地方州县档案,其中司法档案占绝大部分。⑤ 南部县档案中州县官运用习惯审断的大量案件,为我们研究清代习惯如何进入审断实践提

---

① 参见里赞:《晚清州县诉讼中的审断问题——侧重四川南部县的实践》,四川大学 2008 年博士学位论文。
② 汪辉祖:《佐治药言》,"须体俗情"。
③ 汪辉祖:《学治臆说》,"初任须体问风俗"。
④ 里赞:《晚清州县审断中的"社会":基于南部县档案的考察》,载《社会科学研究》2008 年第 5 期。
⑤ 四川南部县全清档案形成于公元 1656 年(顺治十三年)至 1911 年(宣统三年)之间,跨越整个清王朝十代皇帝 268 年中的 255 年,没有断代。现存 1873 盒,18070 卷,其中吏房 341 卷、兵房 1250 卷、刑房 2094 卷、户房 4126 卷、工房 4029 卷、礼房 4718 卷、盐房 1512 卷。南部县档案是目前国内最为完整的清代基层档案,档案中有百分之八十涉及法律问题,为研究清代基层司法的实际运行提供了十分珍贵的资料。

供了丰富的第一手资源。我们也可以从中窥视清代的习惯是如何在州县官的审断中成为纠纷解决的依据的。

二

按照清律的规定，州县官应当"依律断案"，《大清律例》"刑律·断罪引律令"条明确规定："凡（官司）断罪，皆须具引律例，违者（如不具引），笞三十。"州县官的审断虽有着较大的自主性和灵活性，但并不代表其可以无视存于中国传统社会的伦理道德而毫无羁绊，而且在清代的司法制度设计中，州县官也还处在"一个严密组织起来的官僚系统的底层。这个官僚体系有着一整套行为则例及报告和审查制度……即使在民事案件中，都有可能上诉和复审，这也是对他的制衡。因此在实践中，县官只是个下级官僚，他必须在已确立的制度中循规蹈矩，以免危及自己的仕途"①。因此，州县官如果出于情的考虑而没有严格依律审断，一般而言，他所依据的情也符合"律文"之后的"律意"，即中国传统儒法经义。只有遵循这样的"道统"，州县官直接适用地方习惯而不严格依照国家律例审断案件才不会有太大的"政治风险"。南部县全清档案中，州县官对"义让"的直接援用就印证了这一点。

欠债还钱乃天经地义，但债务人无法还清欠款往往有着客观的原因，如受灾、生意失败以及家庭的确贫困等。所谓义让，就是指在债务人的确困难的情况下，债权人即使有理由要回欠款，也应当基于"仁义"做出让步，给对方留下余地。这样的一种行为虽然没有得到国家律例的支持，却符合儒家道德要求，因此州县官多直接在判词或批词中令债权人做出"义让"，而没有严格

---

① 黄宗智：《清代的法律、社会与文化：民法的表达与实践》，上海书店出版社2001年版，第17页。

依照律例对债权人的欠债给予十足的保护。在南部县钱债纠纷的裁断中，州县官直接判债主向债务人"义让"的做法相当常见。

案一：光绪三十三年，徐德盛生意亏本，欠下了富泰店店钱和万顺鞋店鞋钱，债主向其索要欠款，徐德盛因一时难以筹集资金，走投无路而企图自杀。保甲等人于是向县衙禀明情况①，知县张庆仪于是传唤当事人，对双方钱债关系做出判决："徐德盛与邢贵同行卖戒烟药丸，负欠雍富泰店帐数百，以药瓶抵当。又欠弋万顺鞋钱五百无偿，情急自抹，当经救活质讯，实系无力偿还。断令万顺从厚义让。邢贵等速即各自回家，不准逗留，干咎。此判"。②

案二：光绪二十七年，马万德借马天泽银十两，约好还本付息。两年后，马万德还了一部分，并就剩余未还的重新订立了合约，约定至是年秋将债项清还。至二十九年冬，马万德称年景不济，仍未归还。光绪三十年四月，二人就欠款事宜发生争执并呈控到新镇坝分衙，分衙断令马万德应当照约追缴银十两，但马万德所欠利息部分作为"义让"不需要偿还。马天泽不愿"义让"，"咆哮公堂"受责，因其拒绝领银，分衙将马万德所还银充作"城工"。马天泽因而将案告到南部县衙，知县认为，分衙所断"本属公允"，驳回了他的指控。③

案三：杜春培之父杜继宗于光绪五年曾借杜元德祖父钱一百五十千，有约可据。杜继宗在世时曾屡讨无还。光绪三十二年，

---

① 在清代州县的诉讼中，有的案件并不是由双方当事人发动，而是由保甲等以禀文方式请求州县官主动介入，州县官的审断并不遵从有告才理的原则。因此，正如有学者归纳的，清代州县的审断与其说是一种司法，不如说是一种政务。参见里赞：《晚清州县诉讼中的审断问题》，四川大学 2008 年博士论文。

② 《为具禀徐德盛欠七万顺钱抱恨抹喉事》，光绪三十三年，目录号 18，案卷号 256，南部县正堂清全宗档案，四川省南充市档案馆藏。

③ 《为具禀马万德等串差撇银逆伦凶殴事》，光绪二十七年，目录号 16，案卷号 833，南部县正堂清全宗档案，四川省南充市档案馆藏。

杜继宗去世后,杜元德与杜春培等曾凭中商议酌减数目,但未达成一致。杜元德于光绪三十三年六月以其祖母杜张氏之名代为具控。知县认为,"欠债属实。父债子还,亦系正理"。但是因为杜春培"光景不甚宽裕,且远年债帐,亦难认真取讨"。所以将原七百五十千文欠款义让为七十五千文,并由杜春培分三期摊还。①

在这些案件中,由于"义让"体现的是对他人的宽容和各退一步的折中之道,颇为符合《大清律例》条文背后的儒家思想,州县官毫不隐讳地在判决中直接援引这一民间习惯,而无须作出不按律裁决的解释和说明。因此,以"义让"为代表的符合国家律例精神的地方习惯在清代的个案审断中,直接成为州县官解决纠纷的依据。

三

清代疆域辽阔,各地地方习惯纷繁复杂,各地的习惯都产生于其独特的社会环境,并非地方的每一种习惯都符合全国性的道德及法律标准。国家虽强调上下各地俱有正统一体的儒家标准,但各地也会因为风土民情存在游离于国家律例规范之外甚至受到国家律例强令禁止的民间习惯。对于清代州县官的审断而言,这类习惯不可能像"义让"类的习惯一样直接出现在判词或批词之中,而是通过间接的方式影响着州县官的审断。

如在川陕一带,清代均存有"转房"的习惯,寡妇转房在古代文献记载中称为"烝",在现代婚姻学上通常称之为"收继婚",指弟兄之间如有亡故,生者可以娶兄嫂或弟妹为妻,即"兄亡收嫂"或"弟亡收弟妇"。清代徐珂在《清稗类钞》中说:

---

① 《为具告杜春培等乘死欺撇抗还膳银事》,光绪三十三年,目录号 18,案卷号 388,南部县正堂清全宗档案,四川省南充市档案馆藏。

"汉中恶俗，往往有指媳以继子，招夫以养夫，甚至以胞弟媳孀嫂，谓之'转房'。弟若不可，则嫂可以吞房灭伦控之，且一女可嫁数家，曰'放鸽'。"① 由于这样一种地方婚姻习惯违背了儒家伦理，国家律例规定了重至死刑的惩罚，《大清律例》"户律·婚姻"的"娶亲属妻妾"条规定："若收父祖妾及伯祖母者（不问被出、改嫁），各斩。若兄亡收嫂，弟亡收弟妇者（不问被出、改嫁），各绞。妾（父祖妾不与），各减妻二等。"乾隆五十三年出台了一个修订后的条律："至兄亡收嫂，弟亡收弟妇，罪犯应死之案，除男女私自配合，及先有奸情后复婚配者，仍照律各拟绞决外。其由父母主婚，男女听从婚配者，即照甘心听从之男女，各拟监候，秋审时核其情罪，另行定拟。"② 《清代名臣判牍》也记录了朱之榛对常熟县转房予以严惩一案。③

在南部县，官方多次依照国家律例张贴晓谕对转房进行禁止。光绪九年，南部县衙出示晓谕，申明例禁："律载：凡娶同姓无服之亲及无服亲之妻者，男女各杖一百。若娶同宗缌麻亲之妻者，杖六十，徒一年。小功以上之妻，各以奸论。若兄亡收嫂，弟亡收弟妇者，着绞。知情不阻之亲族、地保，照不应重律杖八十各等语，定例何等森严，岂容故违。""近来愚民不谙例禁，纷纷借口同姓不宗，公然同姓为婚，已属□合，甚有谬妄之徒，兄亡收嫂、弟亡收弟妇，名曰转房，……亟申明律例，出示严禁。为此仰县属民人等知悉，……尔等男女婚姻，务须恪守礼法，勿得同姓为婚、尊卑为婚，至于转房恶习，尤当严禁。倘敢不遵，仍蹈前辙，许该亲族保甲人等指名具禀，以凭唤讯□究。

---

① 徐珂：《清稗类钞》第五册，中华书局1984年版，第1997页。
② 《大清会典事例》卷七五六。
③ 《清代名臣判牍》卷三。

一经查讯明确，本县惟有按律定拟，从严惩办，决不稍从宽贷。"①光绪十三年，四川省总督、四川省提刑按察使亦曾为川省民间的"转房"之习札开省内各属："不意民间竟有兄故则收嫂为妻，弟亡以弟妇为室者，名曰转房。其父母族长既懵然为之主婚，戚党乡邻亦贸然予之媒说。甚有父母俱故，族长不知，媒说无人而自行转易，以渎伦伤化之行视为名正言顺之事，相习成风、不以为耻。查律载兄亡收嫂、弟亡收弟妇者，不问被出、改嫁，俱坐各绞。律注：若收兄弟之妻，则灭绝伦常，非复人类亦，故不曰娶而曰收。各绞皆立决。卑职目击浇风，亟思补救，旋即出示晓谕，申明大义，切示科条，务使穷乡僻壤一体周知。"为此，四川省总督各部堂批饬川省各属："乡愚不知例禁，辄敢兄故收嫂为妻，弟亡以弟妇为室，伦纪风俗攸关，自应切实严禁，仰候檄行按察司，通饬各属一体示禁。如有前项情事，按例惩办。"为此，"兹特拟就告示，通饬严禁"，命令各属："即便遵照，将发来告示查收，分发城乡市镇、遍贴晓谕俾众咸知。"②宣统元年，南部县知县也曾颁布晓谕，其中讲道："有一种灭伦纪的人，兄亡收嫂、弟亡收婶，名曰转房，最是灭伦纪的事，都应办死罪的。都是县中恶俗。"③

虽然官方反复强调对转房这一"恶习"要按律例惩办，而且是"按律定拟，从严惩办"，但在南部县知县的纠纷审断实践中，地方习惯对州县审断的影响之深显示无疑，州县官虽然未明确承认转房的合法性，但无一例外都以不同方式违背了律例乃至自己

---

① 《为具禀请示禁同姓名为婚以正伦常事》，光绪九年，目录号 8，案卷号 832，南部县正堂清全宗档案，四川省南充市档案馆藏。

② 《为具诉饶德裕重卖支扫窃诬事》，光绪十三年，目录号 9，案卷号 952，南部县正堂清全宗档案，四川省南充市档案馆藏。

③ 《为遵札示谕购田官制婚书事》，宣统元年，目录号 20，案卷号 1007，南部县正堂清全宗档案，四川省南充市档案馆藏。

所发的文告,对转房案件进行了从轻处理。①

案一

张杨氏与丈夫年老无嗣,早年抱夫家胞侄张安孝承嗣,并为张安孝配妻王氏。张安孝不幸亡故,张杨氏再抱张安孝的堂兄张安平承嗣,继与王氏婚配。张杨氏之夫堂弟张德奇、张天奇等家族众人趁张杨氏之夫于二月内亡故,图分其绝产,并逐安平归宗,族中调解和息不成,双方分别于光绪二十一年三月初二日、十七日互控在案。四月十五日知县讯断后堂谕:"张杨氏既抱张安平承嗣,不应与伊寡媳王氏成配。况张安平兄霸弟妇,实属乱伦颠配,大干例禁,即予笞责,以儆其非。且查张学奇、张安志均系亲属,不惟不劝阻,胆敢从中作媒,于例不合,亦即惩责。本应照律究办,姑念乡愚无知,均免深究。既将张安平赶逐悔抱,其王氏听其另嫁,免生事端。致于张杨氏,孤寡年老,乏人侍奉,着令张德奇等亲属另选昭穆相应之人承嗣。但张杨氏所呈抱约涂销付卷。各结完案。"②

案二

光绪二十五年,马应龙儿子故,留妻李氏。光绪二十六年八月,马应龙同族堂侄马维刚凭媒说娶李氏为婚,议定"财礼钱十四串"。之后马应龙复向马维刚要"老衣钱"(按:置办死者寿衣的费用)四串,马维刚不允,两相口角,邀凭保甲族人集理后,马应龙仍来案控马维刚"估抬"李氏,并将其妻殴伤。经知县审

---

① 根据赵娓妮博士的考察,南部县自道光二年至光绪三十四年的二十一宗涉及"转房"的案件均"从轻"处理。对于南部县婚姻案件的审断及其"从轻化"问题可参见赵娓妮:《清代知县判决婚姻类案件的"从轻"取向:四川南部县档案与"官箴"的互考》,四川大学 2008 年博士学位论文;另见赵娓妮:《晚清知县对婚姻讼案之审断——晚清四川南部县档案与〈樊山政书〉的互考》,载《中国法学》2007 年第 6 期。

② 《为具诉杨通金等套娶遗媳借搲伙诬事》,光绪二十一年,目录号 12,档案号 963,南部县正堂清全宗档案,四川省南充市档案馆藏。

断,判道:"查讯家族,并无估抬情事。然同族转房,卖者买者均应有罪,姑念乡愚无知,饬令马维刚仍照中议敷补应龙老衣钱四串,余概免究,各结完案。"①

案三

陈氏夫故,时陈氏年逾五旬,故夫并遗有产业。光绪二十八年,陈氏与故夫堂兄黄金斗成配。光绪三十二年七月,黄金斗前妻之子黄华堂因家庭琐事将继母陈氏"殴逐",陈氏娘族因此于七月十一日具控新政坝分衙。该分衙断:黄金斗"颠倒人伦,转房成配,有伤族风。且由其子黄华堂目无母伦,与陈氏滋角逞凶,将陈氏逐出,致酿讼端",并断其仍将陈氏"领回"。在此期间,黄姓家族有武生黄金山等人,以黄金斗"逆伦",欲令其出钱酬族。因此,黄金斗于七月十七日向县具控黄金山等向其搕索。九月初二日,黄陈氏亦递状控黄金斗父子将其欺逐各情,恳请将其父子"严究"。南部知县在状词上批:"该氏夫故时年已五十有五,且遗有家产。不自守节以终,辄即违律妄嫁,致被黄金斗纵殴霸逐,实属自取。"十月二十八日县衙提讯,黄金斗称:"小的不应与陈氏颠配,沐将小的同子华堂锁押,交差在店守法,与族人调好。"准备"和息"结案。为此,黄金斗觅保将其子华堂先行保出,与族人黄金山等准备"集理",黄金斗自己仍被押在店等候消息。十月二十日,黄金斗听闻族人欲令其出钱数十串,黄金斗不允。十一月十七日最终讯断,知县堂判:"查黄金斗乱伦颠配陈氏为妻。其伊子黄华堂亦不应抵触助恶,照例究惩,均有重罪。姑念乡愚无知,各予笞责示儆。饬令黄金斗与陈氏两相离异。据陈氏供称,改嫁带有器具,事已数年,作为罢

---

① 《为差唤马应龙具告马维刚等霸配子媳行凶案内人证赴县候讯事》,光绪二十五年,目录号15,档案号144,南部县正堂清全宗档案,四川省南充市档案馆藏。

论。断令陈氏即归娘家,或嫁或守,听其自便。"①

在这些案件中,"转房"为律例所明确禁止,地方官员也充分知晓中央官厅的态度,故而不可能如同对"义让"一样,在判决时对此习惯采明确肯定的态度,但这并不意味着转房的习惯未对州县官的审断产生影响。如果转房仅是个案而非地方习惯,州县官在审理中可能会毫不犹豫地依律严惩,因为这样做既符合国家律例的"治统",又遵从了儒家经义的"道统",从严处罚违背伦理和律例的转房可称是学而优则仕的地方官的最佳选择。但正是因为转房在南部县不是作为个案而存在,而是有着较深厚的民间认同,所以,州县官在审理地方案件时,在道统和治统之外,还必须顾及民意和法不责众的实际。因此正如上述三案所述,南部知县审理的转房案件,按律都可以判处重至极刑的惩罚,但实际情况往往是在"姑念乡愚无知"的自我辩解下,重重举起,轻轻放下,顶多给予极轻的笞责处罚。"乡愚无知"这个理由在清代州县审断中频繁出现,它本不具有认定个案的实际意义,或者说,类似这样一些"例外施恩,姑从宽免"的语言,表现出的是父母官所拥有的爱民、怜民、宽民的"人道"关怀。但这样的爱民表现一般出现在本来就不太严重的案件判决之中,以今天的表达方法,是出现在量刑环节而非定罪环节中,如果以今人的视角来看,一桩可判死刑的案件一旦定性,不可能在量刑环节给予拘留处罚结案。但在地方习惯面前,州县官巧妙的操作体现了这样一种中国传统审断所极为推崇的从轻处罚、教化为主的精神,绕开了对"恶习"的严厉处罚,实现了司法实践对地方习惯的包容和迁就。

---

① 《为具告黄寿山等暗串锁押搕掳钱文事》,光绪三十二年,目录号17,档案号900,南部县正堂清全宗档案,四川省南充市档案馆藏。

四

　　习惯如何影响甚至导入正式的审断，依赖于其所在时代的法律和司法文化背景。在当下的中国，习惯未成为正式法源，但在商事领域仍不排斥商事习惯在缺乏法律规范的前提下发挥作用，因此习惯作为非正式的法源，发挥着补充某些领域成文法缺失的作用。民国时期，民法典明确规定了习惯的正式法源地位，习惯作为正式的法源进入司法审判之中。有清一代，除清末修律引入了西方法制且未得以实施外，中国传统法律体制的多元性是其主要的特点，于律例和情理之中，习惯作为民情之一，虽未具有明文的法律地位，却有着符合法律之上"道统"而产生的合法性，也是地方官员妥善处理地方性事务的必然要求。清代的州县官在治理地方时享有较大的自主性，可以依凭自己所认为的最佳的处理纠纷方式，审断户婚田土等自理词讼的细故案件并结案，对于笞杖以上的重情案件，也可做出"看语"（亦成拟律）。而清代政府考察一个地方官的政绩，更看重的是其辖区内的治安状况，无讼则意味着天下太平。加之清律十分详尽的列举式规定，也给州县官每一个案件都严格依律而断带来困难。因此，就清代的社会和法律状况而言，州县官不会有严格依律判案的动机和可能性。因此在州县的纠纷审断活动中，律例和情理的结合就成为清代州县官审断案件的必然选择。

　　诚如上文所说，清代州县官审断中所谓的情既包括人情和案情，也包括风土民情，即一个地方的风俗习惯。当这一习惯为国家律例所不禁，则州县官可以大胆运用，直接将民情引入审断，此为道统高于治统的必然；当其为国家律例所禁止，但考虑到地方的特殊性，州县官虽然不直接引用，但仍可以人情为借口，以"看似通达人情，实则迁就习惯"的方式间接使其进入审断，此为地方现实高于理想政治的必然。清代州县诉讼中习惯通过"引情入法"的方式影响审断，如下图所示：

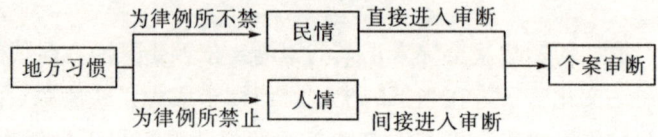

概言之，只要习惯具有了一定的影响力，无论其是否与律例乃至儒家经义相融，清代州县官在审断地方纠纷时都不得不重视习惯在民间的存在，从而采取不同的方式将其引入审断，清代州县诉讼中所据以审断的"法"①也就因"情"之所在而有了更为广泛的含义。

---

① 关于中国传统"法"的寓意转化，参见里赞：《"变法"之中的"法变"：试论清末法律变革的思想论争》，载《中外法学》2001年第5期。

晚清知县对婚姻讼案之审断

——晚清四川南部县档案与《樊山政书》的互考

赵娓妮

《大清律例·户律》"婚姻"门共包括十七类涉及婚姻关系的违律行为,"典卖妻妾"属于其中之一。我们在清代四川南部县档案中发现,在有关婚姻关系的诉讼中涉及"典卖妻妾"的诉讼时有所见。此外,案卷中亦有涉及"犯奸"及"诱拐"的案件。本文拟着重研究与婚姻关系密切相关的讼案,就此,对清代四川州县的审断做一考察。

虽然本文拟考察的几类行为均直接涉及婚姻关系,但"典卖妻妾"被归入律例"户律"的"婚姻"门,"亲属相奸"被归入"刑律"的"犯奸"门,"诱拐"则被归入"刑律"的"贼盗"门。如以通常采用的州县处刑标准来划分,"典卖妻妾"依律处"笞、杖",属于州县"自理词讼",传统上呼为"细事";"亲属相奸"和"诱拐"依律处"杖、徒",常常统称"奸拐",与"细事"案件相对,属"重情"。

由于律令禁止"买休卖休""犯奸"和"诱拐"并规定了相应的处罚,因此,本文将首先结合《大清律例》中对这几类行为的认定与处罚,就几类案件在晚清四川南部县的审断情况做一初步的考察。

一、"细故"案件——"买休卖休"①

妻妾的典买典卖,因妇女事实上处于"被典卖"的地步,买卖的整个过程多少令人伤感,而且,妇女的改嫁亦意味着名节的损失,因此,在未触及具体的案例前,通常会认为,被典卖的妻子是极被动或极不情愿的。但事实上,由妻妾自行提出,或选择以"私逃"等方式离开丈夫的案件实在并不少见。为此,在这类卖妻的文约上往往会有几句套语,诸如"今因家贫,难以顾活,愿解网放鱼、开笼放雀"等。至少,由字面看,这"网中鱼""笼中雀"是并非不乐意被"解放"的,故而文约也往往写明"经夫妻二人商议"等语。

依照习俗,一桩妻妾买卖的成交,必须邀集媒证并写立"文约"。买卖双方需在文约上摁上手印②,过交完"财礼"之后,买休者将买卖的"标的"——妇人领走,买卖即告成交。这些基本程序与普通买卖基本一致,每一个参与买卖的人均须遵守。但"买休卖休"与普通买卖显然有着很大的分别:"买休卖休"为《大清律例》所严厉禁止。《大清律例·刑律》"犯奸"门"纵容妻妾犯奸"一条规定:

> 若用才买休、卖休[因而]和[同]娶人妻者,本夫、本妇及买休人,各杖一百;妇人离异归宗,财礼入官。若买休人与妇人用计逼勒本夫休弃,其夫别无卖休之情者,不坐;买休人及本妇,各杖六十,徒一年;妇人余罪收赎,给付本夫,从其嫁卖。妾,减一等,媒合人各减犯人[买休及

---

① 出卖妻妾的行为在习惯上称为"卖休",购买一方的行为则称为"买休"。"买休卖休"是对这类行为的统称。

② 通常还须印上脚印,称为"手模脚印"或"手足印花",笔者发现,在南部县清代档案中,这类印有手足印花的卖休文约在光绪以前更为普遍。

逼勒卖休］罪一等［其因奸不陈告，而嫁卖与奸夫者，本夫杖一百，奸夫、奸妇各尽本法］。①

因此，卖休者与明知故买的买休者依律均应处"杖一百"的刑罚，被买卖的妇女应交回娘族管束，其两次"婚姻"均告解除，过交的"财礼""没官"；即使不知为他人"生妻"而买妻者，其"婚姻"也不能成立，但可将过交的财礼追回。

从案卷中所表现的州县对这类案件的处理来看，上述《大清律例》的规定却显得有些"游移"。

案例一

有乡民胡自亭之子宝俊娶妻赵氏，已经三年，但这对年轻的夫妇相处并不和谐。胡家因此欲托媒将赵氏卖与杨天伸为妻，对于此事，赵氏本人也表示同意。双方书立婚约，凭媒接人，胡自亭得卖价六串，媒证三人得钱四串。依照族谱，当地赵、杨两姓为异姓同宗，按族规不得为婚。为使买卖成交，胡家假称赵氏姓黄，意图蒙混买妻的杨家。但赵姓族人获知后不依，以这桩婚姻有违族规为由，要求胡姓父子"耽约集理"。胡姓父子并不遵理，于光绪三十二年二月十八日来案控赵姓族人将其"押店滥食口岸"②，意图敲诈。

光绪三十二年二月二十一日签票差唤被告、干证十人。三月

---

① 姚雨芗原纂，胡仰山增辑：《大清律例会通新纂》（四），第 3225～3226 页。该书收入沈云龙：《近代中国史料丛刊》，文海出版社。标点为本文作者所加。

② 当地习惯，遇有纠纷，于未控案之先，应由族长、保甲、绅首、场头等人出面邀集众人理说是非，以求解决。甚至在族规或家规中并与众人明订：未经族理明，不得率行呈控。地点一般在宗祠、寺庙，或场镇的茶铺酒肆。就所争执之事理明是非、达成协议后，写立文约为凭，并由是非双方，或者无理的一方，耽承众人的茶叶钱、酒水钱、"刀菜钱"等，称之为"集理"。更为严重一些的纠纷，则会由一方将另一方押往旅店住食，直至纠纷获得解决，或达成妥协，即所谓"滥食口岸"。

初一日，经堂讯，县主断："姑无论赵、杨同族为婚，不合于礼，买休卖休已大干例禁。"并特别指出："川北此风甚盛，非大加惩创不可"。县主决意"大加惩创"的判决为：将"卖休"的胡姓父子，"买休"的杨天伸，及媒证"均予重责"。① 断令赵氏既经出卖，"则恩义已绝，自无再回胡家之理。而杨天伸亦无应取之义"，令赵氏随母回家，"听凭另行嫁卖"。

但在财礼的处理上，知县并没依照律例。他考虑到赵氏与杨天伸离异后，如暂时不能再嫁，则生计会有困难，断令胡姓父子将所收财礼钱共十串缴出，"即给赵氏，以作用度"②。

案例二

敬长桥与妻子何氏不相和睦，且生计艰难。光绪三十二年，何氏不告知丈夫敬长桥，独自外出佣工。三十三年二月四日，敬长桥在何氏的雇主米家将妻子寻获，与米万金及其家人发生口角，当下知晓保正。经理明，敬长桥甘愿"卖休"，随即凭媒书立文约，将妻子嫁卖给米万金为妻，得财礼钱二十串。但几天后，敬长桥却来案具控米万金"暗拐"何氏"霸奸"，为逼娶何氏，米家将其"关禁空楼"，勒逼他写立卖妻文约，卖妻财礼钱二十串由米万金"作开火耗尽净"，并未给付，以致现在自己人财两空。米万金则在诉状中称，敬长桥实因得财礼后，继而需索不成，才来案捏词具控。

案经唤讯，光绪三十三年三月二十九日，知县堂断："敬长桥之妻何氏背夫逃走年余，今春敬长桥与其叔均连在何氏雇主米朝刚家寻获，敬福三（按：为敬长桥亲族）等不愿承领，串卖与

---

① "重责"在南部知县的堂断习惯中，通常应指杖刑，区别于笞数较少的"薄责"。

② 引自《南部档案》，全宗号清一，目录号18，盒号158，件号1323。

朝刚之侄米万金为妻,得财礼钱二十千文,已经成婚。事因需索不遂,捏词妄控,情殊逞刁,照例本应离异,财礼入官。姑念长桥等贫困,无力退还,且不能养妻,另发官媒,又至失节①,有所不忍。从权仍断米万金领妻约束。长桥等卖妻复搪捏控,与均连、福三各予责惩。各结完案。"②

县主在判词中首先提到律例对买休卖休的相关规定,即"照例本应离异,财礼入官",大约何氏已无娘家人,或者其娘族不愿承领,照律应由官媒嫁卖。但是,他最终放弃了照律裁断,考虑到"长桥等贫困,无力退还(已收财礼),且不能养妻",对于何氏,如断离异,将其"另发官媒,又致失节",因而"有所不忍"。在经过多方权衡后,县主判:何氏由米万金领回。但对敬长桥等"需索不遂"而捏词妄控,仍觉"情殊逞刁",因此判令将其予以"责惩"。两造最终具结了案。正如产业买卖之后,卖业一方常常借故需索不成,继而捏告而获惩的情形一样③,本案中"买休卖休"的"卖后图搪"一方,被予以惩治。

案例三

杜春林之女杜氏嫁与赵良玉。因丈夫赵良玉"素不务正",以致"家业凋零"。杜氏的生活实际由杜氏父亲杜春林供养。光绪三十四年八九月间,杜氏被嫁卖给李国太为妻。赵姓族人闻讯,因怀疑杜氏被其父亲嫁卖得钱,邀集保正等人集场理明。杜春林称赵姓族人"押搪不已",前来控告。④ 宣统元年二月十九

---

① 何氏已与米万金成婚,如依律断发官媒,则应由官媒为其再寻人嫁卖,何氏必再次"失节",因而县主"有所不忍"。
② 《南部档案》,目录号18,盒号26,件号227。
③ 这是买卖,尤其是田地、房屋买卖成交以后经常会发生的情形:文约已经写明,钱、物也已经过清,但数日或数月以后,原卖方以种种理由向原买方提出加价的要求,意图再行索要。如不得逞往往即行兴讼。
④ 档案中告、诉状不存,诉讼时间不确。

日初讯时，因杜春林与赵良玉各执一词，互指杜氏被对方嫁卖，而缺乏嫁卖杜氏的婚书这一主要证据，讯问不能继续。堂断："今日供词仍系互相狡赖，自非传李崇春及其子（买休者）并赵杜氏到案质讯、调验婚书，不能折断。"十多天后，又开复讯。

宣统元年闰二月二十九日复讯。通过调验婚书，杜氏确系由其夫赵良玉自己卖与李国太：婚书为赵良玉自行书写，通过查验，婚书上"手足印花"也已然相合。经当堂"责惩"，赵良玉承认其自行嫁卖妻子，并收取李国太过交财礼钱"二十二千文"。

县主对这宗案件的折断是："如按例究办，则赵良玉、李国太卖休买休之罪均无可逭。而赵治邦、赵良才借端押搕（杜春林）之咎亦无可辞。"但接下来话锋一转，判道："惟既据赵良玉等求恩愿了，姑着从宽令赵良玉、赵治邦、赵良才等同具：杜氏系由伊等自卖，与杜春林等无尤，以后不得再借事生非，切结存案。其李国太价买有夫之妻，本属不合，但既已过门半载，而赵良玉等亦愿不深究，亦着从宽不办"。此案最后判令："被告（即赵良玉）缴出讼费银八千。"①

案中"卖休"的赵良玉因在堂讯中不供实情而受到"责惩"，并被判令讼费八千文由他缴出。②

案例四

光绪四年三月四日，张氏由其翁姑及丈夫主婚，卖与王宗品（王宗品于八年后卖妻时为二十二岁，买妻时当仅十四岁），有文约写明："情因长子陈玉成幼配张氏为婚数载，不幸今遭大旱，年岁饥荒，衣食两乏。兼之玉成抱病在身，父子叔侄夫妇商议甘

---

① 《南部档案》，目录号20，盒号103，件号991。
② 光绪三十四年，时当新政开办之际，时任南部知县的史久龙提出一套精简书吏、裁撤差役及明定讼费的改革方案，经督宪批准得以实行。其中关于讼费一项规定：讼费由理屈者出。因此，本案断赵良玉出讼费。

愿请媒……向王姓说合与王宗品足下为婚，凭媒议定财礼钱五千文，酒水、脚目手印钱一并在内……"

八年后，即光绪十二年二月二十七日，王宗品又以几乎同样的理由，将张氏凭媒嫁卖与邓士连为妻，但财礼似乎远多于王宗品上次买妻的花费。双方议定财礼：纹银一定，钱十二千①，有文约为凭。如果不发生后来的事情，这桩婚姻在众人眼中显然已经成立。但事后当邓士连过交财礼钱文、将人接回之时，双方起了争执。王宗品率先于光绪十二年三月十五日具控，称邓士连已将张氏接走，但议定钱文尚未过清；②而邓士连则诉称王宗品已经收钱，又企图"重搕"。

县主并未批令质讯，而是于三月十九日饬差前往协同词证等人"确查王宗品之妻张氏曾否被邓士连串媒王维祥谋娶。抑或王宗品卖休后，王宗明从旁借索未遂各情，详细查明，据实回县禀覆，以凭核夺"。值得注意的是，通常，书差的任务仅是往原被告所在地，差唤原告、被告、干证等人前往县城候开堂讯，此为"签票"。③这种令书差前去调查案情并最终将案理处的情形应属

---

① 张氏第一次"幼配"陈玉成时可能为"小养"：按当地风俗，女孩几岁时即可"过门"，在夫家生活至与丈夫"结缡"方为真正意义上的夫妻。如果张氏的年龄与陈玉成相差无几的话，依此推算，八年后的张氏年龄当在二十岁左右，这可能是她第二次卖价比第一次高出很多的原因。

② 王在告状中自然将自己放在极被动的位置，称其妻张氏系受邓士连"勾诱胡为"，自己系被"勒书婚约"。

③ "签票"有固定的格式：××（按：为正堂全衔）为差唤事，案据××具告××一案，据此合行差唤，为此票仰该役前去，即将开后有名人证逐一唤齐，依限随票赴县，以凭讯究。去役毋得借票需索，滋事迟延，如违重究不贷。慎速需票计唤被告××应讯××干证××原告××住××地离城××里（如案件紧迫，此处还会加上一句：限×日传到）。×年×月×日。

例外。①

十多天后,书差回禀:王宗品卖妻张氏与邓士连,议定财礼,写明婚书各情属实。只是,"衅因士连交付财礼,搀有毛钱",宗品要求调换毛钱而"角口控案"。书差并称,应词证等人请求"两造均属谊戚,不忍听其缠讼受累",最终"相邀原、被人等集场理明,饬令士连将毛钱换好,给王宗品领明息讼,均各悦服。书有永不借端生事字据"。书差将全部办案经过禀明。县主因此决定就此销案。②

在书差的主持下,原本可能经传唤讯究方能解决的诉讼以"集理"的方式得以了结,县主对其中所涉及的"买休卖休"未加过问。

由以上案例视之,州县对"买休卖休"的理断显然并未严格受到《大清律例》的约束。这是否与上述案件均属"细事",而最高刑罚依律不过"笞、杖"有关呢?"亲属相奸"和"诱拐"依律均可处"杖、徒",因此,由"买休卖休"到"亲属相奸"和"诱拐",体现出由"细事"到"奸拐重情"的变化。那么,对后两类案件的审断又将如何呢?

---

① 依照条例:"民间词讼细事……许令乡保查明呈报,该州县官务即亲加剖断,不得批令乡地处理完结。"见姚雨芗原纂,胡仰山增辑:《大清律例会通新纂》(四),载沈云龙:《近代中国史料丛刊》,文海出版社,第2944~2945页。另据薛允升:《读例存疑》,此条定于乾隆三十年,见艾闻博:《中文研究资料中心研究资料丛书》(八),黄静嘉编校:《读例存疑重刊本》(四),成文出版社1970年版,第994页。但这种实际命书差协同乡保将案理明之后回禀销案方式的采用,在清代的南部县档案中相当频繁。

② 县主在书差的禀文后批明:"悉销。"《南部档案》,目录号9,盒号56,件号551。

二、涉及婚姻关系的两类"重情"案件

（一）亲属相奸

"犯奸"历来被视为重罪，非寻常细故可比。《大清律例·刑律》"犯奸"门下列举了十类罪行，大都规定了较重的刑罚，"亲属相奸"更被视为"大乖人伦"，所处刑罚重于一般"犯奸"行为。"亲属相奸"一条规定："凡奸同宗无服之亲，及无服之妻者，各杖一百。[强者，奸夫斩监候。]奸［内外］缌麻以上亲，及缌麻以上亲之妻，若妻前夫之女，同母异父姊妹者，各杖一百、徒三年。"[①]

"娶亲属妻妾"一条规定："若娶［同宗］缌麻亲之妻、及舅甥妻，各杖六十、徒一年。小功以上［之妻］，各以奸论。[自徒三年至绞斩]。"[②]

"犯奸"一条规定："其和奸、刁奸者，男女同罪。奸生男女，责付奸夫收养。奸妇从夫嫁卖，其夫愿留者，听。若嫁卖与奸夫者，奸夫、本夫各杖八十；妇人离异归宗，财礼入官。"[③]

对于此类行为，且看县主当作何断。

案例一

光绪三十一年正月间，李张氏儿子外出，已近两年，遗妻田氏在家务农。有李张氏堂弟李含荣来家雇请田氏佣工，从此李含荣与田氏私通，李张氏并不知情。后田氏因身怀有孕，不得已向

[①] 姚雨芗原纂，胡仰山增辑：《大清律例会通新纂》（四），第3225~3226页。该书载沈云龙：《近代中国史料丛刊》，文海出版社。第3233页。

[②] 姚雨芗原纂，胡仰山增辑：《大清律例会通新纂》（四），第3225~3226页。该书载沈云龙：《近代中国史料丛刊》，文海出版社。第1049页。

[③] 姚雨芗原纂，胡仰山增辑：《大清律例会通新纂》（四），第3225~3226页。该书载沈云龙：《近代中国史料丛刊》，文海出版社。第3198页。

李张氏叙说缘由。李张氏遂投报族人，族人不依，"理斥其（李含荣）非，众令李含荣出白米二斗，以作田氏生育费用"，众人主张"劝和了息"。事后，田氏向李含荣家讨米，李含荣父亲怀疑是李张氏"支痦"，反支人将李张氏殴伤，李张氏因此于六月十四日来县呈控。李张氏因"无钱遵式（递控状）"，喊冤辕下，被准由刑仵验明伤痕：身上有拳伤、踢伤等若干处。李张氏随后又被允许补上"白呈"，叙明原委，获词批："伤经验明，候唤讯察究。"几天后，李含荣父亲在诉状中并不承认李张氏所告事由，反称：为李张氏作抱的李含龙（按：李张氏为其胞嫂）及干证李猷昌等因欠粮不交，唆使李张氏诬指泄愤。

光绪三十三年六月二十四日，饬差前往唤讯。七月十五日，此案经集讯，讯明："李田氏之夫因前年逃荒出外，至今未归。李含荣系其从堂叔，辄敢与田氏通奸有孕，乱伦不法，着即重杖枷号。田氏不久生娩，奸生之子，将来责令含荣收养。田氏，饬令其姑张氏严加管束。"①

李含荣既系李张氏的堂弟，其与堂侄在服制上属小功亲，与堂侄之妻属缌麻亲，两人通奸则属上述亲属相奸一条所谓"奸（内外）缌麻以上亲"的情形，按律应处李含荣"杖一百、徒三年"。李含荣实际被处杖刑外，枷号一个月，并须抚养田氏即将分娩之子。田氏被"饬令严加管束"，未受处罚。

案例二

徐培与守孀的堂侄媳徐彭氏私通，光绪十八年间，家族将二人捆送县衙，前县主讯明，因未当场拿获，未予追究，只令其不准再与徐彭氏来往。案断归家后，家族不依，经集议，公论让徐培出银四十两作为彭氏"养赡银"，以求永断往来。因徐培无现

---

① 《南部档案》，全宗号清一，目录号：18；盒号：27；件号：231。

钱，就将当约四张作抵，交徐彭氏。但此后二人并未断绝往来，直到徐培娶妾曹氏，方对彭氏生嫌疏远。彭氏因向徐培讨养赡银，被徐培及其妾曹氏所殴，曾于光绪三十二年十月二十日具控到县，据彭氏禀称：由于"伤以细微"，县谕"投族执据理落"，但"理落"不下，且彭氏因讨要银两再次遭殴，因此，光绪三十二年十一月十四日彭氏又禀控到县。

光绪三十二年十一月二十一日，饬差唤讯。十二月二十五日，县主堂判："（徐培）背乱伦常，目无法纪，姑念当堂认错，从宽听其罚钱二百千，充作县中工程之用。徐培供称，从前家族公罚付彭氏养赡，亦属荒谬，应毋庸议，将当约四张发还徐培。"

案断后，徐培被押在外监，候交罚银。之后因徐培将银交出，三十三年二月十三日又开堂讯，据笔录："堂谕提讯得徐培霸占侄媳，实属罪有应得，前已从宽断罚，赎罚钱二百串，充修习艺所之用，胆敢拖延抗缴，将其薄责以儆。再限十日，如违提比，定予笼禁不贷。"此后，徐培称其愿卖业抵罚。因卖业纠葛，历时近四个月，其间自光绪三十三年四月至六月，又开堂讯四次，徐培最终获判："姑念徐培卖业缴钱赎罪，从宽减罚款六十千，着即速缴钱一百四十千，加恩完案。"①

此案中的徐培与上案中的李含荣一样，均犯与侄媳通奸之罪，李含荣被处"重杖枷号"，而本案徐培被"罚钱二百千"；同时，因从首次讯断后一直未缴罚钱，实际被押在外监近六个月。后来县主因为徐培系卖业认罚，被"加恩"从宽减去六十千。与族叔通奸的徐彭氏未受处罚。

---

① 《南部档案》，目录号17，盒号79，件号665。

案例三①

张心原配敬学寅之女敬氏为婚,但敬氏嫌张年幼,不听其约束。后来,敬氏与张心原堂兄张应贵通奸,已有年余。张应贵以张庭福等为媒,干脆将敬氏说娶为妾。因有张心原自己书立手印婚约,显系其自己将敬氏卖与堂兄为妾。或许因为此事事关通奸,有损颜面,所以并未通知同族人等。但家族张奇先等知后不服,在"赶场"时与张应贵相遇,双方"揪殴角口",场头等"集理未息",张奇先来县控案。

案经讯明:"张应贵不应说娶同服生妻,当将杖责枷号。""张心原不应知情嫁卖,例应责惩,从宽免究。"对敬氏的处断为:张心原称实不能管束(敬氏),情愿离异。并断令将敬氏交保嫁卖,财礼入公。因敬氏"不守妇道",将其掌责。此外,媒人张庭福、刘德辂不应说娶同服生妻,判令杖责枷号。②

此案中,张应贵与张心原系堂兄弟,服制上为大功亲,张应贵与堂弟之妻通奸,并"先奸后娶",被处刑"杖责枷号";对"不守妇道"的敬氏,除将其掌责外,并"交保嫁卖"。

案例四

户房书吏周学满系孀妇李周氏的本宗堂叔祖,两人私通。之后据李周氏称,因其身怀有孕,周学满"虑恐败露,暗捡打药,纵令伊妻谯氏佑氏煎服,打胎不堕",将其"殴逐"。经投凭族人说理,阖族二十余房人等公论:罚周洪成(按:为周学满父亲)父子"(与)各房建立永正人伦之碑,以儆后世子孙。(与)各房

---

① 此案年代不详。但张心原供词中有"小的年十六岁(按:为审讯时),道光十六年配敬学寅之女敬氏为婚"之语,而按照习俗,多为"幼配",即男儿通常在四五岁至七八岁时便与女家联姻。据此,此案应发生于道光末、咸丰初。

② 《南部档案》,目录号19,盒号23,件号260。本案案卷仅存提讯单及讯问笔录部分,原件无年代,上述案情引自笔录。

治酒十席外，罚钱百串，培修宗祠"。

但周洪成父子看来并不认罚，父子俩决定以官司来解决事端。二人于光绪三十二年六月三十日具告，所告的事由为土地压佃纠纷，告状的内容与乱伦情事毫无牵连。原来，李周氏虽居孀，但拥有故夫遗留产业。在与周学满私通期间，李周氏曾将土地一丘压佃给周洪成父子。周洪成父子两人因此告李周氏与胞弟周体常因估霸瓦房、勒让田丘不遂，"强获"其晾晒的黄谷并打抢门窗等情。为此，李周氏则于七月初四日以其胞弟周体常为抱告，告周学满与其通奸，父子两人对同族公议"抗场不理"等情。

光绪三十二年七月初六日，票差奉票下乡前往勘唤，查明李周氏与胞弟确有收走周洪成父子黄谷三挑之事，但并未打坏门窗等情。大概自觉勘验结果于自己有利，七月十六日，周洪成父子又具禀称，李周氏所告乱伦情事本为"挟嫌移祸"，企图诬赖。

但半个月后事情有了变化。原被人证来县候审后，投凭绅首、城约等人"挽场说好"，就压佃事情"理明前情，算清帐项，退价援约"，双方并已"和好如初，三面允悦，均无异议"，决定具结寝事。于是，周洪成与李周氏姐弟均具禀恳请销案。但县主并没就此寝事，词批："应候提讯再为察夺。"

八月二十四日，案经提讯，对于压佃的纠纷，由于两造已经协议，堂谕只针对周学满的"乱伦"："周洪成具告周体常一案，查讯周学满辄敢与李周氏乱伦情事，实属有关风化，本应照例惩办，姑念族保周正猷等代为邀恩，从宽将周学满等分别责革（因周学满为户房书吏，此处当为革去其户书之职），以示惩儆。断令归家各安本分，各结完案。"[①]

周学满受到"责革"其户书之职的处罚。

[①] 《南部档案》，全宗号清一，目录号19，盒号91，件号756。

（二）诱拐

《大清律例·刑律》"贼盗下"有"略人略卖人"一条，针对诱拐他人为妻妾、子孙的行为，其相关律文如下：

凡设方略而诱取良人［为奴婢］及略卖良人［与人］为奴婢者，皆［不分首从，未卖］杖一百、流三千里。为妻妾、子孙者，［造意］杖一百、徒三年……

被略之人不坐，给亲完聚……

若和同相诱，［取在己］及［两］相［情愿］，卖良人为奴婢者，杖一百、徒三年；为妻妾、子孙者，杖九十、徒二年半；被诱之人，减一等，［仍改正给亲］未卖者，各减［已卖］一等。①

案例一

宋女儿原为保宁府人，娘家因为贫穷将其抱与李姓人家为婚，过门半年左右，尚未婚配，自称因受夫家嫌弃，光绪三十三年十一月底离家出走。途遇邓老婆，欲将宋女儿"令人引至南部，觅一人户"，宋女儿应允。被唐焕昌、张炳林带至南部，于差役王炳所开旅店内暂住，三人商议将宋女儿嫁卖。唐、张二人因恐人生疑，与宋女儿以兄妹相称，请不知情的陈泽仕为媒，将宋女儿嫁与罗文朝为婚，议取财礼钱八千文，书有文约。罗文朝与唐、王等过钱三千五百文，余钱推约明春付给。

但据宋女儿后来供称：十二月十七日迎娶时，"把小女子送过罗文朝家，隔不一时"，罗文朝即通过同院妇女之口，查知宋女儿来历不明，且原有婆家。因虑生后患，当即于是日下午即将宋女儿退还王炳林，并要求还钱。因只获还钱二百七十文，余钱

---

① 姚雨芗原纂，胡仰山增辑：《大清律例会通新纂》（四），第3225～3226页。该书收入沈云龙：《近代中国史料丛刊》，文海出版社。第2213页。

抗退，两相口角争吵。当夜，警局因王炳私开客店，来店盘查，发现宿店的唐焕昌等人嫌疑，警局当即传人诘问，并随即于十八日将案向县送审。

十二月二十八日，经提讯后，做出堂判。判词首先强调："王炳身充差役，竟敢与唐焕昌、张炳林串同，在保宁拐带宋女儿到南（部）价卖，实属胆大妄为。"为此，断令将王炳"先予重责"。唐焕昌、张炳林与王炳三人"一并押候，按律惩办"。

因唐焕昌、张炳林均系保宁府阆中县人，县主决定将二人移解回原籍，断令："唐焕昌、张炳林与王炳串同拐逃，本应重办，姑念从宽，各予重责，移解阆中县交保管束。"同时，将宋女儿一并命差解回，令其夫家将人"领回管教"；而对于一直收押在外监的王炳，则最终断令："从宽着罚苦工两个月，限满省释。"①

王炳身为差役而串同拐卖，受罚重于唐、张二人：除受"重责"外，并罚作工两个月。

案例二

光绪三十二年九月，萧万福与儿子前因受案牵连在城候讯，差役杨树奉差往萧万海家办案，时遇萧万福儿媳杨氏独自在家。杨树起意拐带杨氏，经同院萧秀海得钱通情及同班差役敬益相助，将萧杨氏拐出藏匿他处，继而伪造婚约（其所谓"婚约"，字迹潦草且别字百出），雇轿将杨氏"迎娶"。萧万福父子归家后发现杨氏逃走，遂与亲戚宋文仲一起寻找，于光绪三十三年正月间，终寻访到杨氏被藏匿在杨树邻居何国才家，其却拒不交人。萧、宋二人投明该管保正杨宗政，该保正在收钱六串后并未如其所诺将杨氏寻获。人财两失的萧万福因此于光绪三十三年二月一

---

① 《南部档案》，全宗号清一，目录号18，盒号35，件号299。

日将杨树及杨宗政等人控案。

之后，宋文仲将藏匿的杨氏寻获。此时杨树因畏罪，以钱三串、银十两"贿和"宋文仲，但萧万福控案已经唤讯。三十三年二月十二日，饬差票唤被告、干证、应讯诸人。三月十五日讯明："萧万福之媳逃走，乃萧秀海与差役杨树串诱同班之差役敬益为之作合，立约、改名嫁与杨树，捏书财礼。迨萧万福请宋文仲访确，在何国才家。投保正杨宗政，乃故意支吾，索得钱六千文，仍不与搜寻交人（据萧万福供称保正曾向其许诺'包民获人'），万福复在思依放自行寻获。呈控之后，宋文仲又复从中和案，得杨树钱三千文，银十两。种种诡谲，均属可恶，着将杨氏鞭责，交萧万福父子领回，严加管束。杨树重杖囚禁。敬益枷杖示众。杨宗政斥革保正，追出钱六千，发还万福。宋文仲追出银一锭、钱三千充公。均限三日呈缴，如违提究。各结完案。"①

此案中，杨树的同班差役敬益因助其诱拐而被处杖刑并枷号示众，在披枷一个多月后，获保开释。正犯杨树被处"重杖"并予"笼禁"，在敬益获准开枷的同日被开笼卡禁。杨树在押期间，曾几次以患病等情恳请保归，不获准。卡禁两月后，杨树再以自己"染患痢症，又兼老母在家无人侍奉"为由，托人来案具保开释。堂谕："念其上有老母，准从宽开释。"②

案例三

光绪二十八年，彭修际因岁荒出外贸易未归，其发妻何氏被王子建拐带。后来，经凭王子建"至戚"梅应纪为媒，王子建将何氏说与杜先模为妻，至光绪三十四年，已经三载。前于光绪三十年，彭修际归家发现妻子何氏及其子不知所踪。

---

① 《南部档案》，全宗号清一，目录号18，盒号26，件号225。
② 《南部档案》，全宗号清一，目录号18，件号233。

三十四年二月初一日，彭修际在新镇坝望会，撞遇何氏与杜先模，两相口角，有绅首、保甲凭场理论，两造当下书立"理明了息退领合同文约"："……理明（杜）先春（杜先模也许因为理亏，又迫于绅首'场议'，当时不得不予接受，但心存翻悔之意，故在文约上用假名'杜先春'）理应将何氏退还彭修际领回"。书约并写明：场议的开销"茶酒耗费钱"因"二比均属家贫，绅首不忍，酌议将十全会善果钱乙串垫支，将事了息"。

但事后杜先模随即于二月二十四日控案。

此案中，王子建系拐卖真凶，本已被唤讯来案。但因当时案证未齐，王子建被交给其在县城开裁缝铺的亲戚梅应纪"暂保"（梅应纪同时也是杜先模的媒人）。但开案前梅应纪"竟纵之使逃"，致使王子建逍遥法外。堂讯中，梅应纪因做媒嫁卖有夫之妇并纵放王子建，被断令责惩，但由梅应纪之子绍清"当堂替伊父受刑"。

二月二十七日，案经讯明，首先判定杜先模："所取（娶）何氏系彭修际之妻，虽当接取（娶）之时系由王子建之手，然不访明来历，竟敢取（娶）有夫之妇，实属胆妄，本应责惩，既称愿赔彭修际讼费，姑从宽限三日内缴钱十千文给彭修际具领。"后来，在押的杜先模并没有赔偿判令给付彭修际的讼费十千文，终被"重责开释"。

此外，县主对于梅应纪也做出了处罚。堂谕判道：

"杜先模所取（娶）何氏若无梅应纪串同为媒，则尚不至成婚。梅应纪与王子建系属至戚，断无不知何氏来历之事。即如此次王子建业已传到，因案证未齐，交伊暂保，而竟纵之使逃。王子建固系畏究其拐带之罪，而梅应纪从中之串合更属显而易见。此案虽系王子建为罪魁，然梅应纪之罪亦浮于杜先模，着即从重罚充苦工半年示儆，限满察看开释。如能将王子建交案，应准酌减。"最终,梅应纪儿子梅绍清获准代其父罚做苦工。①

由上述两类案例视之,无论对事属"细事"的"买休卖休",或者对于在传统上视为"重情"的奸拐罪行的审断,两类案件不仅在审断和处罚的方法和原则上不存在大的分别,且有一个共同的特点,即州县对两类案件的审断均未严格比照《大清律例》。

县主对讼案的理处果然如此的话,则面临一些问题:如果知县判案不受律例的严格制约,那么知县审案所关注的究竟是什么?是否存在一个可循的判案标准或依据?又或者,四川南部知县的断案特点并不体现当时知县判案的普遍特征?

由于知县对案件的断决往往就事论事,所以在堂谕或判词中,除使用一些套语,如"不合于例""大干法纪"等,通常并不十分详论判案的缘由。由于清代布政使掌握对州、县、府、道词讼的批驳权,因此,其对所批驳之案,则会指出原断的不合或不足之处。而其加以赞许之断,则表明该原断把握住了知县断案的要害。

在清代樊增祥著《樊山政书》② 所收录的批词、判词以及回禀中,有为数不少的内容涉及讼案的判断原则问题,其中就有对"买休卖休"及"奸拐"的案件的评论。不难发现,樊增祥对于州县的断案,尤其强调"人情""公道"或"天理",其所批驳之案均不足于此。即使州县断案并不违例(即律例),但只要所断或蔽于"人情",或有悖"公理",或"是非"不明,则被视为谬断,判官因此可能获参、获革或受到批饬。而讼案的不愧"正断",则并非主要源自判官对律例的严守。

---

① 《南部档案》,全宗号清一,目录号18,盒号159,件号1325。
② 《官箴书集成》(第10册),《樊山政书》(二十卷),黄山书社1997年版,第1~460页。以下简称《集成》及《政书》。

光绪三十一年前后，时为"藩台"的樊增祥在阅《秦报》所刊登的"疑窃看语"后，指出了原案问断的不合。① 此案韩德元卖妻舒氏，后"又买孀妇岳氏货之"（即买卖人口），共获价三百串之多。李添成也当参与其事。② 事因韩德元的房东李添成扣收韩的赌账起争，致讼到官。不料李添成将买卖舒氏与岳氏的前事供出，李令判：将德元、添成拟杖一百、徒三年。而对岳氏和舒氏，则判：岳氏、舒氏应离异归宗，财礼迫还，娶主免议。对此，樊增祥认为，对韩、李二人，李令拟判"是矣"。但对所判岳氏和舒氏则"于例虽合，而于情未安也"，意即虽合于律例，却乖于情理。理由是，韩德元夫妇"由皖至豫"，韩显因流落而卖休；而岳氏原本襄阳"孀孀"，被"流转贩卖"。岳、舒两人若照例与娶主离异，则岳氏本为无夫之人，而舒氏"虽有夫而实无夫"，"若各还原籍（即归宗），不知其母家有人与否"，况且，娶主各以"百数十千买人，其如意可知，两妇得所亦可知"③。因此，"与其断离而仍无所归，何如断归后夫，俾各得其所之为愈也"。最后并特别告诫"同寅"，以后若遇此类案件，不应"墨守"律例有关"买休卖休"中被卖之人与娶主离异，并归宗一条。④

樊增祥于案中言明，断案不必"尽拘成例"。以此案而论，若"墨守"成法，则"于例虽合，而于情未安"，虽合律例，却

---

① 用樊增祥的话来讲，该案判官李令本是"刑名好手，自幕而官、判断精审"，与樊增祥"久充律学分校同寅"，并且樊自称"多受其宜"。或者因为有此层关系，樊增祥在"阅洪李两令判语书后"中用词尤显客气，不似其惯常的风格。但或者也因本案已为过往定案，已无可挽回之故。

② 案情并未明叙，但由李添成被照"兴贩人口例"一并处罚可知其参与买卖。

③ 在南部县档案中，"买休"的价钱在一二十（"千"或"串"）者最为常见。樊增祥此语表明在晚清的陕西省，"百数十千"的买妻价钱确非小数。

④ 参见《大清律例》"典雇妻女"条。

不合情，所断遂出"情理"之外。①

此外，在涉及婚姻关系的案件中，是否致使妇女"失节"，是断案"合"与"不合"的一个明显关节点。樊增祥认为："大凡判断婚姻案件，以保全妇女之节为主。"他劝州县断案需设身处地为人着想："世称州县官为民之父母。世间有女者，愿其从一而终乎？亦一嫁而再嫁乎？"②

有一县案：石氏许陈姓为婚，未及过门，陈姓全家搬往他处，七八年间，音讯断绝。石家将女改字葛成松为妻，逾年生子。但陈姓忽然回乡，欲续前订，遂肇讼端。对此，樊增祥首先指出："查两家争娶，准先聘者得妻，诚有此例。"意指律有明文。随即又指出："然夫在外，三年不归，并无音问，女年已长，准其父兄另行择配，亦定例也。"因此认为，陈姓父子"七年无耗，石氏别嫁自是天理、人情"。更何况，石氏已"于归一年，生子数月"，石家只应还陈姓从前过交财礼，"岂能折现在之夫妻"？理断此案的山阳知县刘庚年却将石氏断归陈姓，幼子留于葛姓，致使石氏母子"顷刻分离"。对此，樊增祥力叱刘令"背谬糊涂""不仁不义"，如此断法，"天理安存"？虽然案经商州牧"酌理准情、平反冤辙"，但"子虽不离阿母之手，妻已往来两姓之间，失节败名，谁职其咎？果有天道，庚年其不免乎"？最终，谬断此案的刘令"本应撤任示警，从宽详记三大过，聊示薄惩"③。由于该令刘庚年"初入仕途"，幕友大概也不得力，致使其所断违背律例。值得注意的是，藩台批驳刘令并非责其不通律例，倒是深怪其断法"不仁不义"，不能"准情酌理"，使人"失节败名"从而"背谬天理"。

---

① 《集成》第10册，《政书》卷十，"阅洪李两令判语书后"，第211页。
② 《集成》第10册，《政书》卷五，"批山阳县刘令禀"，第93~94页。
③ 《集成》第10册，《政书》卷五，"批商州张护牧家骥详"；前注"批山阳县刘令禀"，第93~94页。

如果说上案知县所断于律例无凭，于天理、人情相悖的话，下一案的原断则并不违律例。此案中，女家将一女两聘，先许宁姓，后又将女别嫁。原聘宁姓不依，几家致讼。原断将有孕之女断归原配。樊增祥批道："夫一女两聘，咎在其母、不在其翁。既已于归，只可断还礼银，不可使一女蒙二夫之耻。黄委员（即断案的谳局委员）读书明理，岂可如此糊涂。"所谓"明理"，自然是圣贤所教导"节孝"的至理。因此，樊增祥认为，如果该案案情属实，为免该女"蒙二夫之耻"以维"天理"，则不能将此女再断归本夫——即使这样断法与律例不合①，方为正断。②

可见，此类讼案只要所断款洽"情理"——正如樊增祥所言："大凡判断婚姻案件，以保全妇女之节为主"，"保全名节"便是这类案件中最大的"情理"。为此，即便所断与律例相违也是无妨（针对本文所讨论的涉及婚姻关系的讼案而言），这恐怕正是在此类讼案的理处中，知县的断案时常"游移"于律例之外的最"正当"理由。

《政书》的"卷七"，有"札十二府州"一案。③该案闵福成控称，光绪二十六年，陈世德以钱十二串卖妻朱氏于闵福成，已经四年，现生有一女。而本夫陈世德突于四年以后控领荒年已弃之妻。案经前后两任知县审断。前任刘令断："陈世德荒年则弃妻，年丰则又索要，殊属不合。"但又断令：前夫陈世德既愿要人，应缴出朱氏的养赡钱十五串方可领人。案未了结，及后任舒令到县，闵福成夫妇先后复控到案。经复讯，朱氏"不愿归陈世

---

① 《大清律例户律》"婚姻"门"男女婚姻"一条规定：（女家已报婚书或受聘财）"若再许他人……[女家主婚人]杖七十，已成婚者杖八十，……女归前夫"。姚雨芗原纂，胡仰山增辑：《大清律例会通新纂》（四），第1011~1012页。

② 《集成》第10册，《政书》卷四，"批咸宁县民程英盛呈词"，第64页。

③ 《集成》第10册，《政书》卷七，"札十二府州"第134~135页、第137~138页。

德，尤恋其新生之女，而草滩、仓正等亦代为鸣不平"。舒令仍断："惟系本夫，自应断归领度。饬房查算朱氏四年食用若干，令世德交钱。旋据算明，应交钱一百十三串。"尽管朱氏坚称不愿回归陈世德，仓正等人也"极言前夫（世德）可恶"，但舒令仍断陈世德缴钱领妻。

此案中，刘、舒两令将朱氏与闵福成断离，于律例的"知而典娶者，各与同罪，并离异"① 一条相合，应当说不为无据。但本夫陈世德"不感其力庇本夫之情"，反因舒令判其缴钱一百十三串而上控到府。府批骤减钱六十三串，只令世德交钱五十串领妻。② 然而这最终激成闵福成夫妇上控到司。

对刘、舒两令的断法，樊增祥力加饬责，"前后两任，其抱定死例，断归本夫，如先圣后圣之同授"，而"此等判词不仁不明，阅之令人胸中作恶"。樊增祥认为：陈世德之荒年弃妻，则夫妻情断义绝。舒令已于堂断中言及，"而所断与所言竟如两己相背反"，反"不如仓正、乡约之公且明"。两令"夫以妻还世德，而世德不承情；以钱与福成，而福成不生感；朱氏难乎为妇，幼女莫保。其终断一案，而四面皆非，两番上控。是以不可以已乎"？

樊增祥总结两令谬断的原因在于：刘令、舒令不体"人情"。案中樊增祥所言"人情"，一方面是指讼起的肇因：陈世德荒年弃妻，四年之后，于乞食途中遇见前妻，由此生出诈财之念。另一方面，朱氏与后夫生活安定，并已育有幼女，其愿随后夫而厌弃"浪荡"的前夫，亦在情理之中。此外，照两县所断，朱氏不单将再次失节，并且"不问而知其为奸民"的陈世德赎妻之后再卖，在身为不务正业的人而言，是基本可以预见的结果。而两县

---

① 见上文"买休卖休"一节所引律文。
② 樊增祥推测，府批如此的原因是"似甚惧其上控也者"。《集成》第 10 册，《政书》卷七，"札十二府州"，第 137~138 页。

竟不能体察此情,一味"抱定死例",将朱氏与闵福成夫妇离异,"强令"朱氏与前夫复合。①

两令所断尽管依照律例(即樊增祥所说"抱定死例"),却殊出"情理"之外,因而被认为属于谬断。樊增祥于此案并拟出与县断不同的改判意见(内容详见下文)。

由以上樊增祥或批或判或论的案件视之,知县的断案本有十分明确的关怀②,即所断是否违逆诸如"人情""人心""公理""天理"(或通常笼统所称之"情理"③)。

在具体的案例中,似乎并不难体会到"情理"的含义,但"情理"的确是随个案的不同而变换的。因此,要脱离具体的案例给出一个正解,殊非易事(至少本文不能奢望为之)。

无论在传统上"情理"具有怎样特定的含义,就讼案的审断而言,它们实际就是用来判定"是非"的重要标准。④ 问案(仍指本文所考察的几类讼案)不仅要知晓律例,还必须考量"情理"(是否问案"好手",恐怕主要在于是否精于此道),此似为断案一定之理。正因为此,时人并不讳言对律例的"突破"。樊增祥描述州县断案情形时说:"且州县终年听讼,其按律详办之案,至多不过十余起。中简州县有终年不办一案者(按:此处'终年不办一案'并非指州县完全不听讼,而是有意将需申详上宪的徒以上案件与细故之断区别开来),其所听之讼,皆户婚、田土、诈伪、欺愚,贵在酌理准情、片言立断,不但不能照西法,亦并不必用中律。"⑤ 樊增祥试图用此言来说明,在倡言

---

① 《集成》第10册,《政书》卷七,"札十二州府",第137~138页。
② 身为布政使的樊增祥对县案或纠或驳,正是针对州县应"关怀"而未"关怀",或"关怀"不够之处。
③ 为避免行文繁复,以下以"情理"来统称"人情""人心""公理""天理"。
④ 因本文仅考察了三类讼案,因此,目前仅是就此类讼案的判案标准而言。
⑤ 《集成》第10册,《政书》卷二十,"批拣选知县马象雍等禀",第452页。

"变法"的时代背景下,如果主张立时在审断中全面引照"西法",必与中国的实际情形相去太远。对于身历十五年州县①的人而言,其所言州县的审案情形,当有很强的说服力。

由此转视上述南部县档案中的案件,或许会有更恰当的理解。

从南部县档案前引"买休卖休"四案来看,第一案中,县主将被卖妇女断离,判词列举了几个理由:一是"同族为婚"尽管并不违法,但"不合于礼"。"礼"为"情理"之正应毋庸议,"不合于礼",则必悖"情理"。二是"买休卖休已大干例禁",即有违律例。但看来最重要的原因恐怕还在于"买休卖休,川北此风甚盛,非大加惩创不可"。其实,"买休卖休"之风,不独该令任上如此,该令认为对此"非大加惩创不可",倒显出其有些"少见多怪"。② 这是否由于其判事不多、阅历不深,尚未可知。但从判词来看,其对被卖妇女赵氏的处断尤其从"情"字上着眼。知县认为,赵氏既经出卖,与本夫之"恩义已绝"。既然同族为婚有悖于"礼",则后夫无应娶之"义"。对最终失去婚姻的赵氏,县主断将"财礼"钱共十串交赵氏"以作用度",而未照例判"财礼入官",所断可谓"仁恕"。

因此,知县的判断从总体上而言,仍不失为主要依据"情理"而断。但是,若以"大凡判断婚姻案件,以保全妇女之节为主"的标准来看,尽量避免因被本夫家嫌弃"愚蠢",而"自愿"与本夫分离的赵氏再次"失节"③,方为本案"情理"之正。不幸该令未能参透此点。但从现有的清代南部县"买休卖休"案件

---

① 《集成》第10册,《政书》卷九,"批兴安府金守禀",第180页。
② 自清中期至后期甚至民国初期这类案件出现相当频繁,从樊增祥所批案件来看,买休卖休之风"甚盛"恐怕还不独四川一省。
③ 赵氏用断领的微薄十串钱文自然无法维生,其归宗以后再次被娘族出卖的命运几乎可以预见。

来看，断归后夫的实占多数。

第二案与第三案中被卖妇女均未按律断其归宗。第二案县主未将"买休"的米万金与何氏依例断离的原因是，考虑到"敬长桥等贫困，无力退还（已收财礼），且不能养妻"，此为由"人情"而权衡。对于何氏，如断离异，将其"另发官媒，又致失节"，此为自"天理"而度量。如照例断将何氏归宗，必致悖逆"情理"。欲使判断既顺"人情"又合"天理"，县堂判令何氏由后夫米万金领归，因此放弃了照律而断。

但此案启衅是由于敬长桥和他的亲戚企图"卖后复搕"，"事因需索不遂"，从而"捏词妄控"。其所为显然违"情"背"理"，不罚则"是非"不明，因此断令将敬长桥等予以"责惩"。

第三案与第二案相似，但两县的判断似分伯仲。[①] 赵良玉卖妻后，其赵姓同族企图从这桩违例的交易中"押搕"得钱，杜氏父亲不甘忍受，前往告状，致使"买休卖休"之事讯实。对于此案，县主并未言及不按例追究赵良玉、李国太"买休卖休"之罪，以及惩治赵治邦、赵良才借端"押搕"之咎的原因，只是笼统而言"惟既据赵良玉等求恩愿了"，"姑着从宽"令赵良玉、赵治邦、赵良才等同具切结。赵良玉因不吐实情而受到"责惩"，并被责令缴出讼费。此案未将杜氏与李国太断离，县主虽未言明，但实为从"情理"而断。而赵治邦、赵良才等借端讹人，是该案的重要肇因，却未见其被惩。因此该案所断尚有草率之处。

与以上案件不同的是，"买休卖休"的第四案最终未经庭讯，而是以调处和息的方式了结。此案两造系互控，未经唤讯。或许县主认为案情支离、琐碎，不便即行决定是否开始理断。因此，

---

① 第二案断在光绪三十三年，从状式上看，知县为"章令"。第三案断在宣统元年二月，本案无状式，当时在任的知县应是史令久龙。因此，两案之判应分别出自先后两任知县。

饬令差役协同词证先就所控各情"详细查明,据实回县禀复,以凭核夺",县主并没有饬令差役前去调处。和息的最终达成,除因两造原为"谊戚",构讼原因简单可能是主要原因——就因为调换毛钱而起。因此,词证等人向差役请求,愿意息讼。差役将办案的经过回禀后,县主批"悉销",同意就此销案。县主听任案件了息,大概缘于几个因素:一是事出琐碎,既然已经了息,则多一事不如少一事,既免两造唤讯拖累,县主自己也少一层麻烦。二是"买休卖休"并非事关"重情",案中也并无其他"买休卖休"中惯常出现的"诬讹"或"卖后复控"之人,否则则应唤案"惩刁"。三是正如上案中县主所言,"买休卖休,川北此风甚盛",上案县主欲"大加惩创",而本案县主或不以为然,从而选择"听从民便"? 县主不会不知"买休卖休"有干例禁①,但仍听任了息,他这样做不依据律例自不待言。如果上述三层大致不谬的话,他销案的决定倒是更有"从情而断"的意思。

然而,讲求"情理"似乎直接导致了断案的"从轻"。原因是上述各案中对违律行为的处罚均较律例为轻。依律,凡"买休卖休",对于被买卖的妇人而言,或归宗,或交保嫁卖,卖方所收"财礼"应入官,但上述案件的处断并非如此。并且,"从宽"处断的情形并不仅见于"买休卖休"。

"亲属相奸"四案中,第一案,与堂侄媳通奸的李含荣被处"重杖枷号",并依律抚养"奸生之子",奸妇田氏未受处罚。第二案徐培与侄媳通奸,被"罚钱二百千"(实际被罚一百四十千),因一直未缴罚钱,被押在外监近六个月至缴钱完案,奸妇彭氏未受处罚。第三案张应贵与堂弟之妻敬氏通奸,并"先奸后娶",本夫张心原知情嫁卖。张应贵被处刑"杖责枷号",敬氏"不守妇道",被"掌责",媒证亦被处"杖责枷号"。第四案,周

---

① 即使该知县真糊涂到家而全然不知律例,其幕友也必不会等闲视之。

学满与同宗族侄女李周氏通奸,周学满被处将户书之职"责革",李周氏未受处罚。

"诱拐"三案中,第一案,王炳"身充差役",竟串同不法,被"先予重责",最终拐带人口的唐焕昌、张炳林与王炳被判令"各予重责",唐、张二人被移解原籍,"交保管束"。第二案,诱拐他人之妻的差役杨树被判"重杖囚禁",协同杨树诱拐的同班差役敬益被"枷杖示众",实系"和诱"的杨氏被"鞭责"。第三案,因真凶逃匿不获,买妻的杜先模被罚缴讼费,梅应纪因串通做媒及纵放真凶被处"罚充苦工半年示儆"。

依照律例,"亲属相奸"正犯所定处罚为:奸夫、奸妇"杖一百,徒三年"。而三案中,实际无一例获此处罚。律例对"略人略卖人"正犯的处罚为"杖一百、徒三年",对"和诱"的被诱者,则"减一等(仍改正给亲)"。上述三案中,前两案的处刑均轻于此。第三案正犯未获,无从究其处刑轻重情形。①

同时还值得注意的是,上述案件中,知县的判词有一种比较一致的行文方式:"本应(例应)……姑念(从宽)……"实际上"买休卖休"的判词中亦可见类似"本应……姑念(从宽)……"这样的表达。

可见,对上述几类违律行为的处断,在事实上轻于律例,即"从宽"的确是该类案件审断的又一特征。并且,"从宽"看来是知县断案的一种可以公开表达的方式(此事大可分析,拟另文讨论)。"从宽"是相对于律例而言,意味着实际处罚的轻缓。而知县断案的"从宽",又往往是其推究"情理"的结果。由此,极易生出一个印象:讲求"情理",则必然使得讼案的处断"从宽"。但这个结论尚难立得住脚。原因是,事实上,对"情理"的讲求也可能使得处罚加重(与律例相对)。

---

① 但该案中其他两人的处罚值得推究,详见下文。

在本文上述《政书》"卷七"的"批咸宁县民闵福成呈词"一案中，樊增祥对陈世德的改判意见与律例的规定相比，处刑就更重："即仰咸宁帮审委员张直牧复集全案人证，将陈世德重责百板、枷号十日，以治其弃妻于前、图说于后、昧良上控之罪，交案之五十串钱当堂掷还，并令出具思义早绝、永不索妻甘结存卷，枷满取保释放。朱氏仍归闵福成为妻，俾幼女无失怙恃。"①

这里所谓"弃妻于前、图说于后、昧良上控之罪"，显然不是律例所定之"罪"，而是非法律意义上的"罪"，属于"恶行"之类。但是，尽管陈世德所为依律并不至构成犯罪，他依然受到严惩："重责百板、枷号十日"。

在另一"通奸"案中，生员李仰莲与其师母杜张氏通奸，张氏之夫的胞侄杜某于奸所将二人"登时获奸"，交华州惩办。到案以后，唐牧将李仰莲予以"责惩"。唐牧去任后，仰莲"尤不知惧，但交房价、不返土田，以致二次控案"，后任概因前断有不妥，将案情具详到司，并请将李仰莲斥革惩办。对唐前牧所断，樊增祥大为光火，其忿疾之情溢于笔端，批道："民生有三事之如一，以学生而奸业师之妻与烝淫何异？"

杜某捉奸，"既于奸所登时捉获，何不将李仰莲一刀杀却以快人意？"② 而到案以后，"唐前牧眼见师母、学生赤身绑缚如牺牲之陈于庭，凡有血气，能不发冲？乃尤念其为秀才也，仅予责惩；抑且听其为秀才也，弗予详革？但令仰莲将诓当之地赎回，诓卖之房价交出了事"③，而于人神共愤之奸情直以轻轻一责了

---

① 《集成》第10册，《政书》卷七，"札十二府州"，第137~138页。
② 大清律例"刑律·人命"的"杀死奸夫"一条规定："凡妻妾与人奸通而〔本夫〕于奸所亲获奸夫奸妇登时杀死者，勿论。"但此指"本夫"而言，而非亲属（包括有服亲属）。见姚雨芗原纂，胡仰山增辑：《大清律例会通新纂》（四），律文第2395页；条例，第2399~2400页。因此，樊增祥此言乃愤激之言。
③ 此案中概因仰莲既与师母通奸，又将师母田房当卖，致使仰莲之师的胞侄难容，其遂捉奸控案。

之。为此,樊增祥怒斥:"惟原告与原问官均属脓包无用。"

樊增祥批令:将李仰莲"准即如详革去衣顶";至于惩办,则以为"惟有立毙杖下之一法最痛快,亦最允当",无奈"现值部议'恤刑'"①,"姑贷其命"。但李仰莲活罪难逃,被批"将该狗彘重笞一千板,锁系②十五年,以为渎伦纵欲、行同禽兽者戒"。原问官唐前牧被予以斥革。但若照上引律例"犯奸"一条,李仰莲"和奸"之罪至多处"杖九十"。因而,若与律例相较,"锁系十五年"的处罚的确相当重。樊增祥所以将其处以如此重刑,在于李仰莲全然无视师道尊严——"以学生而奸业师之妻与烝淫何异?"如不严惩,则"士习民风几何不沦于黑风鬼国也"③。而律例所订的处罚看来与李仰莲之"罪"远不相当,也远不利于扭转风气。

在上述两案中,所断处罚可以说均无律例的依据,上文已言明,陈世德之"罪"系属无赖行径,并非触犯律例之"罪"。若以今日"罪刑法定"的原理而论,法无明文规定者不为罪、不应罚。但在判官的眼里,显然不是这样。涉讼之人所为恶行,尽管

---

① 清政府自光绪二十八年正式开始"法变","恤刑狱"是"法变"开始的主要内容之一,此处现值部议"恤刑"即此谓。关于"法变"的讨论,参见里赞:《"变法"中的"法变"》,载《中外法学》2002 年第 1 期。

② 樊增祥在"批华阴县详"中提道:"近来系石人犯或捏病取保或承间脱逃,地方官以为案非325部,无关参罚,平日漫不关防,及其逃也,一报了事。甚有犯逃数月并不禀报者。独不思,罪至锁系,其人非棍徒、即刀匪,本各有应得应办之罪。因恐各州县办案费事,层转达部又费词,故省章定为锁系之法。所以免禀费而示简严。"(见《政书》卷十四,第 284~285 页。)"锁系(杆敬)"一法,其期限自几年至"永远"均有,由陕西"省章"所定,这一处罚方式实际改变了清律有关各省的刑罚最高处理权限的规定,依照《会典事例》,即使徒刑也需报刑部。清代徒刑从一年至三年分为五等,而该省"锁系"可至"永远",名为"外结",不需报部。类似的"省章"同样可见于四川,参见钟庆熙:《四川通饬章程》"外结杆犯脱逃缉获拟办章程""杆犯脱逃重惩章程"等,载沈云龙:《中国近代史料丛刊续编》(第四十八辑),文海出版社 1977 年版。

③ 《集成》第 10 册,《政书》卷十三,"批华州详",第 266~267 页。

律例或无所规定，但殊乖"情理"。既然其为"情理"所不容，不罚则所断必不明于"是非"（关于"是非"的讨论详见下文）；对李仰莲的处罚于律例虽已有明文，但其所为实在太悖"情理"——"以学生而奸业师之妻"，其"罪行"（非仅仅律例意义上的）如仅比照律例处罚，则太轻，在判官来看罚不抵"罪"（即今日所言"罪刑不相适应"）。

因此，以"情理"断案并不绝对意味着处刑的轻缓，两者并无必然的联系。依据"情理"断案，也可能使得处刑远重于依据律例处的刑。换言之，在衡量罪刑轻重的问题上，除律例，"情理"确是一个频繁发生作用的标准，并且实际的情况是，因"情理"这一标准的存在，律例的标准有时可能被弱化，或被改变，甚至实际上被取消。

上引南部县案件的理断也许在"情理"的运用上不如上述《政书》两案特点突出，但仍体现出了与上述审断情形基本一致的特征。

南部县档案的"买休卖休"部分第二案，启衅是由于敬长桥和他的亲戚企图"卖后复搕"，"事因需索不遂"，从而"捏词妄控"。其所为显然违"情"背"理"，因为敬长桥的行为亦属无赖行径，尽管依律并不为罪，仍被断令接受"责惩"——不为其违律"卖休"，只责其不该"卖后复搕"。

诱拐第三案中，县主的堂断耐人寻味。县主认为，该案虽然王子建为"罪魁"，因其逃案无获，尚不能追究。而梅应纪与王子建"系属至戚，断无不知何氏来历之事"，仍"串同"王子建为杜先模"买休"做媒，并且在将王子建"交伊暂保"期间，"而竟纵之使逃"，因此，县主认为"此案虽系王子建为罪魁"，但梅应纪之罪亦浮于杜先模。事实上，县主所说梅应纪的所谓"罪"，即串同王子建为其"卖休"做媒，以及在为王子建担保期间"纵之使逃"，显然不是依据律例而定的，无论是为"买休卖休"做媒还是致使被保之人逃跑（实际上"纵之使逃"也只是县主的推定），在律例上并不构成"罪"。因此，梅应纪之获"罪"，也只能是依"情理"而论的了。并且，依"情理"而论有"罪"的梅应纪之"罪"更重于依律例而有"买休"之罪的杜先模。所以，梅应纪被罚做苦工半年，而杜先模被罚交讼费（其最后所以被"重责开释"是因其违断不交讼费）。

除此之外，以下两案虽然从总体上而言，处刑均不脱离"姑念……从宽……"的大致情形，但类似的"罪行"，因违逆"情理"的程度不同，所给予的处罚也就轻重判然。

在"亲属相奸"一节的第三案中：张应贵与张心原系堂兄弟，服制上为大功亲，张应贵与堂弟之妻通奸，并"先奸后娶"，被处刑"杖责枷号"；对"不守妇道"的敬氏，除将其"交保嫁卖"外，予以掌责。前已详论，该案的处理与律例相对而言，处刑轻；而媒人张庭福、刘德铬被"判令杖责枷号"，处刑原因是"不应说娶同服生妻"，这亦是依据"情理"而非依据律例。换言之，依律并无处罚之条的行为，仍依"情理"予以惩处。

在"诱拐"一节的第一案中，唐焕昌、张炳林将人拐带，串同差役王炳将拐带之人嫁卖得钱。县主在判词中首先强调："王炳身充差役，竟敢……"，因此被"先予重责"，并被收押外监，后又再罚做苦工两个月。同样是拐带之罪，但身为差役而知法犯法，使得王炳所为比唐、张二人所为（即以一常人犯"拐带"）更出"情理"之外，这是他受罚更重的原因。

如此看来，是否为"罪"、是否处刑以及处刑的轻重，皆不脱"情理"。运用"情理"，既可能使得处罚从宽，却也经常导致比律例的规定更为严重的责惩。换言之，"情理"俨然已成为"律例"之外的另一断案标准。

但是，问题随之而来——既然"情理"和"律例"均为断案中实际运用的标准，那么，在讼案的处断中"律例"和"情理"

217

的运用又取决于什么呢？

《政书》中有一案：宝鸡县民雷忠信将寡妇谭杨氏拐至陇州同居，谭杨氏之姑（即谭杨氏"公婆"）与其小叔谭丑儿寻至，于奸所将其双双捉获，欲捆绑送官，经房东从中劝止。"忠信惭惧莫释"，数日后吞烟殒命。案报到州，州牧一面照例诣验、传集尸亲人证、准备集讯，一面将案详禀。但樊增祥对该牧办案的一丝不苟颇不以为然。他说："是该牧将此一事当作真命案办理，实属怪异。"他一方面认为："在该牧认真办案，不过幕友核稿、东家画行、书办写字，诚属不甚费事。"但对捉奸的两人而言则是深受其累。该牧"独不思谭罗氏母子孀媳私逃，已辱门户，跟踪查找，又费盘川。雷忠信以拐儿而作奸夫，当丑儿母子当场捉获，立时杀却亦属毫无罪过，而况淫人自尽，于罗氏母子何尤？今被该牧将该母子羁绁陇州，静候尸亲到案"。樊增祥深怪该牧处事无"是非恻隐"："试问供证已明，何劳研讯？除却奸拐，有何确情？该牧将例应捉奸、毫无罪过之人留而不遣，其心故属慎重人命，其迹似为奸夫报仇。昏谬糊涂、直无是非恻隐，深堪痛恨！"因此对该牧予以"严批训饬"，并令："奉批之日立将奸妇杨氏交与谭罗氏母子领回，不准羁延片刻。杨氏嫁守悉听姑命。雷忠信死有余辜。既经验明，着将尸棺浅埋、标记，其尸亲来与不来、领与不领，一切听便。倘敢枉告谭罗氏母子者，责递勿贷。"樊增祥最后感慨："天下贪官污吏作孽固多，而老实人作孽亦不少。"该牧所为被其认为是"老实人作孽"。所以"作孽"，是因其不辨"是非"。①

在上案中，奸夫因"惭惧"而自尽，另一案中，奸夫则因殴顶命。案因习名声意图奸儿媳习唐氏，"两次强逼，撕破衣裤"，有习名声堂弟习名英夫妇知证。后因名声长子昌林将妻子习唐氏

---

① 《集成》第10册，《政书》卷五，"批陇州禀"，第86~87页。

搬出另度,名声竟然因此殴打其子,昌林羞愤自缢身死。唐氏胞弟唐华章前往理论,名声与其子昌达避匿无踪。经乡约从公处断:"将名声所有田产归习唐氏管业十年,俾孤寡足以自擅,十年以后再与昌达均分,约据交唐华章收执。习唐氏母子随习名英夫妇过度。"但后来名声父子不认乡约公断,并将唐氏胞弟华章殴打,"以致华章忿极,邀请阮、谢诸人及戴东升前往殴打泄忿,致将习名声、习昌达一并打死"。因系真命案,县主作看语:"死者一平人、一罪人,不能作一家二命论。"(若作"一家二命论"则处刑更重)华章与戴东升拟"绞监候"。对此,虽然樊增祥从道义上对二人将名声父子殴死的行为极言"快哉此举",但对看语依律所拟二人的刑罚也只能表示赞成,称:"是矣。"对于习唐氏的拟断,则认为:"殊属非是。"原看拟:"习唐氏于翁被殴死,听从匿报,虽因其弟华章喝禁,及有伤颜面而事关伦纪,仍应照私和律拟杖一百、徒三年,照例收赎。"为此,樊增祥批道:"夫名声行同狗彘,灭伦丧纪,翁媳名分早已开除。今将华章照擅杀律,拟绞候;将戴东升照共殴人,下手伤重者绞律,亦拟绞候。而余人从犯系累者犹有数人。是为一禽兽而累及多人,已非上天殛恶惩淫之意,而于禽兽就死以后,尤予以翁媳名分,使贞妇不受旌而受罚,殊乖天理,亦戾人心。"

看语拟惩习唐氏,系比用律例"尊长为人杀私和"律,处刑"杖一百、徒三年"。但樊增祥不悦其依律而拟,批驳其所拟的实系"殊乖天理,亦戾人心"。如此悖逆"天理""人心",看语之拟判,实在"是非"颠倒。改判:"习唐氏应在不议之列。"对于华章与戴东升,显然樊增祥深为二人因一"行同狗彘"之人受牢狱之灾而感到惋惜，他预测二人在秋审中定不必"入实"①，可保性命，但究竟"在狱深为可悯"，因此令习唐氏"供其衣食，以尽手足之情，且寓酬功之意"。所断可谓情至义达，完全达到了其所推求的"于理、于例、于人情，无不推求至当"的境界。②

对樊增祥的批驳稍加留意就会发现，原看被驳皆是由于所看不明"是非"。第一案，县主除"拘泥"（即樊增祥所言"老实"之谓），其做法算得谨照律例的规定③而为，但樊增祥指出，"将该母子羁继陇州，静候尸亲到案"，该牧其心故属慎重人命，其迹似为奸夫报仇。因此，责该牧毫无"是非恻隐"。第二案，原看对习唐氏所拟之罪原是依据律例——"照私和律拟杖一百、徒三年"。樊增祥所以对此加以批驳，如其所言，是因为所拟"禽兽（指习唐氏之翁）就死以后，尤予以翁媳名分，使贞妇不受旌而受罚"，实在"殊乖天理，亦戾人心"。在这里，樊增祥没有以不明"是非"来责难，而是说，拟判"乖天理""戾人心"。言下之意，所断违逆"天理""人心"，即没有见到真正"是非"，无"是非"之断，即是谬断。

"官司"在涉讼者而言是有了"是非"，在问官而言则是要断清"是非"从而惩恶扬善、恢复公道。运用律例，亦为分清孰"是"孰"非"。但显然时人以为，仅仅运用律例在很多时候分不清"是非"，"是非"愈不清楚，则离公道愈远，也就愈不利于抑恶扬善、维护"天理"。如此，还必须从"情理"上判断（如本

---

① 清代秋审制度，经秋审的死罪案件有四种结果：入实、缓决、可矜、留养承祀（亦有称"存留养亲"者）。其中，"入实"后可能在当年经皇帝"勾决"而实处死刑。

② 《集成》第10册，《政书》，卷十八，"批镇安县刘令详"，第383～384页。

③ 《大清律例·刑律》"断狱下"的"检验尸伤不以实"以及《钦定大清会典》（卷五十五）的"验其尸伤"条都规定了知县在命案办理中的责任。

文所涉及诸案）方能达到审断的目的——分明"是非"、彰显公道。正如不欲解释"情理"一样，本文亦不能给出一个"是非"的确切含义。但若要对"是非"做进一步理解也并非完全没有可能。

以律例与"情理"作为参照，对涉讼者而言，其所为背弃律例，自然属"非"。倘若其所为违背律例但尚在"情理"之中（如因贫穷而"卖休"之类），虽不能称"是"，而其所为之"非"已大打折扣，其罪或可恕。反之，若其所为背离"情理"而于律无正条，仍有"罪"而当罚，甚至常致重罚。对于断案而言，所断既不出律例，又在"情理"之中，则为极"是"，即樊增祥"于理、于例、于人情，无不推求至当"之谓；但若所断虽合于律例而出于"情理"之外，则必定为"非"。因此，虽然律例确乎为一种"是非"的标准，但"情理"是在事实上超越律例的"更高"的"是与非"和"罪与非罪"的判断标准。所断是主要依据律例还是本诸"情理"，则取决于两者中谁更能使得"是非"明了。因此，使"是非"得以判明方为案件审断中决定律例与"情理"运用的根本。

正因为此，樊增祥明言："本司判事，专补律意之不足。"① 何以相补？自然是以"情理"补之。从这个意义上讲，"情理"显然是比律例"更高"的断案标准，而这恐怕正是讼案的审断始终伴随"情理"的重要原因。故此，"情理外无法律"乃为通识。

综上所述，清代四川知县对上述几类案件的审断依据常常不限于律例（看来清代陕省亦然）已是无可置疑。但必须指出的是，清代知县在讼案的审断中注重"情理"的运用这一现象，日本学者滋贺秀三早已论及。他指出："（清代州县对自理案件的理断）决不是所有或大多数案件中都引照国法。"其次，即使州县

---

① 《集成》第10册，《政书》，卷十八，"批镇安县刘令详"，第384页。

依照律例理断案件,也"未必意味着法官严格地受到法律条文的拘束"。"情理","即中国式的理智(良知)可以说这是一种最普遍的审判基准"。① 由于"情理"存在与律例相比的"非实定性"的显著特点,滋贺秀三虽然试图用"着眼于文字资料的研究方法"对"情理"的确切含义加以研究,但最终他认识到,这种研究"存在根本的局限性"。尽管解释"情理"的确切含义的努力失败了,滋贺秀三对清代州县自理词讼审断特点的总结恐怕还是建立在他对"情理"并不十分确切的理解上。他引用他人的结论,评价清代州县自理词讼的审断是一种"教谕式的调解","是一种带有强烈调解色彩的审判"。所谓"调解",即州县官向涉讼者"晓之以为人处世的道理和大局的利害,加以劝诱、教导"②,换言之,就是以"情理"相劝谕,以求息讼。滋贺秀三断言:"一言以蔽之,听讼……它拥有的是当对事实本身当事者已不再争执时即告终结的构造,而以这一特定争讼的平息为目的。通过争讼发现什么是法并不是听讼的目的。"③

"什么是法"本身是一个重大的问题,不同文化背景之下可能会有截然不同的答案。如果此处滋贺秀三所言之"法"是近现代意义上由西方传来之"法",那么,什么是"法"自然与清末以前讼案的理处不会有丝毫关联。但若是就先秦、汉唐至明清之"法"而言,则滋贺秀三的结论不免有些突兀。再者,"什么是法"与清代知县对讼案的处断(或滋贺秀三所言"听讼")无关,正如本文所见,"特定争讼的平息"也并不是讼案审断的重要目

---

① 王亚新、梁治平:《明清时期的民事审判与民间契约》,王亚新、范愉、陈少峰译,法律出版社 1998 年版,第 25~26 页。
② 王亚新、梁治平:《明清时期的民事审判与民间契约》,王亚新、范愉、陈少峰译,法律出版社 1998 年版,第 21 页。
③ 王亚新、梁治平:《明清时期的民事审判与民间契约》,王亚新、范愉、陈少峰译,法律出版社 1998 年版,第 15 页。

的。不难发现,对于已经上控的案件,樊增祥对知县审断的批驳并不针对其不能使争执"平息",他所在乎的,恰恰多是县断是否悖谬"情理""是非",这从以上所引案件中樊增祥对县断的批驳可以概见。

此外,果真如滋贺氏所言,"特定争讼的平息"即讼案审断的目的,那么讼案"平息"则审案的目的就已然达到,对于此类已经"平息"之案,无论上司、属僚似毋庸再费周张。但事实并非如此。以上引《政书》中"批华州详"一案为例,生员李仰莲与师母杜张氏通奸案经前州牧审断,断令李仰莲将田、房交出。案结后,只因仰莲"但交房价、不返土田,以致二次控案"。如果以"平息"为审断的目的,那么后任州牧只需断令甚至押令李仰莲还田,即可使此次争执"平息"。但该牧"多此一举"地详请将李仰莲的生员职名革去,而布政使见详后,先是震怒不已,然后又"更加多此一举"地不仅令李仰莲"革去衣顶","重笞一千板,锁系十五年",还将前州牧斥革。① 如前所述,后任州牧与樊增祥所以"多此一举",原因在于前州牧所断悖谬"情理"、不明"是非"。类似的案件实多,恕不一一赘列。

因此,"特定争讼的平息"这样的说法实在难以诠释清代州县对自理词讼(或本文所称讼案)的审断。当然,假如模糊了"情理"的"是非"特性,那么将断案与(使)"特定争讼的平息"在逻辑上联系起来,几乎是一件十分容易的事情。滋贺氏已经注意到:"一方面,为律例所规定的轻微犯罪实际上也并未全部成为体罚的对象,另一方面,又承认一些类型的行为虽然并无法律规定,却无论如何应受体罚。"② 正如上文所见,这的确是

---

① 《集成》第10册,《政书》卷十三,"批华州详"一案。

② 王亚新、梁治平:《明清时期的民事审判与民间契约》,王亚新、范愉、陈少峰译,法律出版社1998年版,第27页。

问官断案的特点之一。然而，在离开"是非"特性的前提下，这种现象显然大大加深了滋贺秀三对断案的随意性的印象，而这种印象又极可能进一步强化断案不过是"特定争讼的平息"这样的归纳。同时，断案的随意性会使得追究"情理"内涵的意义大减——"情理"纵然微妙，也不过是"平息"争讼而已。因此，离开了"是非"的视角，"情理"不仅变得似是而非，甚至可能无足轻重。如此，本来已难以把握的"情理"，将更加飘忽不定，继而，对中国传统时代"法"的意义的阐发必将失去根本的立足之点。

其实，不独今人对"情理"颇费思量，即使身在其中的问官们，除开客观上马虎从事的因素，也不一定能将"情理"体悟到家。相对律例而言，"情理"显然更难把握。即使对于由正途而致仕的（指非"捐班"等出身）做官之人而言，律例载在典籍，人人可读，而"情理"却需要"悟"，未必人人能通。樊增祥就说："天下事专论情理，尽人皆知。至情理中又有情理，则非天资高、才识敏者不知也。"[①] 言下之意，要将"情理"看得通透、论得到家，非有天赋、有才识者不行。如此说来，一般读书做官之人虽或可论"情理"，但不一定都能得其要。

在"批华阴县词讼册"中，樊增祥以一案例说明了他所谓的"情理"，以及"情理中之情理"。孀妇王王氏无儿无女，抚张土旺为儿，买陈运钗为女，其立契言明：将来"女、媳听便"。之后"王王氏鞠育双雏，诚不啻同怀之兄妹而爱怜，两小暗许为异日之夫妻"，但"不期土旺愚顽"，运钗因而"厌薄"。运钗之兄"诱妹回家，意图另聘"。为此，王氏呈控到案。此案樊增祥认为："凡遇此等案，本极活动，两边俱说得去。王王氏意图省事，义儿义女，顺水推舟，本属乡间常事。"言下从这层"情理"来

---

① 《集成》第10册，《政书》卷十三，"批华阴县词讼册"，第282页。

说,土旺与运钗自应为婚。然"惟婚姻之事应视本人情愿与否","此案如运钗心肯,则曰:既不同父又不同母,婚配何妨。今运钗既不情愿,则曰:既为手足,难作夫妻,断离为是"。两种断法结果迥然不同,而皆可谓出自"情理"。然判官若非"聪明人",则但知两人有约在前,必断土旺与运钗成婚以践前约,而体会不到"惟婚姻之事应视本人情愿与否"这一层。对于"两边俱说得去"的此案而言,"这一层"却正是该案"情理中之情理"。判断此案的原问官判土旺别娶、运钗另嫁,可谓看破了"情理中之情理",被夸"心灵手敏、深知律意",不啻为判官中的"聪明人"。①

此处樊增祥因该案问官看到了此案"情理中的情理",而赞其"深知律意"②。"律文"是人人可见的,但"律意"是隐蔽的,能否了然,则要看学问天赋。那么,"情理"和"情理中的情理"与"律意"本来相谐,原不应矛盾(这可能揭示时人对狭义的"法"的理解,显然与中国近代以来所接受的西方尤其是大陆法系狭义的"法"的含义颇有分别,拟另文讨论),因此樊增祥甚至断言:"情理外,无法律。"③

除却天资和才识,阅历、见识也影响着判官对"情理"的把握程度。知县所断案件纷繁琐碎,甚至千奇百怪。初入仕途之人,即便为"聪明人",无论对律例,还是对人情、风俗的把握和办案及断案技巧的掌握,均尚需历练。例如前述因谬断案件而被"详记三大过"的知县刘庚年,其所以将案谬断,正如樊增祥所言,与该令初入仕途、阅历不丰有关。但樊增祥认为:"初入仕途,虽或公事未谙,未必不堪造就。"予以记过,不过是"欲

---

① 《集成》第 10 册,《政书》卷十三,"批华阴县词讼册",第 282~283 页。
② 而在樊增祥自己,如上所述,则不仅深知律意,且其判事是"专补律意之不足",足见其高明,甚至"聪明人"亦不可比。
③ 《集成》第 10 册,《政书》卷十九,"批事在城县词讼册",第 422 页。

生其愧，厉勉为循良"①。最终，该县令断案果然大有起色，在"批商州杨牧宜翰禀"中，樊增祥对山阳知县刘庚年的进步颇有赞词，称"刘令庚年从前亦有偏谬之处，且山阳上控甚多"，本"蓄意（将刘令）调一北山简缺"，而"该令实系有心要好，判断一切较前大有进益"。并赞刘令："此案问得甚好，仰即转饬该令好自为之，将来不止于百里也。"②

"情理"对于问官断案如此关键，但又十分微妙，其中消息难以言传，问官需学养、天赋、阅历兼备，断案方不易闪失。故此，自己也曾久为牧令的樊增祥自称一向将在陕各州县当作自己的门生。③ 在"情理"面前，身在其中的知县尚只能是为"生"，何况今人？由于"情理"的内涵随案而变，因案而易，方使得辨清"情理"以及在讼案理处中恰当运用"情理"成为难事。

但"情理"对清代诉讼有着关键性影响④，与此相关的研究恐怕都无法将其跨越，而迄今为止所有欲对"情理"加以抽象概括的努力都算不得成功。因此滋贺秀三最后也承认："或许，只有当看到了文字无法把握的案情内容，发掘出其中审判的类型或个性之时，才能如实地解明中国式的情理之构造。由于这种方法（指其着眼于'情理'字义的研究方法）无法对复杂多样的案件的内容进行总体性的研究，所以，或许不得不对例如婚约、金钱债权或地界之争等事案，按分类进行分析研究。"⑤ 此为灼见。

虽然通过"抽象概括"以"解明""情理之构造"看来难以行得通（因案件种类的繁多以及个案案情的复杂，笔者现在甚至

---

① 《集成》第 10 册，《政书》，卷五，"批山阳县刘令禀"，第 94 页。

② 《集成》第 10 册，《政书》卷十一，"批商州杨牧宜输禀"，第 218 页。

③ 《集成》第 10 册，《政书》卷二十，"批东台县彭令禀"，第 439 页。

④ 由于中国传统法内在精神的"一以贯之"，此种影响恐非独见于清代。

⑤ 王亚新、梁治平：《明清时期的民事审判与民间契约》，王亚新、范愉、陈少峰译，法律出版社 1998 年版，第 42 页。

怀疑有无可能甚至有无必要对其基本含义加以概括),但通过考察丰富的案情内容和审断详情,不断接近"情理",的确是极有可能的。好在,就清代的讼案研究而言,目前尚有众多的(与现存清以前资料相比)原始诉讼案卷可资利用,而本文也正是朝着"分类进行分析研究"方向而努力的一次初步尝试。

在"伦理法"与"理性法"之间：
民国新繁县诉讼档案中的"家族"

王有粮

梁漱溟曾言："家庭在中国人生活关系里特见重要，尽人皆知；与西洋人对照，尤觉显然。"① 其"特见重要"之一端，即中国人以家庭为中心的独特的财产所有权模式。在此模式下个人并无独立于家庭的财产权，即使是父系家庭的家长也不例外，因而连父亲的遗嘱也"不能剥夺亲生儿子的继承权"②。然而在法律社会史视野中，随着个人的财产所有权被近代法律所确定，中国近代基层社会也经历了从"家族共产主义和集体互助的社会"向"私有财产和个人竞争的次属社会（secondary society）"③ 的变化，虽有研究认为遭逢此种结构性变迁的个人与社会似乎对此种变化都丧失了适应能力④，但这一时期家族在基层司法活动中所发挥的作用仍旧不容小觑，甚至在一定意义上维持了基层司法的有效运作。

---

① 梁漱溟：《中国文化要义》，上海人民出版社 2005 年版，第 27 页。
② 黄宗智：《法典、习俗与司法实践：清代与民国的比较》，上海书店出版社 2003 年版，第 23 页；滋贺秀三：《中国家族法原理》，张建国、李力译，法律出版社 2003 年版，第 127 页；戴炎辉：《中国法制史》，三民书局 1979 年版，第 266 页。
③ E. W. Burgess, Robert E. Park, *Introduction to the Science of Sociology*, Chicago: University of Chicago Press, 1930, p. 244.
④ 严景耀：《中国的犯罪问题与社会变迁的关系》，吴桢译，北京大学出版社 1986 年版，第 61 页。

我国台湾学者杜正胜发现：其实在中国长达两千年的传统时代中，并未有一成不变之家庭或家族概念或结构。他认为"家"与"族"各有其义，家即"家庭，是同居共财的近亲血缘团体"；而"族"的含义则"比较含混"，"有家族、宗族或氏族之别，范围各有大小，亲疏也有远近。在传统两千年历史中，族以家族和宗族为主，不过时代不同，它们的作用也不一样"。① 然而这些概念在法律史的视野中大致均指涉"同一实体"，即人们基于"同财共居"而形成的"观念性或现实性的集团"②，故而，虽史实的榛莽不易通达，但为描述民国新繁县诉讼档案③中的"家族"，本文拟在上述语境中使用相关概念。

关注民国新繁县司法档案存卷中的"家族"，并非仅因抽象之"特见重要"而描述其相状各别，亦是为重新思考所谓"伦理法"与"理性法"的相关典范。这是因为，虽然"宗法"的概念在历史上有所嬗变，但中国传统社会中的"家族""宗法"与"法律"天然且内在地紧密联系在一起。孔子设问道："《书》云：'孝乎惟孝，友于兄弟，施于有政。'是亦为政，奚其为为政？"如果说孔子意在追问理想政体中处理家族问题与国家政治问题的内在关联，那么孟子则似乎在肯定地回应此问。他说："天下之本在国，国之本在家，家之本在身。"④ 于是传统社会的正统法

---

① 杜正胜认为，中国传统社会的家庭并无一个固定不变的"大家庭"结构，大致可以划分为"汉型家庭""唐型家庭"及"汉型与唐型的折中"三类。参见杜正胜：《传统家族试论》，载黄宽重、刘增贵：《家族与社会》，中国大百科全书出版社 2005 年版。

② 滋贺秀三：《中国家族法原理》，张建国、李力译，法律出版社 2003 年版，第 19、42 页；瞿同祖：《中国法律与中国社会》，商务印书馆 2010 年版，第 3~5 页。

③ 民国新繁县司法档案全宗号均为 159，分为 6 个目录，共计 3978 卷，包括 20 世纪 30 年代到 20 世纪 50 年代新繁县司法处的所有刑民案卷以及司法行政文件，现保存于四川省成都市新都区档案馆。

④ 朱熹：《新编诸子集成（第一辑）：四书章句集注》，中华书局 1983 年版，第 59 页。

律思想在根基上树立了以家族宗法观念为核心的伦理原则。瞿同祖先生的研究表明,隋唐以降,儒家化、伦理化的法律已成正统。①有研究者认为:"在中国古代社会中,在传统伦理的意义上,没有所谓'法律关系',可以说只有'宗法关系'。"②于是传统中国法律被"类型化"为"伦理法"或"宗法伦理法",与西方近代法治意义上的"理性法"相对应,形成研究中国近代法制变革的一对范畴。在这一典范下,从"宗法社会"到"法治社会"不仅业已成为中国近代法制"转型"的普遍描述,而且成为今日法治建设的某种路向。③

检视民国新繁县司法档案中涉及"家族"的案件可以成为反思上述学术典范的契机,使重新考虑民国新繁县这一地区是否存在"伦理法"被"理性法"取代的史事也成为可能;若能进一步为思考今日法治建设的路向提供些许材料,就属于期待之外的收获了。

一、涉及家族产业的案件

是否拥有或怎样拥有产业或者财产,无论对个人还是对包括家族在内的组织均有极其重大的意义。例如在现代民商法理论中,财产直接关乎自然人或法人的责任能力;即使在"君子言义而不言利"的中国古代正统思想那里,财产的重要性也毋庸置疑,如孟子就说过:"民之为道也,有恒产者有恒心,无恒产者无恒心。苟无恒心,放辟邪侈,无不为已。"孟子此言原系对滕文公问政为国之事的回应,意在劝诫为君者"取民以制",但从孟子所谓"无恒心"的状态会导致个体陷乎罪,似可推知:因

---

① 瞿同祖:《中国法律与中国社会》,商务印书馆2010年版,第346页。
② 毛国权:《宗法结构与中国古代民事争议解决机制》,法律出版社2007年版。
③ 潘佳铭:《从宗法社会到公民社会——法治建设的逻辑进程》,载《法制与社会发展》2006年第5期。

"恒产"所生之"恒心",大抵与身处社会的个人的信誉、责任乃至行为的合法性有着比较重要的关联。因而无论在传统意义上还是在近代西方法治意义上,财产对于确立特定社会中个人生活样态和组织的存在方式的重要性是不可回避的。

那么,民国新繁县司法档案中的"家族"是否拥有产业,或者说家族拥有产业的样态是否发生了某种变化?在相当数量涉及家族产业的案件中,邓氏祠庄案颇具代表性。通览全卷,该案在诉讼程序上脉络清晰而完整,包含自新繁县司法处至四川省高等法院直到最高法院的三次审理,但该案史事之具体情状略显复杂。较明显的一处是,现存档案中已无法觅得新繁县一审的相关材料,对一审案件乃至对整个案情的记录,在诉讼程序上均"始于"二审。1939年,邓家才等八人意欲出卖族产,却没有族产红契;邓成绩握有邓氏族产之红契,却不同意出卖族产。新繁县司法处的"一审"显然支持了邓家才等人的请求,邓成绩于同年十月不服提起上诉:

上诉人:邓成绩;住址:本城西门外茶店子觉巷省政府保安处;职业:政界

被上诉人:邓家才、邓世培、邓世元、邓家松、邓洪发、邓洪基、邓洪其、邓世荣

呈为第一审判决难予屈服恳请调卷再行审理事。缘民有祖祠祠产水田十二亩、旱地三亩在新繁南门外张家巷,于民国五年由邓家才总理,邓世培、邓世元助理,连年账目、收入、支出毫未报销。至民十八年,图将祠内柏树盗卖,得价洋一百六十元。又将水田出押与邓洪发,取银四百五十两。十九年上季,复转押与罗承荣堂,共取银陆百七十两。由此水田押干,颗粒无收,以上之款皆伊等饱入私囊。旱地邓世培把持耕种十余年,亦不称租,家住祠内,又未纳典。合族人等见伊等如此贪厌,惟恐有失先人遗产,乃由祠众公推民保管红契,防范其盗卖祠产。殊本年七月

十日,民返家道经新繁,该邓家才、邓世培、邓世元纠合族中无赖邓家松、邓洪发、邓洪基、邓洪其、邓世荣等恃横估挡,勒索红契,企图盗卖祠产并且私行管押,种种侮辱不堪言状。窃思民保管红契乃合族百余人公推,其祠产亦系合族人所有,如果变卖,当召集全体族人二分一以上出席,三分二以上同意,方能合法,何得私相授受,交伊等盗卖?民为顾全族谊,免扰烦脑(应为"恼"——笔者注),设计走脱了事。殊伊等贪心不死,捏词朦诉新繁县司法处,请令交出祠产红契,当经传唤,适因公派遣他处,未能到庭辩论。俟公毕返省,始悉新繁县司法处许其一造辩论终结而为判决,与事实不合,有违情理。是以不服,提起上诉,恳请钧院调卷审理,另为适法之判决,并饬其清算被上诉人历年经营收支账项,暨邓世培把持之旱地交还祠众管理,霸住之房立即迁出。又在新繁私行管押,干犯刑章,并请钧院依法惩办,实沾德便。再本案已于法定期间在原审声明上诉经裁定,饬缴第二审裁判费一十三元五角,兹如数遵缴,合并声明。

  谨呈四川省高等法院公鉴

中华民国二十八年十月四日①

  固然难从一方之上诉状得出案件是非,却也不难从中窥知案件审理的程序和邓成绩于诉讼中的观念。在事实与规范两个层面,邓成绩均陈述得较为周详:在事实层面,他指斥民国五年后邓家才"总理"祠产中饱私囊的行为,为自己"乃由祠众公推民保管红契"之说铺叙背景,提出了自己将祠产"交还祠众管理"的希望;在规范层面上,一方面指出邓家才等八人在没有红契且全族不同意的情况下变卖祠产并不"合法",另一方面请求四川省高等法院"另为适法之判决",并请对邓家才等"在新繁私行

---

① 四川省成都市新都区档案馆藏:"上诉状","邓成绩案",民国二十八年十月,目录号4,案卷号599。

管押，干犯刑章"之行为"依法惩办"。虽然事后宣称自己"不谙法律"①，邓成绩在上诉状中体现得却颇为"知法"。他认为"变卖"族产程序，"当召集全体族人二分一以上出席，三分二以上同意，方能合法"，其对二分之———般多数与三分之二特殊多数的理解，即使在今日看来亦属"到位"。更难得的是，邓成绩提出了"适法"判决之要求，此一点较之于其时的大多数诉讼当事人可视为某种较为重大的转变。②但任何人也无法脱离其时代的局限性，如同其思想脱离不了躯壳一样，邓成绩似乎也并不例外，尚不能因其上述表达即将之归为对"理性法"意义上的诉讼的请求。相反，邓成绩的上诉状中仍然大量保存着"伦理法"的色彩，在其诉状中，"顾全族谊，免扰烦脑（恼）"仍是其主观愿望，新繁县司法处"与事实不合，有违情理"仍是其"是以不服，提起上诉"的原因。

针对邓成绩的上诉，被上诉人邓家才等邓氏八人于1939年10月20日具呈云：

呈为捏控压金反事上诉恳予示知此案已否成立事，窃民等先祠在繁南外，计有水田十二亩零，乃前被滥族邓成绩者，恃其身处军界，估充该祠总理。殊自接任后，遂伪捏压金吞尽，本祠一切出款民等不获已，于今年阖族商妥呈准，第一审将田卖与张姓。期间一切详情已详所提县卷，兹不冗及。奈伊自知理屈，四传均系伊亲接传票而故不到案。至案已判决而提上诉，迄于今日钧院之提卷者亦已多日，而未奉传质之票，不知此案究系成立与否？诚恐伊狡诈百出，徒请提卷而不遵法进行，以延误在第一审

---

① 四川省成都市新都区档案馆藏："声请状"，"邓成绩案"，民国二十八年十月，目录号4，案卷号599。

② 当时大多数当事人仍然是依情理请求，这与晚清四川基层审断活动中的当事人请求表现出较大的一致性。参见里赞：《司法或政务：清代州县诉讼中的审断问题》，载《法学研究》2009年第5期。

执行之期用,是具呈敬询钧院,乞赐核夺。如此案既已成立,恳即示知;如未成立,恳即将案驳回,民等获向原审请求执行。以上所呈若蒙许可,则民等永为沾德之至矣。

祗呈四川省高等法院公鉴

中华民国二十八年十月二十日①

在邓家才等人的呈状中,"事实"则与邓成绩所述大相径庭。先前邓成绩指斥祠产"总理"邓家才,而此处则变为邓家才揭露"被滥族邓成绩者,恃其身处军界,估充该祠总理"。颇可玩味的是,为何两造均说对方是祠产"总理",为何都是对方的"总理"下祠产的账目、收入等出现了混乱?如果不仅仅是巧合的话,那么至少可以认为:似乎"总理"之职即与侵占祠产之种种不端存在某种联系,而此看法在当时已成为某种可以为一般舆论接受的解释典范。邓成绩是否"恃其身处军界"而估充祠产"总理"本已无从稽考,但在邓家才等人的呈状中,特别是在军政力量对地方庙产有所干预的社会背景下②,上述解释典范得以强化。是否可因之认为家族产业存在的伦理正当性已开始瓦解尚需进一步考察,但在本案中此种解释至少在逻辑上是成立的。无论双方的描述如何不同,新繁县司法处"第一审"支持了邓家才等人的史事基本可以重建。在此基础之上,上诉"第二审"的争议焦点大致可以确定为:邓家才等出卖祠产之举是否"合法";"第一审"是否应予维持,或者说邓成绩所谓"公派遣他处"是否属于可以改判"第一审"的理由。

有一则"呈状"对丰富"第一审"史事和分析"第二审"有

---

① 四川省成都市新都区档案馆藏:"呈状","邓成绩案",民国二十八年十月,目录号 4,案卷号 599。

② 至少军人力量对当时一起重要的佛教庙产纠纷起到了重要影响,参见里赞、王有粮:《民国时期民间佛教信仰的失落——以新繁县周氏家族与僧法钲庙产纠纷案(1935—1939)为中心》,载《宗教学研究》2008 年第 4 期。

所帮助。民国新繁县司法档案中,卷存的该案"第一审"阶段的材料仅见如下:

呈为议卖祠庄以复香火恳捐查以遏各有反复事。缘氏等先祠在本县南门外张家巷侧(即新民二十二保保内),后裔为第二、第三、第五三房。民家才忝居族中之长。本祠共有田十二亩零,原有压金三百余两。比年来骤加为六百七十两,而每年除利之外,已无粒粟之余。是不惟废却春秋之祀,即平日香火亦不能继亦。兹氏等三方齐集,一再决议,将祠田变卖谋还压金之外,以所余者小权子母而复香火。乃当此众议决矣,诚恐日后食言者滋生异论,为此具呈钧处,乞赐核夺,所恳备查。若蒙许可,则民等均沾德便之至矣。祇呈

揭示:状悉准□,备案存查,仰即知照。此批。(县长印)六.八①

这是邓家才等八人于 1939 年 6 月 8 日呈报县司法处存查之状。从行文风格上看,该状与前文中邓成绩之上诉状和邓家才之"呈状"相比,用语平和了许多。若单单阅读此状"以遏各有反复事"之说,很难想象到日后会历经三审方才定谳。此时变卖祠产的原因,是因压金"骤加"而导致"每年除利之外,已无粒粟之余。是不惟废却春秋之祀,即平日香火亦不能继亦";至二审时,变卖祠产的原因则已变换为邓成绩"伪捏压全吞尽,本祠一切出款民等不获已,于今年阖族商妥呈准,第一审将田卖与张姓"了。从"复"祠堂之"香火"到对现实利益得失之考量,邓家才等人的态度变化之大,以至有相当理由怀疑其动机是否纯良。

本案"二审"判决邓家才等人败诉,判决"主文"说:

---

① 四川省成都市新都区档案馆藏:"恳状","邓家才案",民国二十八年六月八日,目录号 4,案卷号 597。

原判决变更；被上诉人在第一审之诉驳回；两审诉讼费用由被上诉人负担。

其"理由"如下：

查诉讼性质必须合一确定者，必就诉讼标的之权利义务所共同者一同起诉或一同被诉，否则当事人不适格，其诉为无理由，予以驳回。本件被上诉人等八人在第一审请求上诉人交付祠堂红契，不惟据上诉人称其为数十家所共有，彼时交与掌管系由数十家人共同付与。即据被上诉人称，亦为十三家人所共有，则上诉人所称即属不实。而被上诉人既谓有十三家之众，何以由被上诉人八人出而主张，虽称系属众人推出，然在其余之人并未对被上诉加以委任，则被上诉人谓系属族人共同推举显属无据。以被上诉人八人向上诉人起诉，依前开说明，诉讼当事人自不适格，其诉应认为无理由。原审不查，遂判令上诉人交付红契，上诉意旨就此指摘，不能谓无理由。①

总结起来，即上诉审因原审原告主体资格不适格而"变更"原判。形式上此一判决无疑是明确且"合法"的，但实质上此种"合法"的判决结果未必合乎双方当事人心目中所希冀的"适法"或"遵法"标准。因为按照此判之主文，原审被驳回即意味着一切恢复原状：邓成绪虽继续执掌红契，但其清算祠堂账目、核实族产并追究相关人等刑事责任的实质请求未获法院支持；邓家才等人虽败诉，"变卖"祠产之举固属无效，但邓成绪追问的账目、旱田等事宜，亦是不了了之。"程序"合法的判决，没有解决双方任何"实体"问题，此现象不知仅是巧合，还是四川省高等法院因案件繁难而有意为之？

值得注意的是，省高等法院的审理过程颇有耐人寻味之处。

---

① 四川省成都市新都区档案馆藏："判决书"，"邓成绪案"，民国二十八年十月，目录号 4，案卷号 599。

首先是本案的问案过程，对重要案件事实的认定要么于事实无据，要么对当事人的陈述视而不见，显然不够"理性"或合"逻辑"。例如关于邓家才等八人出卖祠产是否"合法"这一争议焦点，上诉审判决也明显意识到此乃厘定案件是非之津要所在。在审理过程中，邓家才、邓世培二人和被上诉方诉讼代理人李维泰律师均已道出邓氏阖族"五房绝了两房，只有三房十三户人"，被上诉八人系全族推出这一"事实"，但上诉审判决完全没有予以回应。若依近代法治观念下的诉讼程序观之，被上诉方提交的的确仅属于"事实材料"而非"证据材料"，法院自可不予采信；但二审判决在采信邓氏全族共有"十三户"这一"事实"的同时，对同系该方提出的被上诉八人系"合法"代表这一"事实材料"不予采信。于此取舍之间，原本形似以"理性法"规则做成的判决也就显得不那么"理性"了。其次，从档案反映的情况看，被上诉方诉讼代理人李维泰律师似乎也未被允许在案件审理的过程中过多发言，且其意见似乎对判决结果没有太直接的影响。① 可以想见，身处新繁的邓家才等人并非对民国法律熟悉之辈，他们聘请律师的诸多原因中，自难免有借助深谙法律之律师到省高等法院维护利益的考虑。但其时的法院显然并非律师大展拳脚的舞台，律师所获专业知识对法院判决的影响未必大于一般民众。一边是身居"政界"甚至是"军界"且对法律至少是有所耳闻的上诉人邓成绩，一边是始终应诉并不退缩，甚至愿意聘请律师应诉的邓氏八人，四川省高等法院给出判决结果时不得不颇费些心思。于是，绕开那些难以"证明"的"实体"问题，法院做出了上述"形式合法"的判决，大约只意在"了事"而已。

二审判决虽在形式上"各打五十大板"，但在事实上阻却了

---

① 四川省成都市新都区档案馆藏："审判笔录"，"邓成绩案"，民国二十八年十月，目录号4，案卷号599。

邓家才等人"变卖"祠产之"期待利益"的实现。邓家才等人日后再次上诉至最高法院便也不难理解,而最高法院也未支持其诉请,则已属后话。①

至此大致可以推知,在民国时期的新繁县,家族仍然拥有财产,且拥有的财产之形态与传统社会之间存在诸多延续性:不仅仅表现在家族对财产的占有,而且体现在人们关于"族谊""香火"的观念中;不仅如此,往大了说,此延续性表现在案中描述家族的"族—房—户"之结构与中国传统社会并无大异;往小了说,其还反映在族田押金的计量单位直到1939年仍然使用清代"两"的单位里。但传承中必然伴随变革。在新繁县的家族案件中,族产涉讼日渐增多的现象本身就已在某种程度上说明了问题,当事人的观念也发生着某些朝向"近代"的变化。比较显著的例子是,邓家才在诉讼之初尚自道其"忝居族中之长",并以此作为向县府存查的买卖祠产的主要依据之一。而及至邓成续上诉至四川省高等法院,"族长"一说已不见踪影,代之以公推"总理"之说(大致即祠产全权代理人之意);即便如此,似"族长"及其代名词"总理"这等可归入"旧"范畴的名词,不仅不是证明对祠产处分行为正当性之依据,反而其代表的身份成为某种在观念上可予以一般性否定评价的社会角色。

如果说与传统社会之间的延续性注定了家族案件审断中的"伦理法"要素有所保留,那么与传统社会之间的差异性则要求此种"伦理法"要素以近代"理性法"的某种色彩展现。如此理解该案二审判决的形式"合法性"与实质上"了事"动机之间的紧张就会更有意味。

事实上,家族产业自有其社会学意义上的功用,自宋范仲淹

---

① 四川省成都市新都区档案馆藏:"邓成续案",民国二十九年四月,目录号4,案卷号995。

以后设立的"族田义庄"便是例证。家族产业之收益，除祭祀祖先外，也用于家族内的义学、经济互助，此种经济互助在某些条件下也及于外族之人。① 家族的声望与以其家族产业参与社会公益的情况紧密相关。族人将家族产业作为"恒产"来维护与经营，应是族人拥有推行义举的"恒心"所致。而这种"恒心"在传统的伦理观念发生转变的时候，自然也难保持不变。有研究指出，新繁县一起旷日持久的庙产纠纷就与族人思想观念的巨大更迭不无关系。② 如果家族声望已没有存在的必要，而前人认为的"义"的观念被视作守旧落伍甚至是"不义"，那么基于此种观念而申发开来的规范体系则都有"失范"之虞。也许正因为如此，新繁县出卖祠产绝非个案。③ 因而，传统社会中家族具有的韦伯所谓的"超越法律的效力"（praeter legem）甚至"抗拒法律的效力"（contra legem）④ 在民国新繁县已开始式微。

二、家族在其他民事案件中的诉讼角色

通过对民国新繁县司法档案中家族产业案件的检视，发现家族势力的式微至少已从观念开始发端，且已表现在具体的家族产业案件的审理过程之中。然而就全部纠纷而言，此种开始式微的

---

① 参见李文治、江太新：《中国宗法宗族制和族田义庄》，社会科学文献出版社2000年版，第71~83页。我国台湾地区学者梁庚尧也曾细致研究过义田，参见梁庚尧：《家族合作、社会声望与地方公益：宋元四明乡曲义田的源起与演变》，载前引黄宽重、刘增贵《家族与社会》一书。

② 参见前引里赞、王有粮：《民国时期民间佛教信仰的失落——以新繁县周氏家族与僧法钲庙产纠纷案（1935－1939）为中心》。

③ 梅氏祠族众даже曾卖出水田，见四川省成都市新都区档案馆藏："诉状"，"陈兴发案"，民国二十九年，目录号4，案卷号970；另有民国十六年才设立的祠堂，在民国二十八年已被族人侵吞三分之二，见四川省成都市新都区档案馆藏："诉状"，"高肖氏案"，民国二十八年，目录号4，案卷号860。

④ 马克斯·韦伯：《儒教与道教》，洪天富译，江苏人民出版社1997年版，第107页。

势力却也不可小觑,其影响广泛地存在于民国新繁县司法档案的各个领域。

大量民事法律关系①的成立、存续、变更和消灭与"家族"有关。族戚乃至保甲等传统社会中的"社会力量",仍旧是基层民众证明其身份、财产关系正当性的重要依凭。此处随机选取较为常见的九类归纳如下表:

民国新繁县司法档案民事案件中家族作用归纳简表

编号	家族作用	档案原文	目录号	案件号
1	分家	查伊弟兄为父死生异,每与氏寻衅滋端,旋即请凭保甲族戚,提田业二十一亩、房屋家具优劣品匀,作三股均分。	3	126
2	请求支付	傅氏请凭族亲向璧求生活费。	3	591
3	设立财产代理人	乃为法律之上无能力管业者,故所分田业已于民国二十六年凭族指民为田产代管人。自后柏松在外一切债务,及以田租抵押本利各事,均应取得代管人之同意,当场认可后所订之约始能生效。	3	876
4	处分族产	梅氏祠族众卖出水田一十一亩二分,附产宅大半、院基址大半,所四界分明,毫不紊乱。现有契约为凭。	4	970
5	销约、立约	是日眼同族亲保甲在场将佃户钟海廷之原佃约注销,分别另向氏立约承佃人证物证俱在可当传质。	4	673

---

① 在中国传统社会,并不存在西方法律意义上的"民事"与"刑事"法律关系。为行文方便,权且如此。参见里赞:《刑民之分与重情细故:清代法研究中的法及案件分类问题》,《西南民族大学学报》(人文社科版),2008年第12期。

在"伦理法"与"理性法"之间：民国新繁县诉讼档案中的"家族"

续表

编号	家族作用	档案原文	目录号	案件号
6	调解离婚	今屡经族反龙泽生周继光劝告和解，夫妇和好，免失情谊。	3	701
7	离婚分割财产	竟为怨偶同休异梦，偕老难期，爰经族亲团邻调解，并取得双方家长同意，给与万安乡韩姓佃户所耕之田叁拾贰亩伍分，坐宅一院。	4	827
8	代管未成年人财产	三个小孩长者年近学龄，所应预备之教养需为画清，交族中公正人保管，免受继母虐待失学。	4	651
9	见证收据	立写收清扫数，文约人杨铸金、杨家元今收到杨积德堂名下收田价银市面交通用法币九十八元，一手收清并无下欠银是实，恐口无凭，立字为据。 族中证人：杨卓廷、杨家瑞、艾西屏、贺青云（同在），杨子尚（带字）	4	178

应该说在民国时期的新繁县，"家族"作为传统社会重要的社会力量，其存在方式必然远多于上述九类，上面的不完全归纳仅为管窥之图像。虽然如此，足以见"家族"在当时民事关系中仍然具有较强的"公信力"。所以当时的诉讼当事人也往往以"家族力量"的缺席攻讦对方。例如，在钟海廷看来，李廖氏、廖尊三等三人所立佃约不成立的重要理由就是"是日民往伊家时只尊三父子在场。所有田主，族亲团邻一人未至，而李道清田主

亦不出面"。① 而"族戚团甲人家咸知"② 也成为当事人自道清白的习常用语。

事实上"家族"不仅涉及上述纠纷发生前的"常态"民事法律关系,还往往于纠纷发生后起重要作用。"家族"不仅可以在法律正式判决前参与到纠纷解决中③,即使在纠纷进入法律审理程序后,当事人仍然可以通过"族亲邻友"调解"和息"纠纷。一份关于"主佃"双方"合会"纠纷的"息状"中这样说:

呈为主佃涉讼,甘具和息,请予注销原案并发还证件事。缘民高李氏、潘吉门前因主佃涉讼,业经成都高等法院判定,高李氏与潘吉门认和息费四百五十元在案,又因十三贤之三百元会一局,亦经钧府判定,由民潘吉门如数付与民高李氏照收在案,民等均甘照案和息,特请凭族亲邻友秉公调解,今后双方脱离主佃关系,所有田亩房屋均经当众交清,所有现年租谷由民潘吉门照□,押租银由民高李氏照退,所有主佃方面手续亦已当众算明,民潘吉门总计尚应法币一百八十六元正,民高李氏亦愿如数付楚,惟必俟潘吉门迁移清撤[撤]后,始行全付。民等双方均甘愿承认已当众立约,各执一纸为据,所有主佃方面手续,统限本年内了清。理合具文呈请钧府俯予注销原案,并转呈高等法院注销原案,并发还前在钧府所检调之证件。谨呈县长唐。

证人:卢秋帆、郑士忠、钟直卿、郑勃然、郑纯武、吕次仪、高海南、周全、冯辉武、高善祥

---

① 四川省成都市新都区档案馆藏:"具状","钟海廷案",民国二十八年,目录号4,案卷号673。
② 四川省成都市新都区档案馆藏:"王汉卿案",民国二十四年,目录号4,案卷号713。
③ 四川省成都市新都区档案馆藏:"杨子宽案",民国三十年,目录号4,案卷号177。

批词：准如所请。①

不难看出，案子虽经新繁县司法处与省高等法院两级审判，只要当事人"均甘照案和息"，在"特请凭族亲邻友秉公调解"下，仍旧可以调解结案。所有财产纠纷之解决，与新约之订立，均须"当众"，而"家族"自在"众"中。当然，"家族"的调解功能并非足以解决一切纠纷，例如有起诉离婚的妇女就曾说："氏以不美之名籍此昂可绝，氏□食于情于理实难容忍，已曾投明家族咸称未便解决，只得具呈来处诉恳，钧处作主准予传案讯完以维生计而全名誉沾祝，此呈。"② 此案中黄孙氏显系调解不成方来案起诉的。尽管如此，在与"家族"具有天然紧密联系的婚姻案件中，县司法处的审判者仍然比较注意运用"家族"的调解功能。例如在陈国正离婚案件中，面对两造的再次诉请，审判者批示："着两造于七日内请凭亲族妥为调解，为不得谐再予传案复讯。此志！"③ 又如陈世开离婚案中，审判者批示："被告不承认有殴打原告情事，候传邻人闵步轩、巫青云、吴德成到案讯明。再引核夺并限两造于是日内请凭族戚保教妥为调解。此志！"④ 更有甚者，竟直接将"恳祈免予受理或判决由家族调解"⑤作为首项诉讼请求列于诉状之上，似可见"家族调解"在纠纷解决过程中具有某种为当事人和审判者均能接受之普适性。

---

① 四川省成都市新都区档案馆藏："息状"，"高李氏案"，民国二十三年，目录号3，案卷号497。

② 四川省成都市新都区档案馆藏："诉状"，"黄文芳案"，民国二十七年，目录号4，案卷号906。

③ 四川省成都市新都区档案馆藏："诉状"，"陈国正案"，民国三十一年，目录号4，案卷号982。

④ 四川省成都市新都区档案馆藏："庭审笔录"，"陈世开案"，民国三十二年，目录号4，案卷号986。

⑤ 四川省成都市新都区档案馆藏："诉状"，"胡张氏案"，民国三十五年，目录号4，案卷号786。

此外，大量存在的"族证"散见于民国新繁县司法档案各卷之中，几至毋庸举证之境。

里赞先生的相关研究显示，社会力量几乎曾介入晚清川省州县解决诉讼纠纷的各个阶段。① 若以民国新繁县司法档案所反映的情况进行比较，民国时期新繁县"将乡保会首等处理作为准理审断的前提"和比较倚重"社会力量"来"协助稽查案件事实"之明显迹象已大为隐匿。但通过上述简要描述，以"家庭"为代表的"社会力量"仍旧帮助实现案件"调解""和息"，并在部分关乎人身关系的案件中发挥着辅助执行的作用。概言之，较传统社会末期的情况而言，此时"家族"影响纠纷解决的程度有所降低，但影响仍不可谓不大，断不可据此而言"家族"这种"伦理法"的代表力量在"理性法"的时代完全居于颓势之中。事实上，"家族"代表的"伦理法"与"理性法"的结合，才比较接近当时的真实情况，比如其时的一份"民事公证"记载道：

右方，姓名：保长：吴汉森，甲长：李益荣（押）、徐启积（押），族：徐启宝（押）、徐承烈（押），戚：柳泗福（押）、罗云青（押），邻：余洪兴（十字押）、宁交益（押）。年龄：不一。籍贯：本邑三区新猷联保。住址：第六保第二甲。

左方，姓名：徐小员、徐王氏、徐星明。为联名证明分产多寡以便拍卖而免混淆事。缘本甲民徐小员因债务纠葛被周慎先呈控□案已蒙钧府判决。现将小员自分产业悬牌拍卖，听候执行等谕卷朗可查，民等何敢插渎。窃以小员确有分产一段，约计二十亩，在本保内所属，惟此田产，小员实仅分得有六亩正，下余一十四亩，原由其妻王氏并及子媳分受俾作生活是实，不但民等保甲族□深知并有分管及田赋证为据，兹沐钧府执行诚恐混淆错

---

① 里赞：《晚清州县审断中的"社会"：基于南部县档案的考察》，载《社会科学研究》2008年第5期。

在"伦理法"与"理性法"之间：民国新繁县诉讼档案中的"家族"

误，用是联名证明恳准赏电□核嗣后查出小员分受之产，尚有舞弊情事。惟以民等，并究中间不虚，具公证状是实。此呈。

批示：公□状悉此批。十五日

中华民国二十六年四月（缺省）日

具状人：吴汉森等①

此则材料反映出在生效判决的执行过程中，为不影响徐小员"其妻王氏并及子媳"之生活，仅将债务人个人财产"悬牌拍卖"用作偿债，而保、甲、族、戚皆为"公证"之事。此亦大有前文中邓家才等人"存查"之意，大抵是存案备考，此处另有向县府说明偿债财产范围的意图。虽言"公证"，却与今人所谓公证有所不同，其提供中立证明者非唯社会中介机构，仍是保、甲、族、戚之属。试想在"熟人社会"之中，若不请保、甲、族、戚等为"公证"，又请谁呢？换言之，如果请传统社会力量以外的人士以为公证，又如何具有"公证"的效力呢？当然，较之传统社会的"中证""族证"，此处也透露出些微"新意"，即徐小员等人所谓"田赋证"之效力显然不及这纸"民事公证"了。

总体上看，为何在民国新繁县的民事案件中"家族"的角色依然重要？套用经济学"理性经济人"的假设，如果身陷纠纷的个体所作出的行为都有其理据，如果诉讼中两造与审判者都以"口服心服"为纠纷妥善解决的终极目标，那么个体之间的理据就不能是各说各话的。相反，两造与审判者需要在理论上——也仅仅在理论上——寻求理据的最大可通约性。民国新繁县的情况似乎表明，"家族"实现着这一社会学功能。虽然家族产业的案件表明，以"家族"为特征的"伦理法"观念已经处在危局之中，但作为可通约的论证理据的一种稳定的知识来源，"家族"

---

① 四川省成都市新都区档案馆藏："民事公证"，"徐小员案"，民国二十五年，目录号4，案卷号648。

仍然在一定程度上具有不可替代性。至于究竟是审判结果强化了民众选择"家族"实现诉求之倾向，还是民众对"家族"的倚重导致了审判者对"伦理法"的"容忍"，因涉及判决与社会之间的互动的问题，已超出现在能够定论的范围。不过可以肯定的是，适用近代"理性法"的民国新繁县仍大量保存着适用以"家族"为代表的传统"伦理法"的痕迹。与其说这完全来源于个案审理时审判者对民众旧有习惯的尊重，或者完全来源于民众对审判者既往判例的揣测，不如说这在一定程度上反映了基层社会在"伦理法"与"理性法"之间的必然选择。

三、结语

民国新繁县司法档案中的家族产业案件不仅表明"家族观念"在思想上已开始受到挑战，亦可表明同居共财这种曾在传统社会极具基础性和代表性的财产关系已然在现实层面上有所动摇。即便如此，"家族"之"大厦"远未"将倾"。以案卷中大量一般案件反映的情况而言，虽然民国政府推行的"理性法"直接影响了民众的诉讼观念和判决书做成的样式，但它还没有完全取代传统"伦理法"。相反，对于司法信任的建立或司法效率的提高等近代"理性法"不得不考虑的问题，家族"伦理法"在新繁的现实中给出了自己的解决之道。至于此种解决之道是否恰当，或者说此种解决方案究竟是显得举重若轻还是跌跌撞撞，则已属他题。

从"伦理法"到"理性法"，作为一种学术典范，在韦伯"类型化"研究的意义上并无大谬。然而如果简单将此作为今日法治建设之路向，则尚需斟酌。即使在充分承袭了韦伯学术传统的论域之中，哈贝马斯（Habermas）的民族国家"类型"也不得不因中国问题的特殊性而为中国单列一项。① 具体到法律史研究，勒内·达维德（René David）也对中国法特别视之。② 申言之，即使在"理想类型"研究的理论视野内，从"伦理法"到"理性法"的法治建设路向也并非恰如其分地适用于中国。

更为重要的，这一学术典范建立在将"传统"与"现代"完全对立起来的逻辑基础上，而"理性法"与"伦理法"之间取代与被取代的关系则自是其必然推论。苏力在论证乡土中国中基于家族伦理的秩序时，就曾认为："（乡土社会）这种秩序或'法治'只能发生在社会变化很小以至个体生命的周期难以察觉变化的社会。如果一个社会因某种外来原因发生了急剧的、迅速的变动，它往往无法迅速地形成新的规则或新的有效方案（这需要事先的准备，需要创新以及作为创新之条件的自由和竞争），乡土社会的同质性和地域性都是与这一要求相悖的，而固守旧规则往往会给封闭的乡土社会带来灾难性后果；完全被征服（例如成为殖民地）甚至被彻底消灭（例如瘟疫流行或发生自然灾害时）。"③ 按此观点，因无法"适应"外来"急剧"且"迅速的变动"，"伦理法"是必然要被"理性法"取代的，否则将会导致"灾难性后果"。然而民国新繁司法档案中"家族"的相关情况表

---

① 哈贝马斯在对近现代西欧面临之所谓"现代性"问题进行梳理和重建时就借鉴了韦伯的相关理论，"类型划分"乃其重要的理论策略。参见尤尔根·哈贝马斯：《交往行为理论》，曹卫东译，上海人民出版社 2004 年版。哈贝马斯将民族国家划分为五类：（一）从国家到民族；（二）从民族到国家；（三）后殖民的民族国家；（四）后集权主义的民族国家；（五）前现代的民族国家。其所谓"前现代的民族国家"专指中国。参见尤尔根·哈贝马斯：《包容他者》，曹卫东译，上海人民出版社 2002 年版，第 125~126 页。

② 勒内·达维德在将世界法系划分为日耳曼法系、社会主义各国法系和普通法法系后，将中国法列入其他法系。参见勒内·达维德：《当代主要法律体系》，上海译文出版社 1984 年版。

③ 苏力：《现代化视野中的中国法治》，载苏力、贺卫方：《20世纪的中国：学术与社会》（法学卷），山东人民出版社 2001 年版，第 13 页。

明,虽"家族"观念已开始发生变动,但司法实践中的民众和审判者出于各自不同的考虑均在一定程度上"固守"或借用了某些"旧规则"。而对旧规的"固守"不仅并未招致明确的"灾难性后果",且实际上起到了解决社会纠纷的巨大作用。不仅史事如此,几十年来的社会实践也不断促使研究者们重新思考所谓"宗法"或"伦理"的现实作用。学界对传统伦理的态度,逐渐从几乎一边倒的"不可让宗法势力抬头"①,演变为检讨家族宗法伦理弊端与注意其积极作用并举。②

无论是从"伦理法"到"理性法"的学术典范,还是苏力对中国法治近代化原因的理论构建,在逻辑上似均有浓重的"冲击—回应"色彩。于是,中国近代"法制转型"均被理解为回应"西方"冲击之结果,而中国社会内在发展的逻辑和文化特征遭到忽略。随着所谓"中国中心观"的兴起,法律史研究中的这种倾向已引起注意。③ 更为重要的是,"理想类型"意义上的典范转换难免将法制演变还原为某种进化论意义上的"物竞天择",进而忽略传统法律之制度、观念和习惯"能动"转化的可能性。因而,从"伦理法"到"理性法"之学术典范,不应成为今日法治建设的当然路向。

其实在近代中国,人们习以为常的"对立面"之间并不截然对立。鲁迅在致力于"改造国民性"时就曾敏锐地注意到,在当时以打倒皇权自居的文学青年中也难免有"以文坛皇帝自居"的情况。④ 若此现象不单纯是个案而确与"国民性"相关,若此语

---

① 鄢烈山:《不可让宗法势力抬头》,《瞭望》1990年第52期。
② 袁兆春:《中国传统宗法家族观念在当代的表现及影响》,载《河北法学》2001年第5期。
③ 参见刘昕杰:《"中国法的历史"还是"西方方法在中国的历史"——中国法律史研究的再思考》,载《社会科学研究》2009年第4期。
④ 鲁迅:《鲁迅全集》(第十三卷),人民文学出版社1981年版,第426页。

也并非仅仅是"铁屋中的呐喊",那么如何看待传统文化和社会的基本结构,并如何对之加以引导以期在今日的法治建设中实现其"创造性转化"的问题,对认真思索未来中国法治建设路向者而言则实难回避。

清代诉讼概念框架中的"民事刑事"

陈长宁

一、学术史回顾：从"民事刑事"到"重情细事"

近代意义的中国法史学从学科初创时起，就充斥着大量西方法学概念与理论。甚至可以说，若梁启超、杨鸿烈等学科奠基者没有借用西方法学概念框架（conceptual frameworks）对传统史料进行一番别出心裁的整理，中国法史学突破传统律学的进展也就不会发生。① 由于中学在与西学的竞争中一败涂地，"西学为用"很快使得"中学不能为体"。② 借用西方法学概念与理论本身并没有错，但在实践中，研究者常会为了适应概念框架而不当裁剪史料，或者被概念框架所暗含的强烈理论预设所误导。正如王志强所指出的，"中国法律史的研究成为在中国历史上寻找西方概念对应物的一种努力"——他形象地将这种"以既有西方理论框架和概念为前提的研究"称作"填充式法律史学"。③ 概言之，沿用舶来话语，学科似乎很难出现实质性突破；但若抛弃舶

---

① 梁治平：《法律史的视界：方法、旨趣与范式》，载《中国文化》2002 年第 Z1 期第 158 页。
② 罗志田：《见之于行事：中国近代史研究的可能走向——兼及史料、理论与表述》，载《历史研究》2002 年第 1 期，第 24～25 页。
③ 王志强：《中国法律史叙事中的"判例"》，载《中国社会科学》2010 年第 5 期，第 137～138 页。

来话语，学科甚至会陷入失语的尴尬境地。

此外，研究者对于概念框架的不当使用加剧了上述问题。最典型的情况是对概念框架进行情感式、意识形态式的运用，以及对概念框架不加批判地运用。这类不当的运用方式经常体现在下面两种具体观点中。第一类是过度强调"古已有之"的观点。持这类观点的学者"通常以暗自承认西方或现代标准合理的前提下反以文化自信的姿态出示，强调西方或现代的东西在中国古已有之"①。这种"反击"却在不自觉中成了"自我东方主义"，因为他们忽略了中国法制文明曾经的繁荣并不取决于某些西方或现代的要素。② 第二类是刻意主张"古为今用"的观点。部分学者就中国传统法制对于当下法治建设的借鉴意义的阐发显得有失轻率，以至于跳过了对历史经验必要的整理与翻译过程。近年来，学界对法史学双重边缘化等担忧日渐加深。一些学者的初衷本为扭转这一局面，却在无意中矫枉过正，为了"对话"或"提供智识"而生搬硬套，甚至削足适履。

这一困境在清代州县诉讼研究领域显得格外突出。早期的法史学者在论及清代诉讼时，往往直接套用"民事案件"与"刑事案件"的称谓。然而，这些概念是近世西法东渐的产物，制度层面"分别民刑"的思想乃始于《大清现行刑律》的编纂过程。③ 戴炎辉在整理清代淡新档案时，虽以民事刑事作为划分案件的标准，但他亦承认传统时期的各类案件"不能截然分为民事诉讼与刑事诉讼，刑事的诉讼与民事的争讼，非诉讼标的的本质上之差

---

① 里赞：《晚清州县诉讼中的审断问题：侧重四川南部县的实践》，法律出版社2010年版，第51页。

② 罗志田：《见之于行事：中国近代史研究的可能走向——兼及史料、理论与表述》，载《历史研究》2002年第1期，第34～35页。

③ 陈新宇、陈煜、江照信：《中国近代法律史讲义》，九州出版社2016年版，第253～254页。

异,只不过其所具有之犯罪的色彩有浓淡之差别而已。在诉讼程序上,民事与刑事并无'质的差异',即其所依据的原则并无二致"①。随着反思的深入,国内外学者均主张采用其他更符合史实的概念来界定案件类型。②

学界对于清代诉讼的分类方式众说纷纭,但是仔细斟酌便会发现一些看似不同的概念在实际内涵上并无太大差异,稍加增损便可相互替换。对此,寺田浩明讲得十分清楚,但他同时注意到,使用这些可以互换的概念的日本教授们"都还没有有意识地提供一个明确的框架来统合命盗重案审判和州县自理审判这两个局面"③。简言之,变换的是表层的概念,不变的是民事刑事概念框架所暗含的二元对立。正如徐忠明所总结的:"那种过分强调'民事审判·情理'与'刑事审判·法律'的理想建构图式,显然不是最佳的解说。"④ 从"民事刑事"到"重情细事"更像是一种风尚的转变。西方中心主义受到挑战后,由于"民事""刑事"是一组不甚符合历史语境的概念,自然有被逐步剔除的趋势。问题在于,单纯地以看似符合史实的概念作为替换,而不考虑概念背后的逻辑及所处的社会实态,往往会导致进一步的各说各话。形象地讲,由于原有的民事刑事概念受到了学术风气转

---

① 戴炎辉:《中国法制史》,三民书局1966年版,第137页。
② 如滋贺秀三将清代诉讼区分为"重罪案件"与"州县自理案件"。斯普林克尔(S. v. d. Sprenkel)在研究中将案件按应处刑罚轻重划分为"笞杖以下案件"与"徒流以上案件"。部分国内学者也以专文研究了清代诉讼分类问题,代表者如徐忠明的"内结—外结"说,俞江、里赞所持的"重情—细故"说,张小也、邓建鹏的"词讼—案件"说,张正印的"自理案件—审转案件"说等。此外,一些学者在研究中对该问题进行了特别的论述,如黄宗智、苏成捷(Matthew H. Sommer)、赵娓妮、吴佩林等。
③ 王亚新、梁治平:《明清时期的民事审判与民间契约》,王亚新、范愉、陈少峰译,法律出版社1998年版,第127页。
④ 徐忠明:《明清刑事诉讼"依法判决"之辨正》,《法商研究》2005年第4期,第159页。

变的蛀蚀，最终被拔除而产生了齿缺，简单地以重情细事当作假牙移植入原有的空洞，仅是改头换面，位置与功能却全无差异。针对这一困境，本文将反思如何做到在运用关于清代诉讼的概念框架时较少地受制于理论预设，更精确地反映历史语境与社会实态，并更有意识地沟通传统与现实法制，从而整合当前关于清代诉讼略显零碎的实证研究成果，为学界寻求更多共识与对话。

二、"四民社会"中的"平民相讼"

中外研究者在运用重情细事等概念时，大多是引证《大清律例》中的"告状不受理"律下关于"农忙停讼"的条例。"每年自四月初一至七月三十日，时正农忙，一切民词，除谋反、叛逆、盗贼、人命及贪赃坏法等重情，并奸牙铺户骗劫客货，查有确据者，俱照常受理外，其一应户婚、田土等细事，一概不准受理；自八月初一日以后方许听断。"① 美国学者包恒（David C. Buxbaum）在开创性地利用淡新档案时，正是根据该条例搭建出论述的结构，可他将"民词"译作"civil litigation（民事诉讼）"，无异于方枘圆凿。② 清律逻辑体系中的"民词"包含重情与细事，"民"乃涉案人身份，而非案件性质。"民"指的是被编入民籍的百姓，或者"四民"，故"民词"应被理解为"四民词讼"或"平民相讼"，其恰当的翻译应是"disputes between ordinary people"。康熙五十一年（1712年），时任刑部主事的赵申乔就"农忙停讼"一事上疏，《清史稿》载录了之后的上谕："农忙停讼，听之似有理，实乃无益。民非独农也，商讼则废生

---

① 田涛、郑秦：《大清律例》，法律出版社1999年版。
② David C. Buxbaum. "Some Aspects of Civil Procedure and Practice at the Trail Level in Tanshui and Hsinchu from 1789 to 1895". *The Journal of Asian Studies*，1971，30（2）：261.

理,工讼则废手艺。"① 康熙此谕清楚地解释了"民词",并意在纠正一个法律逻辑上的错误,即农民虽占据清代人口的绝大多数,但"农讼"不能涵盖"民词"。换言之,康熙皇帝认为既然因为农事繁忙而停讼,其范围应止于"农讼"下的"细事"。从立法目的来看,停讼主要是为了保护农忙时期的农民不至于因为琐事涉讼而耽误农事。

此处我们应特别留意清人对于诉讼分类的讨论方式——与今日迥异,清代诉讼的分类标准首先是身份,其次才是案件性质。此外,该上谕并未提到"士讼",或许在"和乡党以息争讼"的道德逻辑中,身为四民之首的士人本不应涉讼。但清律不仅有彰显社会理想的一面,也存在应对社会现实的一系列通融与实用手段。由于实践中士人涉讼并不少见,因而清代司法者多对士人涉讼与其他"民词"进行区别对待。陶希圣少时曾跟随担任清末多地知县的父亲居住在县署,对其父的审断工作耳濡目染。他曾回忆起父亲问案时会根据涉案人身份不同而选择相应的办法。如案件涉及本县绅士或在乡官员时,县官并不如通常一般在二堂公开问案,而是"邀请其到县衙,在花厅讯问。县官坐在炕上的主位,受讯问者或坐客位,或在炕旁另设座位,主位左侧站立着长随及书吏二三人";"亦可采用会客的方式,花厅里只有一二长随,不用书吏,且县官亦穿便服陪客"。② 不过,清代诉讼制度与实践中的士庶之别并不意味着士人可以滥用诉讼特权,特别是部分劣绅不顾体面恣意滥讼,州县则不必待之以常礼。如樊增祥在批词中常以革除功名、损其颜面等作为威胁,"若遇本司,早将尔功名详革,将尔父笞臀梏颈,以快人心矣……如该举人控涉

---

① 赵尔巽等:《清史稿》,中华书局1977年版,第9914~9915页。
② 陶希圣:《清代州县衙门刑事审判制度及程序》,食货出版社1972年版,第31~32页。

虚诬,即照例详革拟办"。①

从另一个角度来说,晚清以来士绅不顾体面地频频出现于州县诉讼中不仅反映了社会实态与理想的背离,似乎也隐射了四民社会日渐衰落的趋势。瞿同祖总结士人在诉讼上的优待时称:"士大夫原以涉足公庭为耻……所以有些法律在这方面予以特殊的便利和优待,以存其体。法律上根本否认士庶在诉讼上平等的地位……这些立法是有其深意的。"② 清末科举制的废除使得传统士人群体演变为不再掌握权势的现代知识分子,传统四民社会随之解体。③ 由于社会中不再存有价值峰峦,以至于社会各阶层"平铺散漫"④。表现于立法与司法层面的身份性差别虽有部分的延续,但总体上日趋式微。这或许是梅因所谓"从身份到契约"的运动在中国历史发展中的具体呈现。⑤

由于清代的四民社会并非凝固,故相应的"民词"也非一成不变。不仅各地"民词"存在差异,同一地区不同时代的"民词"也不尽相同。黄宗智在研究中注意到了尊卑等级和阶级观念在清后期诉讼实践中逐渐减弱的趋势。⑥ 根据黄氏对宝坻、巴县、淡新档案的统计,在经济相对活跃的淡水、新竹,功名士子所占原告比例(约8%)远高于宝坻与巴县;若从经济地位上考虑,过半数的原告都具有一定的财富或地位;农民却仅占

---

① 樊增祥:《樊山政书》,中华书局2007年版,第11~12页。
② 瞿同祖:《中国法律与中国社会》,中华书局2003年版,第233页。
③ 罗志田:《近代中国社会权势的转移:知识分子的边缘化与边缘知识分子的兴起》,载《开放时代》1999年第4期,第6页。
④ 钱穆:《中国历代政治得失》,生活·读书·新知三联书店2001年版,第155页。
⑤ 亨利·梅因:《古代法》,中国社会科学出版社2009年版,第130页。
⑥ 黄宗智:《道德与法律:中国的过去与现在》,载《开放时代》2015年第1期,第89页。

16.5%（宝坻县为 70.1%）。① 随着近世"弃儒就贾"蔚然成风，许多受过教育的人跻身于经济活动，很大程度上促进了社会纠纷在类型与数量上的变化。早在四民社会解体前，不同时空下的四民词讼在构成比例上就已悄然改变。因此，在不了解某一时空的具体社会结构前，恐怕不能轻易对州县诉讼的审断模式下结论。

总结而言，若跳过身份标准直接讨论案件性质，则有可能使我们忽略清代诉讼的大量史实细节。从今人的思维出发，多会不自觉地将相对平等的"公民"概念代入清代诉讼图景之中，殊不知在许多情境下，重情与细事只是"民词"之下的进一步划分。"民词"本身是一个包容性很强的概念，传统法制不仅以身份为标准确定法律关系或刑罚轻重，也以身份为标准决定诉讼程序。同时，民事刑事这类概念的不当使用又会使人误以为清代州县对待不同案件会像今天法院立案一般，根据案件性质适用不同程序。另外，从实践的角度出发，清代州县官为了实现地方治理，显然不会以今人的观念假设一切涉诉之人为"平等主体"，而会以"唯齐非齐"的态度对待社会责任、智识水平、经济地位不同的当事人。只有立足于身份这一首要标准，才能理解无论是处置重情或是细事，心存矜恤的知县在审断中大多存在的从轻取向。② 此外，使清代州县调解或判决得以有效的一个重要因素在于两造认可，一方不服便有可能上控。"如果衙门通过调解的方式解决民事纠纷或者衙门做出的裁决能够被原、被两造所接受，那么是否援引法律或者有无法律依据，事实上不是根本问题。"③

---

① 黄宗智：《清代以来民事法律的表达与实践：历史、理论与现实》（卷一），法律出版社 2014 年版，第 117~119 页。

② 赵娓妮：《审断与矜恤：以晚清南部县婚姻类案件为中心》，法律出版社 2013 年版，第 28 页。

③ 徐忠明：《明清刑事诉讼"依法判决"之辨正》，载《法商研究》2005 年第 4 期，第 154 页。

而可能的上控则会给州县带来"依法判决"的压力。因而"依情理"或"依法"都可能是出于州县面对不同案件时的策略性选择,而非一板一眼。

三、以"政务"观念诠释"自理案件"与"会审案件"

正如"农讼"不能涵盖"民词","民词"同样不能穷尽"清代诉讼"。目前学界存在对清代诉讼局限性认识的倾向,因此常会忽略清代法制的一个根本特征——法源的多民族性。特别是在"碎片化"较强的地方档案研究中,我们更应准确定位样本之于全局的位置,不可贸然地提出宏观结论。清朝由满族入主中原所建立,虽然开国之初是在《大明律》的基础上炮制出了《大清律集解附例》。① 但定型后的《大清律例》的一个重要发展便是在明律的基础上增加了民族色彩,特别是赋予旗人在立法与司法上的特权。在清代多民族统一法制的历史中,"旗与民构成了清代社会最基本的两大法律主体"②。以会审制处置不同主体之间诉讼的立法模式很大程度因袭了元律。元代蒙古族入主中原后,采取蒙汉分治。但由于一县同时有蒙古人与汉人首长,因此在审理案件时,多采用"职官同问"的会审方式。③ 明代州县虽无双首长制,但出于军事管理目的建立了"卫所"制,并且"其军皆世籍"。④ 因此,军户与民户案件各有"专属管辖"。军人案件按百户所、千户所、卫、都指挥司逐级而上;民人案件按州县、府、

---

① 那思陆:《中国审判制度史》,上海三联书店2009年版,第227页。
② 林乾:《清代旗、民法律关系的调整——以"犯罪免发遣"律为核心》,载《清史研究》2004年第1期,第39页。
③ 那思陆:《中国审判制度史》,上海三联书店2009年版,第151页。
④ 张廷玉等:《明史》(卷九十),中华书局1974年版,第2193页。

按察使司、巡抚或巡按逐级而上。① 军民之间的诉讼则采取元代的约会制。此制度在同样是外族政权的清朝得以延续。值得注意的是，清代八旗制度合军、民为一体，不仅与元代、明代的军籍均有所不同，更与传统四民形成对立。故有清一代司法中呈现出旗、军、民分别管辖的状况。

正是以分别旗民与会审制为基础的管辖权划分，使清代诉讼中出现了"自理词讼"与"会审案件"这一对应关系。"自理词讼"包括"州县官自理词讼"与"管军职衙门自行追问案件"。具体而言，一切"民词"，无论重情细事统归州县自理，即使最严重的人命案件也是如此，管军衙门不得"越分辄受民讼"；同样，"与民不相干者"的案件则州县无权过问，"从本管军职衙门自行追问"。② 与"自理词讼"相对，"会审案件"则要求两个以上衙门"一体约问"，并再根据重情细事之别而确定会审衙门在案件处置过程中的主次地位及随后的程序。③ 会审制的运作亦可说明身份而非案件性质才是清代诉讼分类中的首要标准。

今日一些学者所持的"州县自理案件"与"审转案件"相对应的观点虽可以展现清代诉讼的一些重要面向，但若不加以限定，同样存在误导。首先，这一划分并不能包含全部清代诉讼，自不必赘述。其次，这一提法亦不符合清律文本。"各省州、县及有刑名之厅、卫等官，将每月自理事件，作何审断，与准理拘提完结之月日，逐件登记，按月造册，申送该府、道、司、抚、督查考。"④ 由此可见，"自理案件"的管辖权并不专属于掌管民政的州县。再者，将"州县自理案件"与"审转案件"对应的观点实际上是牵强地比附了近代法制中的"审级"观念，即认为州

---

① 那思陆：《中国审判制度史》，上海三联书店2009年版，第191页。
② 田涛、郑秦：《大清律例》（卷三十），法律出版社1999年版。
③ 田涛、郑秦：《大清律例》（卷三十），法律出版社1999年版。
④ 田涛、郑秦：《大清律例》（卷三十），法律出版社1999年版。

县官拥有对处笞、杖以下案件的"终审权"。清律虽然禁止越诉，但即便是处笞、杖以下案件，两造只要认为冤抑未平，仍可依律逐级上告。近代法制中的审级制度目的在于平衡司法公正与效率；而清代诉讼中无论是"上报查考"还是"强制审转"都更接近官僚体制内部的管理规范。换言之，自理与审转更应被看作地方与中央权力博弈过程中的特定产物，而不仅是地方司法者严格执行"程序法"的结果。最后，我们还应避免混淆清代诉讼中的"理""审"与"断"等概念。清代州县诉讼的过程可以概括为："告则理，理不一定准；准则审，审不一定断。"① 所谓"自理"，乃是出于明确管辖权属以防"越分"之意：既包括防止无职权的衙门擅受词讼，也防止原告越诉。归根结底，这一制度设计旨在加强官僚内部的控制及保证集权。

以今人的视角看，或许会说清代诉讼中对旗人、军人、民人的管辖交叠混乱，但这并非客观。从根本上讲，清代诉讼中的分别旗民源于地方民政与旗务权属的不同。清代的司法实际上就是政务的一部分。② 故"有一级政权，甚至于有一个衙门（如漕、盐）便有一级审判"③。自理与会审与其说是一种司法管辖方式，不如说是协调行政职权的方式，其目的都在于维护地方稳定，实现有效治理。今人的认识偏差多产生于以近代西方分权观念解读清代司法，抑或是将"万事胚胎，皆由州县"一说过度放大。清代州县的确对于所辖之民负有全职全责，审断自然是其执掌中的一部分④，但军事与监察则断然不涉州县的职权。相反，前述的

---

① 里赞：《晚清州县诉讼中的审断问题：侧重四川南部县的实践》，法律出版社2010年版，第60~83页。
② 里赞：《司法或政务：清代州县诉讼中的审断问题》，载《法学研究》2009年第5期，第196页。
③ 郑秦：《清代法律制度研究》，中国政法大学出版社2000年版，第100页。
④ 里赞：《晚清州县诉讼中的审断问题：侧重四川南部县的实践》，法律出版社2010年版，第42~44页。

会审制更能够展现清代地方民政与军事等权力的划分及协作。

不过，会审制度在历史中也并非一个稳态。"多民族统一的法制"在清代中后期更加强调"统一"。特别是随着政权稳固、满汉融合，清政府以实现地方有效治理为目的，有意识地逐步推进旗、民在立法与司法中的统一。① 与此同时，至晚清时旗、民在司法上已渐成一体，由"二元体制"变为"一元体制"，司法中的身份性界限亦变得模糊。② 经历了辛亥革命的"驱除鞑虏"与民国肇始的"五族共和"，民国无论是在立法还是司法中，都基本上褪去了民族色彩。或许正是由于结局已知，今日研究者对于清代审判中的民族问题并未加以足够的重视。这种刻意忽视某些面向的研究倾向颇具有"倒放电影"的意味，虽可能有一定"后见之明"，但往往致使全局性的清代诉讼图景不能够被完整呈现。③ 事实上，若不能体察"自理—会审"背后所包含的复杂的央地关系、汉民族与少数民族法律关系，将大大缩限我们的研究视野，也使我们无法勾绘出传统中国法律的完整版图。

四、从"国进民退"视角看待清代州县诉讼

清代诉讼中案件性质不同所产生的轻重之别、公私之分乃事实存在。④ 但清代诉讼的参与者都未将其视为对立事物，而是认为其在一定条件下能够相互转化。绝大多数被呈递至公堂的案件都只是纠纷与冲突所处的一个具体阶段。今天审断的一桩田土争

---

① 林乾：《清代旗、民法律关系的调整——以"犯罪免发遣"律为核心》，载《清史研究》2004年第1期，第49页。

② 张勤：《中国近代民事司法变革研究——以奉天省为例》，商务印书馆2012年版，第35～44页。

③ 参见罗志田：《见之于行事：中国近代史研究的可能走向——兼及史料、理论与表述》，载《历史研究》2002年第1期，第38页。

④ 黄宗智：《清代以来民事法律的表达与实践：历史、理论与现实》（卷一），法律出版社2014年版，第158页。

纷，可能在明天变成械斗互殴；当下驳回的一件户婚琐事，也许不久后便酿成命案。这种始终将案件视为是流动可变的，并在审断中"瞻前顾后"的风格，可谓是传统法文化的一大特征。在此观照下，重情与细事的区分更多体现于州县的实际审断过程之中。①

反思清代诉讼概念框架的另一个重要的抓手在于正视清代对基层社会的治理能力。学界关于清代州县诉讼的既有成果中，预设清代具备应对地方诉讼的充足的治理能力的观点并不罕见。如黄宗智认为，"国家司法机关及其官员如有意干预民间纠纷处理的话，是可以随时这样做的"；但他同时指出："国家不愿意让自己的司法制度去负担民间的琐碎事务。"② 苏成捷则敏锐地捕捉到这一可能的疏漏，并指出黄氏研究中的核心观点"隐含主张一个强有力的帝国中心可以透过地方官府施加其意志于人民之上"，而他通过对"卖妻"这类更具冲突性的案件表明了"清代司法体系功能不足"以及"地方控制之薄弱"。③ 简言之，在"不愿"之外，清代政府还有"不能"的一面。"针对个别案件的弹性与个案性的裁断模式反映了国家没有能力有效展现其权力、解决各种难题并改革社会的既有实践。"④ 低效的财政汲取能力与国家治理能力分配中的头重脚轻也提示我们清代州县难以应对不断增

---

① 里赞：《晚清州县诉讼中的审断问题：侧重四川南部县的实践》，法律出版社2010年版，第54页。
② 黄宗智：《清代以来民事法律的表达与实践：历史、理论与现实》（卷一），法律出版社2014年版，第184页。
③ 苏成捷：《清代县衙的卖妻案件审判：以272件巴县、南部与宝坻县案子为例证》，载邱澎生、陈熙远：《明清法律运作中的权力与文化》，联经出版公司2009年版，第356~387页。
④ 苏成捷：《清代县衙的卖妻案件审判：以272件巴县、南部与宝坻县案子为例证》，载邱澎生、陈熙远：《明清法律运作中的权力与文化》，联经出版公司2009年版，第390页。

多的地方诉讼。传统时期县的数量变动不大,而人口增殖却很明显。若一县仅有一名正印官受理词讼,且不论他还同时需要执掌财税、治安等要务,仅繁重的审断工作就会让他吃不消。据陶希圣回忆,"吾父每日的工作,白天看案卷,办公文,晚饭后问案断案,夜间出城缉捕盗贼。至次日清晨回衙"①。

不仅有清一代,传统社会大致都保持着国家的治理对基层社会渗透较弱的"风格"。既然这种治理能力不敷实际需要的情况长期存在,为何却少见呼吁加强国家治理能力,特别是对基层社会权力渗透的诉求?事实反而是"从未发现有任何一位省级长官向皇帝建议其治下需要更多的官员与行政机构来处理这些积压案件"②。这或许可以解释为,传统时期国家治理能力的有限性不仅是一个客观问题,还具有主观上的动因——国家无意于将治理权力全面渗透入基层社会。既然无意于过多作为,政府也不必与民争利。与理想中的小政府相配套的,是和谐、无讼的基层社会。清代社会的实际状况显然与之不符,因此政府在保持理想的同时,也采取了实用主义的策略。在表达上,政府倾向于"以话语资源弥补制度资源的不足",或者说是将一个公共资源分配不足的问题归咎于道德。③ 在实践中,政府则凭借"官绅共治"的方式以较低的成本处理地方事务,其中也包括将诉讼"交由第三领域调解"④。这种状况直至清末民初才有了质的改变,其主要原因是包括司法领域在内的各项"官绅合治"的内容随着国家机

---

① 陶希圣:《清代州县衙门刑事审判制度及程序》,食货出版社1972年版,第3页。

② 尤陈俊:《清代简约型司法体制下的"健讼"问题研究——从财政制约的角度切入》,载《法商研究》2012年第2期,第156页。

③ 尤陈俊:《"案多人少"的应对之道:清代、民国与当代的比较研究》,载《法商研究》2013年第3期,第150页。

④ 黄宗智:《清代以来民事法律的表达与实践:历史、理论与现实》(卷一),法律出版社2014年版,第99~111页。

器的扩张而逐步隐退,也即罗志田所讲的"国进民退"①。

　　立足于"国进民退"以及清代国家治理能力等视角,近年来学界一系列争议性问题便可迎刃而解。第一,站在国家的立场,由于权力对基层社会渗透不足,故地方官只要能够维护社会治安与稳定,保障国家基本财政需求,即便是"抓大放小",国家也不会过多干涉。据估计,清代州县官平均每月能审结的案件不过一二十件,这一数字通常能够涵盖县内所发生的真正的命盗重案,但根本无力应对浩繁的细事。② 第二,从州县的角度来说,既然政府并非基层社会的唯一治理主体,而是与家庭、宗族、村落、行会等分享社会治理这块"蛋糕",故只要基层社会能够自行有效地化解纠纷,除非显然有悖国法,便可不必再费精力过问。出于同样的原因,州县也乐意将那些不会严重影响地方稳定,且能够被社会自行化解的案件交由民间处置,或者在案件处置上积极寻求与社会的合作。第三,既然州县的关怀首先在于化解纠纷、维护稳定,因而在面对区域性色彩更强的细事时,国法不会是他们唯一的考量,甚至也不应是唯一的考量。第四,从社会的视角来看,正因为国家并未提供足够的治理能力,故在细事方面,除了些许"小修小补式"的回应,社会并未期待州县以及他们所代表的国家能有更大作为。③ 第五,官绅合治模式意味着在一些情况下国家与社会能够共同处理地方纠纷,甚至会出现国家与社会争夺处置权的情况;这种模式在实践中也会在某些情况下表现为国家与社会的"双重缺位",即在地方官无法进行有效

---

　　① 罗志田:《国进民退:清季兴起的一个持续倾向》,载《四川大学学报》(哲学社会科学版)2012年第5期,第10页。

　　② 参见尤陈俊:《"案多人少"的应对之道:清代、民国与当代的比较研究》,载《法商研究》2013年第3期,第148页。

　　③ 王亚新、梁治平:《明清时期的民事审判与民间契约》,王亚新、范愉、陈少峰译,法律出版社1998年版。

治理的同时，社会同样不能有效化解纠纷。^① 第六，既然国家不是细事的唯一治理权威，并且通常政府在处置细事时显得不够积极，因此民众在诉讼中大多抱实用的态度，以争取利益最大化为目标。如此，便不难理解民众一方面在纠纷发生后，并不一定按照国家要求的顺序寻求调处，而总是因地制宜，采取对自己最有利的方式；^② 另一方面则穷尽办法包装告上衙门的细事，使其更能获得重视。同时，因为国法仅是化解纠纷的渠道之一，故民众往往在将诉状呈递至州县衙门后仍会在非官方渠道中积极寻求化解纠纷。民间细事同时在国家与社会两个渠道中被处置，且相互之间并不矛盾的情况也就显得合理。

五、结论

若从更加广阔的视野来观察，可知这一看似简单的术语变换乃是海内外学者对中国法史学研究整体性反思的一个具体案例。早在 20 世纪 80 年代，哈佛大学的安守廉（William P. Alford）即批评柯恩（Jerome A. Cohen，又译孔杰荣）等在研究中国法律史问题时，由于滥用宏大理论（grand theory）或采用不当的概念框架来构建所欲探求的问题，因而最终常会被误导。[③] 安守廉认为，若研究者总是根据自己所熟识的（西方）价值或传统形成概念框架，并尝试以此解释中国法律史的问题，结果至多是在对其他社会的研究中发现自己社会的问题。[④] 换言之，提问的方

---

① 里赞：《晚清州县诉讼中的审断问题：侧重四川南部县的实践》，法律出版社 2010 年版，第 236 页。
② 吴佩林：《清代县域民事纠纷与法律秩序考察》，中华书局 2013 年版，第 96 页。
③ William P. Alford, On the Limits of "Grand Theory" in Comparative Law, Wash. L. Rev., 1986, 61. p.950.
④ William P. Alford, On the Limits of "Grand Theory" in Comparative Law, Wash. L. Rev., 1986, 61. p.946.

式已然决定了答案的方向。然而,即便是本国学者也难逃安守廉所描述的学术陷阱。更有甚者,乃是用另一套披上伪装的西方的理论去挑战同样来自西方的理论。中国本土的学术空间与资源,则无异于沦为若干种跨时空的舶来理论的竞技场。

从"民事刑事"到"重情细事"反映了学界尝试摆脱西方中心主义的尝试,但忽略概念背后的逻辑关系与社会实态则又暴露出这种尝试的表面性。其中症结很大程度上在于本文所描述的对于概念框架的不当使用方式,始终立足于史实正是矫正这一误区的关键。在解说传统法制时,除了应在符合史实的逻辑关系中使用特定概念,还应在符合史实的社会实态下使用这些概念。此外,在近代法制变革中,由于传统迅速被扫除、改造,甚至虚构,使得后世学人在情感与意识形态方面相对中立地进行研究更显困难。本文通过实例展现了反思与驳正的可能性——以身份为首要标准的诉讼划分方式,作为政务一环的司法,以及国家权力渗透较弱的基层司法都是反思清代诉讼概念框架的重要资源。不过,笔者并非特意将舶来概念框架与所谓的立足于传统的概念框架进行优劣对比。任何概念框架都存在可能的误导,故应将其视为研究手段或工具,而非研究目的本身。全面、透彻地理解一段历史并非易事,不自觉地凭借心目中既有的观念与所熟悉的尺度衡量历史乃是人的思维习惯。若不能在历史研究中克服"本能"所带来的误导,以及始终坚持对所使用概念框架的批判①,便不可能观察到真实的清代诉讼图景。总结而言,我们未必要将西方话语彻底逐出对传统法制的叙述,而是应当在研究中避免对概念

---

① "历史批判工作也须小心谨慎,因为人类的心灵天生就不会去采取任何预防措施,并且会漫不经心地对待那些真的需要最大可能精确度的问题……因而,历史工作是批判至上的;任何人从事历史工作,若不首先提防着他自己的本能,就必定会犯错。"朗格诺瓦、瑟诺博司:《史学原论》,余伟译,大象出版社 2010 年版,第 33~34 页。

框架的情感式运用与意识形态式运用,并且坚持对概念框架的不断批判。① 若忽略以上要点,即便试图"在中国发现历史",最终也不外乎是"发现"西方理论与观念在中国所构建出的"历史"。②

---

① 杨念群:《中层理论:东西方思想会通下的中国史研究》,北京师范大学出版社 2016 年版,第 125 页。
② 刘昕杰:《"中国法的历史"还是"西方法在中国的历史"——中国法律史研究的再思考》,载《社会科学研究》2009 年第 4 期。

法律近代化对女性的负面影响
——以民国荣县继承纠纷中的寡妇权利为例

刘楷悦

一、前言

承继在我国,实有承宗祧、继财产双重含义。"宗祧继承,为吾国习惯所重视,推厥由来,要皆本于宗法"①,承继之目的,既在于实现身份的传递,又包含完成财产的代际转移。若是未生育的夫妇,则通过挑选嗣子建立拟制的亲子关系来实现烟火接续。封建帝制法律将身份与财产视为承继中不可分割的两方面。在清末变法②大潮中,中体与西体之争在亲属制度上尤为交困,概因"亲属制度直接指向维持中国传统社会秩序的基础"③。直至1911年《大清民律草案》颁布,"继承"一词方才"正式进入中国的法律语言"④。《大清民律草案》较《大清律例》有因有革,既有法律近代化的元素,又尚传统身份伦理余荫。其"身分

---

① 李秀清、陈颐:《朝阳法科讲义》(第四卷),吴一鸣点校,上海人民出版社2014年版,第631页。

② 关于变法与法变的具体讨论,可参见里赞:《"变法"之中的"法变"——试论清末法律变革的思想论争》,载于《中外法学》2001年第5期。

③ 刘昕杰:《民法典如何实现——民国新繁县司法实践中的权利与习惯(1935~1949)》,中国政法大学出版社2011年版,第51页。

④ 刘昕杰:《民法典如何实现——民国新繁县司法实践中的权利与习惯(1935~1949)》,中国政法大学出版社2011年版,第78页。

法之订立，不似财产法那样完全以西方民法为依归，而是以固有伦理法为基础，略采西方民法与中国相近者"①，可谓是一次融贯中西的尝试，可惜该法案并未真正实行。反是光绪二十九年（1903）由沈家本奏请先修的《大清现行刑律》得以成为过渡时期的实体法，其中民事有效部分无论编排体例抑或内容皆延续《大清律例》，"所体现的依然是'伦理法'所蕴涵的秩序价值"②，也正因此，它与大理院判例、民事习惯等共同构成民国初期的民事法源。此后，关于继承的法律讨论又在《民律草案·继承编》等文本中得以体现，然而也未施行。

彼时，女性的继承权尚未得到法律的确认。虽然大多朝代的法典都未直接规定女性具有继承权，但事涉继承时这一群体从未缺位。在中国传统社会，女性出嫁后，成为夫宗的一员，在社会性上与本宗脱离关系，即所谓"女既嫁，则为异姓之妻；如或产育，则为他族之母"③。出嫁前，女性的身份是女儿或姐妹，随着与另一方婚姻关系的缔结，女性"兼具或拥有女、妻、媳、母等多重身分"④。一旦涉及家庭中由于男性死亡而可能出现的承继问题时，财产的转移、嗣子的选立，都与女性息息相关。

在妇女解放的呼声下，女性与男性平等的继承权在法律近代化的过程中曾被屡次提及，立法者虽欲推进男女平等，"此等重男轻女之旧制，既与吾党立法根本方针显不兼容，自有彻底铲除

---

① 张生：《民国初期民法的近代化——以固有法与继受法的整合为中心》，中国政法大学出版社，2002年版，第28页。
② 李显冬：《从〈大清律例〉到〈民国民法典〉的转型——兼论中国古代固有民法的开放性体系》，中国人民公安大学出版社，2003年版，第130页。
③ 房玄龄等：《晋书》，中华书局1974年版，第926页。
④ 李志生：《中国古代妇女史研究入门》，北京大学出版社2014年版，第12页。

之必要"①,这一过程却反复而曲折。1926年国民党二大通过的《妇女运动决议案》方才确认女子有财产继承权。1930年年底颁布的《中华民国民法》正式确立遗产继承不以宗祧继承为前提,配偶与子女均享有继承权等,在法律规定上"不因男女而分轩轻"②,不因身份而分权利。

民国的法律赋予女性继承权无疑是一种跨时代的进步,但与此同时,新时代的女性发现她们的部分权利反而不如封建帝制时期受到的保护充分。相较于财产法,身份法变化甚大,故而在继承中,女性特别是寡妇的权利被吞噬的现象更为突出,其中寡母财产代管权之剥夺、寡媳继承权之消灭、寡妻废继权受限制即是典型。立法者的原意在于逐步扩大女性权利,事实上绝大多数有关女性的利益内容也得以增加。然而法条确认的权利在明,实际损失的保障在暗,因为一方延续传统时期的惯习而另一方坚持以新的法律为依据所引起的冲突不仅出乎立法者的预料,也在实际中屡次发生。此番景象不论在中央或地方的司法实践中都得到证实,即使是较为偏远的四川,愤怒的孀妇们也因法律规定的变化而屡屡提起讼争。

本书使用的主要材料,是保存于四川省自贡市荣县档案馆的民国荣县档案。荣县位于四川东南,距省会成都约150公里。因地处内陆,交通不便,经济发展缓慢,社会氛围传统保守。荣县系辛亥革命首义县,现存的逾三万卷档案所历时间上迄清末,下至20世纪50年代初期。其中司法档案数量最多,共计18000多卷。由于抗战时四川作为大后方,受战争的直接影响较小,档案保存相对完整。这批档案中与继承相关的案件共371件,其中妇

---

① 国民政府法制局:《继承法草案之说明》,《法律评论(北京)》,1928年第6期。
② 何黎萍:《民国前期的女权运动》,中国社会科学院1996年博士学位论文。

女涉诉的有251件,约占全部数量的68%。案由及情节显示出随法律近代化产生的权利变化对女性的生活产生了何种影响,诉讼话语也提示着她们的思想态度。

二、寡母财产代管权之剥夺

在关于中国传统家产关系的论著中,由中田薰提出、仁井田陞及戴炎辉发展的"家族共产制"说和滋贺秀三以继承为中心所考察的"同居共财"说成为两种较为主流且意见相左的学说。家族共产制的观点是同居即共财,以教令权解释尊长对家庭财产的管理、使用。"家产都是用于维持家族共同生活的目的的,家产也并非家长一个人的专有财产,而是作为家族共有财产的'同财''同爨'……'直系尊属对于子孙拥有绝大的教令权,从而使得他所拥有的共有财产管理权自然而然地与这种教令权相混同……'这是中田博士的高见,我一直以来也都是承袭、遵从这一观点的。"[①] 滋贺秀三则认为这种学说混淆了"表示在经济的机能上的共同关系"的共财与"表示在法的基础上的关系"的共有。[②] 他的理论是,共财是纯粹的经济关系,是生活中财产共同进出于同一个钱袋,而共有意味着法律上的持分,代表分割家产时的请求权。共财和共有显然是不同的,但此种差异被持"家族共产制"说的学者忽略了。此外,"家族共产制"说与"同居共财"说对于丈夫去世后寡妻掌管家财的行为也给出了不同的阐释,前者基于尊长的教令权和夫妻共财理论来解释此种持分,"主妇之主持日常家事,也不是作为家长或作为其丈夫代理人的

---

① 仁井田陞:《中国法制史》,牟发松译,上海古籍出版社2011年版,第172页。

② 滋贺秀三:《中国家族法原理》,张建国、李力译,法律出版社2003年版,第64页。

行为"①，无子寡妻合承夫分，寡母与儿子形成母子共财关系。滋贺秀三否定了这一解释，提出夫妻一体的原则，认为妻的人格隐藏在夫的人格之下，夫死后妻"取代夫的地位，继续保持着包括原来属于夫的东西"②，妻子只是代夫掌管家财，发挥中继财产的作用。

虽然对家财的共有方式和妻子监督家财的依据有争议，但两种学说都是基于夫亡后地位较高的女性管控家财的前提进行讨论的，这意味着其都认可这一在传统中国存在的事实。阿风将此种事实总结为"夫在时，妻无权处分家产；夫亡后，寡母对儿子的行为有制约能力"③。因此，在中国古代，夫亡后，寡妻对于家财具有不可被回避的权利至少被主流学说所承认。

正如上述理论所提及，中国古代用别籍异财、卑幼不得私擅用财等律例建立起尊长对卑幼获得与使用财产进行管理、监督和限制的法律体系。明清时期的"卑幼私擅用财"条规定："凡同居卑幼不由尊长，私擅用本家财物者，二十贯，笞二十，每二十贯加一等，罪止杖一百。若同居尊长应分家财不均平者，罪亦如此。"《大清律例》的规定除钱数外与之相同。律学著作《读律琐言》这样解释卑幼私擅用财律的必要性："琐言曰：同居共财，孰非己有？但总摄于尊长，卑幼不得而自专也。用若私擅，顺德何存？"④《大清律辑注》进一步阐述："律上注：父辈曰尊，而祖辈同；子辈曰卑，而孙辈同。兄辈曰长，弟辈曰幼。不曰盗

---

① 仁井田陞：《中国法制史》，牟发松译，上海古籍出版社 2011 年版，第 190 页。

② 滋贺秀三：《中国家族法原理》，张建国、李力译，法律出版社 2003 年版，第 64 页。

③ 阿风：《明清时代妇女的地位与权利——以明清契约文书、诉讼档案为中心》，社会科学文献出版社 2009 年版，第 14 页。

④ 雷梦麟：《读律琐言》，怀效锋、李俊点校，法律出版社 2000 年版，第 132 页。

财,而曰擅用,盖本家财物原是卑幼所有分者,但责其不请命于尊长耳,故所用虽多,罪止于杖。"① 而"别籍异财"条则规定:"凡祖父母、父母在,子孙别立户籍,分异财产者,杖一百。须祖父母、父母亲告,乃坐。"律上注:"祖父在而别籍异财,恶其有离亲之心也。父母亡,兄弟虽许分析,然三年之丧未满,而即别籍异财,恶其有忘亲之心也。"② 可见无论卑幼不得私擅用财抑或别籍异财的提出,虽有政治的考量,归根究底还是受儒家文化的影响,"皆为保障尊长在家族中权力地位之规定"③,"亦所以教民孝悌慈爱也"④。

民国民法以追求平等为己任,打破了默认的规则界限。财产的传承不再以家产的分析为形式,反而作为平等格主体的权利内容被考虑。寡妻作为遗产继承人,可与其子女平分亡夫的财产,虽然她拥有了继承权,但同时丧失了封建帝制时代因尊长身份而天然获得的对财产的监管权力。发生在民国三十五年(1946)的谢曹叔芝诉谢曹氏关于分割遗产返还收益案即展示了基层司法实践中因财产监护权利丧失而引发冲突的情形。

此案原告谢曹叔芝是被告之一谢曹氏的儿媳,民国十四年(1925),原告翁谢炳灵因病去世,所遗除妻谢曹氏外尚有子三人、女二人。"依当时法律首重宗祧继承,被继承人谢炳灵既死于民国十四年,继承自应于是年开始。所有炳灵全部遗产依法即

---

① 沈之奇:《大清律辑注》,怀效锋、李俊点校,法律出版社 2000 年版,第 217 页。

② 沈之奇:《大清律辑注》,怀效锋、李俊点校,法律出版社 2000 年版,第 216 页。

③ 张生:《民国初期民法的近代化——以固有法与继受法的整合为中心》,中国政法大学出版社 2002 年版,第 40 页。

④ 郭成伟:《大清律例根原》,上海辞书出版社 2012 年版,第 422 页。

应由其三子平均继承。"① 民国二十一年（1932），谢曹叔芝之夫，谢曹氏长子谢世鑫又因病逝世，"所遗原告配偶一人并无子女，依现行民法配偶有相互继承遗产之权，因亡夫无直系血亲卑亲属，其生母谢曹氏尚存，故原告对于亡夫谢世鑫所遗未分之田产二十八石依法应由其母与原告平均继承，各得田产一十四石"。然而原告谢曹叔芝主张，按照法律，自己虽已取得田业的所有权，但该项田业"由姑曹氏管理至今仍把持未分"，因此请求将继承的田业及二十一年至三十四年的租谷返还，"以维继承权利"。

在谢曹氏看来，亡夫谢炳灵去世后，自己理所当然地享有对财产的监护权利。"然依吾国风俗礼教，本以母命为重，按亲属法，母亦得行使亲权，则遗产是否以分析为宜，自不可不由母之审度而定。"② 她在答辩状中也承认了"家庭经济概由氏理"。对于儿媳提出的分割遗产的要求，谢曹氏显然不能接受。她指责儿媳"别具肺肝"，故而请求法院"驳回原告之诉以维天伦而符法纪"。

谢曹氏的困顿并不局限于个人。事实上，在寡母对财产的监护权被剥夺后，她们发现自己不能再以家长的身份在经济上对晚辈施以影响。其他地方的判例中，也不乏这样在面对子女突然提出分割遗产的请求时不暇应对的寡母。北京地方法院就审理过这样的案件，1943年寡妇祁韩氏的女儿控告她拒绝给自己于法应得的五分之一家产，祁韩氏以寡妇对财产的监护权来为自己辩护，她声称家产将保持完整直至她死后在儿子间分割。"地方法院法官在判决时解释说根据新的法律继承始于财产所有者死亡之

---

① "谢曹叔芝诉谢曹氏关于分割遗产返还收益案"，四川省荣县档案，案卷号9—23—622，四川省荣县档案馆藏。

② 李秀清、陈颐：《朝阳法科讲义》（第四卷），吴一鸣点校，上海人民出版社2014年版，第651页。

时，与继承相伴随的是继承人在任何时候可以要求得到属于自己合法份额的权利。祁韩氏仅仅只是继承人中的一个，不能决定何时分割财产。法官据此判定寡妇败诉，而她的女儿胜诉。"① 与祁韩氏一样的寡妇们发现自己不再能决定继承的时机，因为她们此时已成为平等的继承人中的一员而非封建帝制时代的优先者，甚至子女在处分遗产时也不必再征求她们的意见。

一审判决支持了谢曹叔芝的主张，法官依据民法第一千一百四十四条，认定谢曹叔芝是合法的继承人。② 而谢曹氏对此表示不服，于是向四川省高等法院第六分院提起上诉。让她失望的是，二审法院驳回了她的上诉请求。判决理由强调："上诉人仅系炳灵之妻"③，清楚地界定了谢曹氏的身份，亦确认了遗产的归属。

另一起案件中的寡母龚王氏同样因把持遗产被儿子们集体告上法庭。④ 民国三十一年（1942），龚焕文、龚国超、龚述超联合提起诉讼，指责继母龚王氏霸控财产的行为使他们生活无着。他们首先在起诉状中交代了背景："故父龚长贵，原生原告等弟兄三人，次娶晚母龚王氏生两女，所有田产滥田冲与芦稿冲，不幸父长贵于民国二年身亡，所有财产概归晚母执管，原告等难受虐待，星散于继祖母及伯叔母家生活。"龚氏兄弟随后列出母亲侵害其财产权利的种种行为，其中最令他们愤慨的便是龚王氏对父亲遗留土地的处理方式。龚焕文等提出，他们曾就土地收益问

---

① 转引自白凯：《中国的妇女与财产：960—1949》，上海书店出版社2007年版，第125页。
② "谢曹叔芝诉谢曹氏关于分割遗产一案"，四川省荣县档案，案卷号9-14-522，四川省荣县档案馆藏。
③ "谢曹叔芝诉谢曹氏关于分割遗产一案"，四川省荣县档案，案卷号9-14-522，四川省荣县档案馆藏。
④ "龚焕文诉龚王氏关于交付遗产一案"，四川省荣县档案，案卷号9-13-667，四川省荣县档案馆藏。

题与龚王氏立约，芦稿冲土地租谷由兄弟三人均分，滥田冲的租谷十四石作为龚王氏的养赡费用，但每年收入支出要向原告清算。"如有急需加稳①等情，须母子商议。"岂料龚王氏屡屡悖约加稳，"原稳一百七十五元，今竟加至一千三百元之多，不但不商同原告等且并不通知。"情急之下，龚焕文兄弟便想收回这块土地，他们提出，故父亡于民国二年，"依当时之法律，晚母所提滥田冲之遗产，确为原告等继承早经开始合法取得……其业之所有权亦为原告弟兄所有，何能由其权握，任意侵害"。龚焕文兄弟认为，寡母对于家产的握持造成财产分配显著失衡，他们弟兄连同家属一共九人，"仅有业六石之收益"，而"晚母一人，所权握年收租谷十四石之遗产"。自己所得收益"已不能维持全家最低生活"，因此坚决要求"被告人将滥田冲遗产教由原告等自行管理"。

龚王氏辩称，自己自嫁入龚家后便开始主持家政，母子关系尚属融洽，继子们"以氏同尊亲"。不料龚氏兄弟"各娶媳后，即改常态，视若路人"。她为缓和母子关系，同意将亡夫遗留土地的租谷分出一部分给兄弟三人，双方早已就这一问题达成合约。然而原告贪心不足，"目无尊亲"，妄图"夺业霸膳一切"，迭次横加欺凌。龚王氏愤怒地控诉，"氏仍然存在，伊等即欲绝食断炊，妄请交业，在心之毒，毫不顾抚育之情"。虽然法官最后还是判定龚王氏继续管理滥田冲的土地，但他的裁判依据是龚氏兄弟与龚王氏订立的契约，而非认同龚王氏作为家长持有财产的权利。②

在荣县关于继承纠纷的诉讼档案中，因寡母依照习惯已经或

---

① "稳"在四川方言中意为押金、保证金。
② "龚焕文龚国超诉龚王氏龚惠星关于分割遗产一案"，四川省荣县档案，案卷号9-13-411，四川省荣县档案馆藏。

试图监督管理家产、子女根据民法相关规定提出异议而产生争端的案例并不鲜见。粗略统计就有汪绍从诉汪郭氏关于侵害继承权利一案①、曹德安诉曹刘氏关于继承一案②等数十件③。这些案件案情各异,两造冲突及诉求也并非都集中于此。但寡母们在诉讼话语中表达出对尊长身份及因此衍生出的对于财产权利的自恃却颇有些相通性。在蒋德辉诉蒋胡氏关于交付继承产业一案中,寡母蒋胡氏甚至认为嗣子是否具有继承权也该由自己考察决定,"德辉能否享受此权尚在答辩人考核之中,断难任其滥荡消耗"④。强势的母亲往往从伦理纲纪的角度指责子女试图染指家财的品行与居心,软弱的母亲则愤懑于晚辈处分财产时完全避开自己。她们基于惯习或是封建帝制时期母子同居之家处分财产相互征得对方同意的传统,⑤意图在丈夫去世后成为家产的实际管理

---

① "汪绍从诉汪郭氏关于侵害继承权利一案",四川省荣县档案,案卷号9-12-119,四川省荣县档案馆藏。

② "曹德安诉曹刘氏关于继承一案",四川省荣县档案,案卷号9-15-566,四川省荣县档案馆藏。

③ 此外还有王子中、王产余诉王陈氏关于继承遗产一案(案卷号9-13-712),刘元明诉刘杨氏关于继承一案(案卷号9-25-617),龚孝成诉龚罗氏关于确认抱约有效及继承权一案(案卷号9-16-652),曹黄百诉曹张氏关于侵害继承一案(案卷号9-4-219),刘杨氏诉刘郝万颖关于确认继承一案(9-12-244),樊冉氏诉樊训遵关于继承一案(案卷号9-10-704),胡兆香诉胡余氏关于请求确认遗产继承一案(案卷号9-12-289),黄永鉴诉黄龙氏关于继承一案(案卷号9-14-498),方朱氏诉方绍珍关于分割遗产一案(案卷号9-12-111)等。

④ "蒋德辉诉蒋胡氏关于交付继承产业一案",四川省荣县档案,案卷号9-21-027,四川省荣县档案馆藏。

⑤ "作为寡妇,母亲以当然的权利与分得家产并已独立的儿子继续过同居共财的生活。儿子也不能拒绝母亲同居……名义上归于儿子的得分,实质上带有作为母子共同体的得分的性质……如果就家产的处分看,母子同居之家的家产经母子二人的同意后才能被有效地处分,一般认为这既是自古以来的法律,也是习惯。儿子已经达到成年,在类似维持着一家之家计的场合,只要有同居之母亲,未得其同意就不能为卖掉土地等有关家产处分的行为。"滋贺秀三:《中国家族法原理》,张建国、李力译,法律出版社2003年版,第343~344页。

者，民国民法关于继承法规的完善却令她们发现，自己既不能决定何时分析遗产，又不能影响子女处分家产，其原有的教令权，竟在新的法律颁行后消逝殆尽了。

尽管寡母们并非由于性别因素获得对财产的监管权，但基于尊长的身份，她们还是从传统法律中得到了客观保障。尊卑观念一方面压抑了妇女，另一方面也让她们有利可期。法律近代化的过程削弱了尊长的威权，寡母顺势受到了冲击。近代历次法律的修订保护了女性这一群体的利益，但也产生了负面的限制性影响。出于性别立场而过度抬高民国民法、贬抑传统法律或许失之偏颇。

三、寡媳继承权之丧失

如果说寡母只是失去了监管财产以及决定何时分家的权利，那么新的法律对于寡媳而言则更显冷酷。在旧有的逻辑中，因为妇承夫分，"在夫妇一直都处于夫之父亲之下生活着的场合，夫对于家产有着承继期待权。夫死亡后，妻代替其位"[①]。这意味着即使一家之中儿子先于父亲死亡，儿媳仍可得到其丈夫应承分的权利。华北农村的惯行调查也反映了这样的事实："在家长死亡，只留下长男夫妻与次男的太太（次男死）、三男的场合祖业如何分割？""平分""即使次男的太太无子也均分吗？""因'妇承夫分'，故也平分。"[②] 民国民法的颁布却让寡媳连最后的希望也失去了。民法继承编第一千一百三十八条确定了遗产继承人的范围："遗产继承人。除配偶外，依左列顺序定之。一、直系血

---

① 滋贺秀三：《中国家族法原理》，张建国、李力译，法律出版社2003年版，第339页。
② 中国农村惯行调查刊行会：《中国农村惯行调查》卷3，东京岩波书店1955年版，第87页。

亲卑亲属。二、父母。三、兄弟姐妹。四、祖父母。"① 这其中并没有儿媳。虽然现代继承法已将负主要赡养责任的女婿媳妇加入了继承者序列,但民国时,大量丧夫的儿媳没有得到应有的权利保障。可以想象,若父子同居之家中,儿媳的丈夫先于自己的公公死亡,因为此时还未以分家等方式完成财产转移,在民国民法的逻辑下,财产的所有权依然归于公婆。待公婆去世时,儿媳因无法成为继承人而彻底无法获得身处封建帝制时代可能得到的家庭财产。

最高法院已有这样的判例,1932年,江西南昌的寡妇柯魏氏对她亡夫的两个兄弟和另一个兄弟的寡妻就分割死去公公的财产提起诉讼。"她争论说作为一个无子守贞的寡妇,她有权得到她丈夫应得之家产的一份。"② 她的姻亲则因其丈夫死在父亲之前,主张柯魏氏对财产没有任何权利。最高法院的法官注意到,根据新旧法律的不同,此案的关键在于确定柯魏氏之翁的去世日期。若他死于新法颁行前,"因为妇承夫分,原本属于寡媳亡夫的财产就会由孀妇代为持有"③,即便寡妇的丈夫死于翁姑之前,她也可以分得一份家产。但新法颁行后的状况则不同了,若她是一个无子的寡媳,则丝毫不能染指家产。最终法院确定了柯魏氏公公的死亡时间是在新法之前,柯魏氏因而侥幸获得了部分遗产。

虽然寡媳在享有承夫分权利的同时也有着为夫家选立嗣子的义务(实际上是为嗣子守住家产),但其本身尚可通过这一过程拥有生活保障。民国民法的颁布使财产可能带来的安全感化为乌

---

① 吴经熊:《六法全书》,会文堂新记书局1935年版,第123页。
② 转引自白凯:《中国的妇女与财产:960—1949》,上海书店出版社2007年版,第103页。
③ 滋贺秀三:《中国家族法原理》,张建国、李力译,法律出版社2003年版,第64页。

法律近代化对女性的负面影响——以民国荣县继承纠纷中的寡妇权利为例

有。不仅是最高法院,四川荣县的档案中亦发现了类似的情景。

蔡淑心之父蔡大维娶母范氏,① 生兄妹三人,蔡淑心之兄吉利娶妻李氏,生子美中,而后吉利病故,民国三十七年(1948)蔡大维亦去世。蔡淑心本希图继承遗产,却发现寡嫂把持家产,于是向荣县地方法院起诉蔡李氏,希望得到家产。她提出:"查民法第一千一百三十八条之规定继承人继承被继承人之遗产以直系血亲卑亲属为第一顺序继承人,又民法第一千一百四十一条规定同一顺序之继承人有数人时按人数平均继承。今原告人为法定继承人,继承既经开始,而被告人不受继承人推送为代管人,乃竟以强恶之手侵夺财产、擅行收益、把握证据、妨害继承",请求判令"原告人应有继承之份全部三分之一,返还该部收益之谷"。蔡淑心对寡嫂代管财产质疑之依据便是法律上李氏作为寡媳继承权的缺位。她深知其父去世于民国民法典颁行后,依照新法规定,蔡李氏与家父的遗产毫无关系。而李氏的回应颇值得玩味。她除了在答辩状中反咬蔡淑心"恶言抵触、离家不归、置翁姑生活于不顾,对于被继承人有重大之虐待行为"外,更是提出翁大维"将所有祖遗不动产于本年农历六月十九日全部赠与其孙蔡美中承"。蔡李氏自知并无继承权,便推出其子美中,以合法继承人之监护人的身份为自己代管财产开脱。她同时提交了蔡大维在亲族证明下所立的遗嘱为证据,遗嘱上确实载明蔡大维曾想将产业交给淑心代管,岂料淑心"性情近年以来愈变乖张不受劝诲,其行为浪漫,私生活放荡异常,常离家不归,置予夫妇生活于不顾,且不时惹起家庭与族戚间之纠纷",反倒是"孀媳李氏往年抚孤持家不无劳绩"。其孙既立,"所有田产无多,以不分散为原则,故定孙美中为产业继承人,予在生之日由其代管,百年

---

① "蔡淑心诉蔡李氏关与继承一案",四川省荣县档案,案卷号9-23-634,四川省荣县档案馆藏。

之后由其正式继承,他人不得干预主张"。

对此,蔡淑心又声明,"查故父所遗田产共计二十八石余应由伊子女及伊配偶四人平均继承所有,故父不得违反法律规定舍弃其被继承人之权利将祖遗田产全部赠予其孙之理,且其他继承人不曾有书面表示放弃继承部分,更未有造成丧失继承权利之事实,其处分当然无效者一。且故父年已七旬更双目失明,精神不时发生昏乱,故所有田产乃由被告蔡李氏代管"。她紧抓蔡李氏无权代管财物的"理亏",不以遗嘱中财产的实际获得者美中为被告,反而口口声声要蔡李氏返还其财产。蔡淑心认为,父亲年迈,精神常有不济,易受人挑唆,这份遗嘱实为蔡李氏为图谋家产,自己师出无名才推出美中,利用老人舐犊之情,哄骗蔡大维所立。

荣县地方法院在判决时,承认了遗嘱的真实性,但认为"蔡大维处分财产指定由其孙美中一人继承,显已违反民法关于特留分之规定"。判令"被告蔡李氏应将蔡大维遗留产业及本年度收益交付八分之一与原告"。民国民法第一千二百二十三条关于特留分的规定显示,直系血亲卑亲属之特留分,为其应继分二分之一。[①] 蔡大维将遗产全部留给美中而忽略了女儿蔡淑心,正是违反了此项条文。但作为丧夫在前的儿媳蔡李氏,既不是可以适用特留分规定的直系血亲卑亲属,也不是蔡大维的法定继承人。若不是有子美中,蔡李氏实难应对有理有据、来势汹汹的蔡淑心之诉。倘若蔡李氏是无子的孀妇,将没有任何保障其继承权的法律规定可供援引。

与蔡李氏有类似遭遇的还有周张德辉。[②] 她的丈夫周国权死

---

① 吴经熊:《六法全书》,会文堂新记书局1935年版,第131页。
② "周少康诉周代玉琴关于分割遗产一案",四川省荣县档案,案卷号9-18-813,四川省荣县档案馆藏。部分档案封面与内文人名不一致,本书尊重档案原貌,采原文录入。

于民国二十年（1931），而公公周鸿昌于民国三十二年（1943）病故。她控诉"晚姑周戴玉琴乘氏夫周国权已死一十五年，虽有希鹏、少康两子，系属下辈，乃将故翁周鸿昌生前置买产业概行盘踞，氏母子生活及两子学费揩逼，毫不给析"。周张氏认为，婆婆周戴氏嫁给故翁周鸿昌只有十一年，而"故夫周国权生前辅助故翁二十余载，谅有辛苦之劳力"，夫翁既然均已去世，"产业应有资格照股斧析"。可能是因为专业律师董源增的介入，周张德辉很快发现自己所犯的错误。实际上，因丈夫先于公公去世，周张氏并没有继承权，告争因此失去胜算。于是她改变了策略，转而声称："前因拟状错误至将法定代理人误列为原告"，请求予以更正，让儿子周希鹏、周少康成为遗产的争夺者。于是该案就从寡媳的继承问题变成了孙辈的继承问题。事实证明这一改变是有效的，一审法官确认了希鹏与少康的继承权，"依照继承法，原告之父死亡于被继承人之前自应代位继承"。然而懂得曲线救国的周张德辉毕竟是个例，况且她虽然赢得了官司，法律承认的也只是她儿子而非本人的权利，寡媳仍处于法律上的无援境地。

彼时"女子职业，在中国尚无绝对的自由，选业的范围很狭，渐有不足支持的现象"①，女性出嫁后，少有外出工作赖以谋生之人，而多居于家庭，以事舅姑。"妻不特于现时所从之夫之舅姑，有如上之关系；即夫亡改嫁后，对其前夫之舅姑，亦复居于如是之服从地位"②，偏安一隅的荣县尤其如此。荣县继承档案中，寡媳在诉状中职业一栏大多填写无业、居家或农业。③

---

① 陈东原：《中国妇女生活史》，商务印书馆2015年版，第315页。
② 赵凤喈：《中国妇女在法律上之地位》，山西人民出版社2014年版，第71页。
③ 如谭邓氏诉谭变发关于遗产一案（案卷号9—23—630），王吴氏诉王广全关于分割遗产一案（案卷号9—16—656），吴周氏诉吴新才关于给付遗产一案（案卷号9—21—510）。

新法之下,丈夫去世后,寡媳于生活上要侍奉双亲,却在法律上失去继承翁姑遗产的机会。她们没有独立生存的能力,并身处随时担心被婆家赶出的惴惴不安中。这一情形,在"落后"的封建帝制时期,反是鲜见的。

四、寡妻废继权之限制

对于无子的寡妇来说,另一项消失的权利与选立嗣子有关。"宗族内的家庭继承包括宗祧继承和财产继承"①,立继是其履行为夫家开枝散叶义务的替代方式,一定程度上也是她们的意思表示。查《唐律》,对无子立嗣的规定都较为宽泛,"听养"等词也反映了对无子者立继自主性的尊重。至明代,立嗣规定转为严苛,"妇人夫亡无子守志者,合承夫分,须凭族长择昭穆相当之人继嗣"②,因此"立继不再仅仅是道义上的责任,也成为法律上的责任"③。

然而"法律考虑的是遵循儒家理想保持父系世系,它假定继嗣的侄子会负赡养父母之责,但实际生活的经验是继子常常对养父母没有真的感情,而主要只关心他们的土地,结果是产生繁多的纠纷"④。基于夫妇合意的立嗣尚且如此,何况是丈夫死后无所依靠的寡妻。在择嗣问题上颇少话语权的情形持续至万历十三年(1585),该年颁布的《问刑条例》将此条改为:"凡无子立嗣,除依律令外,若继子不得于所后之亲,听其告官别立。其或择立贤能及所亲爱者,若于昭穆伦序不失,不许宗族指以次序告

---

① 朱勇:《清代宗族法研究》,载张晋藩《制度、司法与变革:清代法律史专论》,法律出版社 2015 年版,第 27 页。
② 李东阳等:《大明会典》,广陵书社 2007 年版,第 350 页。
③ 白凯:《中国的妇女与财产:960—1949》,上海书店出版社 2007 年版,第 39 页。
④ 黄宗智:《法典、习俗与司法实践:清代与民国的比较》,上海书店出版社,2007 年版,第 122 页。

争,并官司受理。"① 无子者在选择是由符合昭穆次序的"应继"之人还是自己倾心的"爱继"之人来承宗祧时方才有了一定自主性。这一因考虑到寡妇要与嗣子同处一室而施以人道主义关怀的条例使寡妇在与族人因择嗣争讼时不至孤立无援,当嗣子不能讨得寡母欢心时,就有被废的可能,因此它又被称为"废继例"②。

  废继例的颁布使得在众多关于立嗣的讼争中,③ 寡妇往往得到于己有利的判罚,但关于何为"不得于所后之亲",裁判者仍采主观标准。胡季堂在上给乾隆的奏折中提道:"无子者素与应继之人不相和睦,或曾奸讼有案,是既非喜悦,即难以强其立。"④"不相和睦"或"奸讼有案"被看作应继子不得所后之亲的体现。乾隆对此专门发布谕令,并于1775年将这一敕令编入《大清律例》中,即"无子立嗣,若应继之人平日先有嫌隙,则于昭穆相当亲族内择贤、择爱,听从其便"⑤,对此沈之奇评价:"曲体人情可谓仁至而义尽矣。"⑥ 可见为"顺孀妇之心",嫌隙与不睦都可成为择贤、择爱、立继或废继另立的理由。废继的标准既不高,社会中此类事情当不鲜见。浙江省黄岩诉讼档案第62号"陈吉南呈为悖命更继按律追断事"即是一证,具呈人童生陈吉南对其叔母改立继嗣的行为提出"未有前人立继而后人可更者也"的疑问,请求按照《大清律例》的规定"追断"。县衙

---

  ① 王宏治:《黄岩诉讼档案简介》,载田涛、许传玺、王宏治:《黄岩诉讼档案及调查报告:传统与现实之间——寻法下乡》,法律出版社,2004年版,第52页。
  ② 白凯:《中国的妇女与财产:960—1949》,上海书店出版社,2007年版,第39页。
  ③ 汪辉祖《病榻梦痕录》、李渔《资治新书》及部分司法档案等多有记载。
  ④ 贺长龄:《皇朝经世文编》卷五十九礼政六宗法下,清光绪二十五年石印本,中西书局1899年版。
  ⑤ 吴坤修等:《大清律例根原》,上海辞书出版社2012年版,第411页。
  ⑥ 沈之奇:《大清律辑注》,怀效锋、李俊点校,法律出版社2000年版,第200页。

的批文为:"尔叔慧昭乏嗣,分应尔继。且尔为叔所钟爱,故尔已为斩衰丧葬尽礼。若果真情如是,并无违误,尔婶何以改立尔弟吉辉为嗣。查例载:'子不得于所后之亲,准其别立。'据称吉辉是尔之弟,何得因产相争。不准。"① 其审断逻辑是:如果情况如你所说并无出入,你的婶婶为什么要改立你的弟弟吉辉为嗣子?既已改立,则说明你不得其所亲。知县对于改立嗣子似乎并不以为怪,甚至在其认知中,"不得所亲"可能也不需要客观的判断标准,而全凭主观之好恶。一些学者提到"不得所后之亲"时,也采用了主观标准阐述,比如卢静仪写道:"但若嗣子与嗣父母不能和谐共营生活,即发生不得所后之亲的事由时,所后之亲得通过'废继',告官请求另立其所喜爱的嗣子。"② "嫌隙""不睦""和谐生活"概是体现情感色彩的词语。

至民初,大理院的判例较为明确解释了"不得于所后之亲",民国四年上字第 1608 号判例中提及:"按现行律载所后之亲自系兼括父母言,所请不得者即不相得不能于所后之亲圆满生活之谓,自无异议。"③ 并于民国五年上字第 1424 号判例中对圆满生活进一步解释:"现行律所谓'不得于所后之亲'者,须客观的不能与所后之亲圆满相处,不得纯以所后之父母偶然之感情即予废继。"④ 强调"应有不能相处之客观事实",⑤ 对此举例,"承继

---

① 王宏治:《黄岩诉讼档案简介》,载田涛、许传玺、王宏治:《黄岩诉讼档案及调查报告:传统与现实之间——寻法下乡》,法律出版社 2004 年版,第 52~53 页。
② 卢静仪:《民初立嗣问题的法律与裁判》,北京大学出版社 2004 年版,第 32 页。
③ 郭卫:《大理院判决例全书》,吴宏耀、郭恒、李娜点校,中国政法大学出版社 2013 年版,民国四年上字第 1608 号判例,第 440 页。
④ 郭卫:《大理院判决例全书》,吴宏耀、郭恒、李娜点校,中国政法大学出版社 2013 年版,民国五年上字第 1424 号判例,第 444~445 页。
⑤ 徐静莉:《民初女性权利变化研究——以大理院婚姻、继承司法判解为中心》,法律出版社 2010 年版,第 152 页。

人如已成年固有管理承继财产之权,但于处分之时须得其母之同意,如未得同意擅自处分并因此处分认为足以危及其母之生活(如屡为擅自处分之行为或处分极贵重之财产),自属不得于所后之亲,其母得以主张废继"①。民国二年上字第 35 号判例中,大理院提出了另一种应予废继的情况:"查现行有效之前清律例,无子立嗣除依律外,若继子不得于所后之亲,听其告官别立,细核立法精神,本为保持家庭之和平,继子若不得于其所后之亲,自难令其强为嗣子。继子既与其母争讼成仇应即废继依法另立。"② 民国七年上字第 971 号判例又说:"如果其所后之前所主张之废继原因,确系应归责于继子之事由,而查其事由,又确于家庭之和谐有重大妨碍,且双方恩义不能复冀保全,固应准予废继。"③ 如前述,民初大理院的审断思想"承前",以维护伦理为要旨,所以即使对于废继的标准有趋于严格的解释,"不得纯以所后之父母偶然之感情即予废继"④,但所举不能相处之客观事实的例证所体现的标准仍较为宽泛。

至民国民法典的颁布,这种拟制亲子关系的存续标准发生了变化。由于彻底否认了宗祧继承,而只将此种概括性承继考虑为财产的转移,在实践中大量存在的嗣子关系在民法亲属编中被视为收养关系。民法亲属编施行法第十二条规定:"施行前所发生之事实而依民法亲属编之规定得为终止收养关系之原因者,得请

---

① 郭卫:《大理院判决例全书》,吴宏耀、郭恒、李娜点校,中国政法大学出版社 2013 年版,民国六年上字第 803 号判例,第 447 页。
② 转引自徐静莉:《民初寡妇立嗣权的变化——以大理院立嗣判解为视角》,载《政法论坛》2011 年第 2 期。
③ 郭卫:《大理院判决例全书》,吴宏耀、郭恒、李娜点校,中国政法大学出版社 2013 年版,民国七年上字第 971 号判例,第 450 页。
④ 郭卫:《大理院判决例全书》,吴宏耀、郭恒、李娜点校,中国政法大学出版社 2013 年版,民国五年上字第 1424 号判例,第 444~445 页。

求宣告终止收养关系。"① 司法实践中废继也依终止收养关系的法条审理，"按旧律关于废继之规定已因民法亲属编之施行失其效力，在民法亲属编施行后请求终止嗣子关系应依民法关于请求终止收养关系之规定办理"②。相较于"废继"，终止收养关系所需满足的条件明显苛于前者。民法亲属编第一千〇八十一条规定："养父母养子女之一方有左列各款情形之一者。法院因他方请求得宣告终止其收养关系。一、对于他方为虐待或重大侮辱时。二、恶意遗弃他方时。三、养子女被处二年以上之徒刑时。四、养子女有浪费财产之情事时。五、养子女生死不明已逾三年时。六、有其他重大事由时。"③ 既不以"所后之亲"之主观好恶为裁判依据，甚至养父母与养子成讼也不是解除收养关系的理由，寡母意图"废继"的难度便大大增加，且只能倚仗审断者的自由裁量。

荣县档案中，朱刘氏诉朱永昭请求终止收养关系案即展示了一位寡母"废继"时所遭遇的挫折。民国九年（1920），朱刘氏夫死子故，"遂被夫胞兄朱国荣串由翁父作主，强制抚抱其第三子朱永昭为嗣"④。朱刘氏因担心"国荣欲借抱子之名，阴图本房之业"，况"永昭仅少氏数龄，年岁实不相当"，极力表示反对，怎奈人微言轻。永昭入嗣后，随意挥霍银钱，"素不为氏所喜爱"，朱刘氏因怕其耗尽家产，生活无依，除将家业三分之一自留养赡外，余下皆交朱永昭管理，以希其悔改。岂料朱永昭"怙恶不悛，诬奸图产，请客驱逐，非将氏逼出不止"。朱刘氏控

---

① 吴经熊：《六法全书》，会文堂新记书局1935年版，第121页。
② "朱刘氏诉朱永昭关于终止收养一案"，四川省荣县档案，案卷号9－18－801，四川省荣县档案馆藏。
③ 吴经熊：《六法全书》，会文堂新记书局1935年版，第115页。
④ "朱刘氏诉朱永昭关于废继一案"，四川省荣县档案，案卷号9－14－491，四川省荣县档案馆藏。

道:"似此违及伦常,重大侮辱,情何能安?"况朱永昭入嗣不久就住回生父家,十余年不归家,与朱刘氏相见如同陌路。朱刘氏将田业三分之二分予永昭后,自家无收,朱永昭反得业较多,虽"屡请接济",但其"颗粒不与"。朱刘氏又控他不尽扶养义务,属恶意遗弃。她在诉状中提道:"查嗣子不得于所后之亲,准其告官废继,此为旧律例所许,而现行民法第一千零八十一条,左列一二两款所载,对于他方重大侮辱时,恶意遗弃他方时,法院因他方之请求,得宣告其终止收养关系,本案被告朱永昭对氏既无母子情义,而又重大侮辱于先,恶意遗弃于后,事实俱在,实合于宣告终止收养关系之规定,因此请求。"朱永昭辩称其为妹妹准备嫁妆已耗尽家财,而妹夫"嗜烟好赌",自己虽"再三接济,始终不满母意","婪族朱怀安等乘此百计陷害意图悔抱,酿成当年种种事变"。表示所谓重大侮辱不过是自己不得母心,而母亲又受人挑唆,方才致讼。二人既已分家,又何来恶意遗弃之说?荣县地方法院审理后认为,"原告于事实上并不需扶养",二人已在亲族见证下"了息",况朱刘氏对于重大侮辱也无法提出有力的证据,于是判处驳回原诉。

朱刘氏自然不服。民国三十三年(1944),她上诉至四川高等法院第六分院,高等法院溯源立嗣本意,认为"上诉人之抱养子其意在慰晚年景","被上诉人既视上诉人为路人,显有违背收养之本旨",于是将"原判决废弃",判令"两造收养关系终止,被上诉人应将产业返还上诉人"。①

此判决结果虽合朱刘氏心意,却令朱永昭不忿。民国三十四年(1945),他上诉至最高法院。最高法院民事第四庭经审理后认为事实不清、证据不足,"是否可认为已有民法第一千零八十

---

① "朱刘氏诉朱永昭关于终止收养一案",四川省荣县档案,案卷号9-15-550,四川省荣县档案馆藏。

一条第二款所定恶意遗弃之情形原审并未审究明晰"①,发回重审。此案又回到了四川省高等法院。三个月后四川高等法院第六分院做出改判,认为朱刘氏与朱永昭的矛盾"系为闲言兴讼,早经族亲调停"②,于是又不准终止收养关系。

朱刘氏终与朱永昭脱离关系之喜未逾数月,法院便改判,朱刘氏只得再次上诉至最高法院。因"诉讼缠绵",此次朱氏族长朱国镇、祠首朱泽汪、房长朱泽民等人联名具状"请求明断"。最高法院查看了相关证据,如载有"民国十八年,永昭确有不法情事,由永昭自行于抚抱之母朱刘氏镜前俯礼认错"的保批以及写明"民国二十四年七月二十三日,永昭前后对母情形于伦理大有不合,令永昭认错,如有再犯则令其归家"的了息书,最终于民国三十六年(1947)做出裁断:

> 本件被上诉人系上诉人于民国九年所立之嗣子为不争事实,而上诉人请求终止嗣子关系之理由,即为被上诉人对上诉人曾有重大侮辱及恶意遗弃之情事。关于重大侮辱一点,虽据上诉人主张民国十八年被上诉人曾有诬奸谋害之词,但该项主张是否可信,姑无论被上诉人尚有争执,即按之上诉人所提出了息合约内容亦明言当时曾经族亲调解母子永敦和好,甘愿了息,则上诉人对该事实已表示让步,自不能再以之为终止嗣子关系之理由,原审斟酌了息文约认为不合,尚难谓为违法。至于恶意遗弃一点,上诉人虽主张被上诉人自搬回生父家居住后未曾一返,为有亏扶养义务,惟两造于民国十六年分析产业各别居住既为不争事实,则原审为上诉人

---

① "朱永昭诉朱刘氏关于终止嗣子关系及返还家产一案",四川省荣县档案,案卷号9-16-682,四川省荣县档案馆藏。
② "朱永昭诉朱刘氏关于终止嗣子关系及返还家产一案",四川省荣县档案,案卷号9-16-682,四川省荣县档案馆藏。

既同意分产各自生活于前,自不能责被上诉人迁居于后,因而认其非恶意遗弃亦非违法,上诉人请求终止嗣子关系之主张既不能成立,则其向被上诉人请求返还分受之产业自无理由,原审并予驳回,更难谓为于法有违,上诉意旨殊难呈采。①

朱刘氏最终未能如愿。这场官司从荣县地方法院一直打到最高法院,历时四载,反复五次,两造均投入巨大的时间与物力成本。经年兴讼,使朱刘氏"入不敷出,遂致负债百余万元"②,若置于民国民法典颁布之前,单是两造涉诉都已是其情感不睦的明证,何须反复论证"重大侮辱"与"恶意遗弃"情事是否存在?从只凭主观好恶到须满足严苛的标准,民国民法典的颁布,令意图"废继"的寡妇彻底失去了主动权。

五、结语

常有学者认为"在长达两千多年的封建社会里,妇女作为一个整体并不具有独立的人格,她们受到宗法制度的制约,封建礼教的束缚,贞节观念的迫害以及古代哲学宗教的歧视,在政治经济、文化、教育、婚姻等方面同男子处于不平等的地位,几乎被剥夺了一切权利,完全成为男子的工具和附属品","封建宗法制度使妇女丧失了财产所有权和财产继承权"③,传统法因此饱受诟病。与之相反,民国民法因在男女平等方面体现了"进步"的倾向、极大扩张了妇女权利而备受称颂:"同传统社会相比,这

---

① "朱刘氏诉朱永昭关于终止收养一案",四川省荣县档案,案卷号9-18-801,四川省荣县档案馆藏。
② "朱永昭诉朱刘氏关于变卖产业一案",四川省荣县档案,案卷号9-18-332,四川省荣县档案馆藏。
③ 孙桂燕:《清末民初女权思想研究》,中国社会科学出版社2013年版,第41页。

是一个质的飞跃，妇女因此在法律上获得了比传统社会更多的占有、使用、收益和处分自己财产的权利。"①

民国民法对于女性的保护当然是不可否认的，"宗法观念既破，妇女的脊背上便去了一块重大的压石，这是促成妇女解放的重要时势"②。然而传统法并非一味歧视女性，伦理纲常背后常隐藏着对女性的实质性保护。"在中国传统的法律规范和司法实践中，尽管各朝各代有不同的规定，但还是在一定程度上给予处于弱势的女性实在的保护或救济。"③

在立法层面，对"法律制度所承载的儒家化核心价值的坚守"④使尊长因身份获得的权利被反复确认。古代律法在强调身份与等级的同时客观上保护了女性的教令权，寡母因而可以代管家产，不至如在民国时期面对儿女争夺权利的讼争时那样惊慌失措；寡媳因而可通过"承夫分"获得保障，不至丧夫失子后无所依靠；寡妻因而可以情感不睦为理由废继，不至为此奔波涉诉，耗尽家财。在司法实践中，同情弱者是儒家思想，也是传统司法审判的基本取向，所以女性在司法实践中往往得到矜恤。"裁断者对于'事涉妇女'的确表现出格外的谨慎，而所言'务存一分宽厚之心，妇女颜面最宜顾惜'正道出此种审慎态度之缘由。"⑤

即便立法和司法的本意可能并非出于保护女性这一群体的利益，或者说，直至晚清女权与"强国保种"的国族话语联系起来

---

① 向仁富：《近代广东妇女权利研究：以20世纪20—30年代中期的情形为例》，知识产权出版社2013年版，第69页。
② 陈东原：《中国妇女生活史》，商务印书馆2015年版，第293页。
③ 温慧辉：《传承与嬗变——中国近代女性财产继承权的变迁》，法律出版社2015年版，第45页。
④ 赵娓妮：《审断与矜恤——以晚清南部县婚姻类案件为中心》，法律出版社2013年版，第9页。
⑤ 赵娓妮：《审断与矜恤——以晚清南部县婚姻类案件为中心》，法律出版社2013年版，第221页。

之前，都鲜有人具有超越时代的性别觉醒意识，但客观上，传统法律确实为解释民国以前的女性的部分行为提供了依据。一方面，尊卑等级压抑妇女并催化种种限制乃至摧残人性的桎梏的生成；另一方面，儒家文化对和谐社会秩序的追求使得他们在维持家庭稳定性方面格外着力。基于家族本位建构的社会，对尊长权力的确认与成员间扶助的提倡，都与女性生存状况相互契合。

反之，民国民法典的颁布，是在"法律家以他们心中理想的社会为基础，以外国立法例为标准，编订完成了民法典"[①] 的情形下发生的。法律近代化是中西法律文化相互试探碰撞的过程，最终，传统法律让位于建立在个人本位基础上的西方法律，法律与社会的脱节、表达和实践的背离在女性相关的利益问题上集中表现出来。

此时中国妇女尚未普遍获得经济独立，同时期"传统'男主外，女主内'等意识仍然处处限制着妇女的职业"[②]，妇女脱离家庭之生存能力实在欠缺。未有能够独立生存的依据，空谈权利当然无用。

即使在意识形态领域予以考察，基层女性的诉讼话语也多表现出她们"守旧"的一面。以前文提及的蒋胡氏为例，在她的认知中，尊长在家庭中的绝对权力甚至包含对继承人资格的认定。女性的性别意识远未达到觉醒的程度，"嫁夫靠夫"等语在诉状中屡屡出现。女权勃兴的场景至少没有在民国社会中普遍发生，基层女性的价值取向仍是三从四德。无论主动抑或被动参与诉讼，女性希冀得到法律保护的，依然是建构在她们自小形成的认知基础上本属于她们的权益，而这些内容并不符合立法者对于新

---

① 张生：《中国近代民法法典化研究：一九〇一至一九四九》，中国政法大学出版社2004年版，第280页。

② 向仁富：《近代广东妇女权利研究：以20世纪20—30年代中期的情形为例》，知识产权出版社2013年版，第55页。

女性的预期。所以，即便法律赋予她们更为广泛的权利，也未必会在民国基层社会的妇女群体中发挥预想的作用。真正能够延续和适应她们生活状态、思想状态的反而是惯习，是传统法律确定的秩序和旧有规则。

消失的潜在权利显现了法律近代化的负面作用，深处内陆的县域司法实践亦是当时妇女境况之缩影。笔者并不否定从古代律法到民国民法在女性权利立法保障方面的进步，只是以全新的档案为佐证，意图展现传统法律的复杂性，提醒研究者从更多维度予以探查，以具了解之同情的态度体会传统中国法的闪光点，及隐藏在伦理纲常背后对女性身份的实质性保护。